우리는 아직 거리에

우리는 아직 거리에
— 동아 조선 해직 50년

초판 1쇄 발행 2025년 3월 17일

지은이 · 권영자 박종만 이부영 김동현 신홍범
　　　　성한표 박순철 이영록 양한수 정동익
　　　　이종욱 정연주 윤석봉 김학천 이종대
　　　　김민남 맹경순 김언호 장윤환 윤활식
펴낸이 · 조성호
펴낸곳 · 재단법인 자유언론실천재단
주소 · 서울시 종로구 자하문로5길 37 1층
전화 · 02)6101-1024 / 팩스 · 02)6101-1025

제작 배급 · (주)디자인커서
출판등록 · 2008년 2월 18일 제300-2015-122호
전화 · 02)312-9047 / 팩스 · 02)6101-1025

ⓒ2025, 재단법인 자유언론실천재단

ISBN 979-11-989412-1-3 03810
책값은 뒤표지에 표시돼 있습니다.

이 책 내용의 전부 또는 일부를 다른 곳에 쓰려면
자유언론실천재단의 동의를 받아야 합니다.

우리는 아직 거리에

권영자 박종만 이부영 김동현 신홍범 성한표 박순철 이영록 양한수 정동익
이종욱 정연주 윤석봉 김학천 이종대 김민남 맹경순 김언호 장윤환 윤활식

동아 조선 해직 50년

자유언론실천재단

동아투위 조선투위 50년

책머리에

여기 한국 언론의 원형질이 있다.

1975년 3월 동아일보와 조선일보로부터 자유언론실천 운동으로 강제 해직된 원로 언론인들이다. 그들은 쫓겨난 지 반세기가 지났으나 아직도 거리의 언론인들이다. 해직 이후 더러는 언론사 생활도 했으나 그들이 온전히 바란 건 원상회복이었다. 단 하루라도 쫓겨났던 그 자리로 돌아가고 싶었으나 그러나 꿈은 이루어지지 않았다.

돌아보면 1974년 10월 24일 자유언론실천선언으로부터 4개월 남짓 한국 언론은 제한적이지만 자유언론을 구가했다. 유신과 긴급조치의 숨 막히는 정국이었으나 자유언론실천 운동을 전개한 언론인들이 있어 한국사회는 숨구멍을 가질 수 있었다. 그들은 자유언론실천에 젊음과 인생을 걸었고 언론이 바로 서야 나라가 바로 선다는 신념으로 50년 한길을 걸었다.

　이십세기 후반 우리 사회의 빛나는 성취 중 하나였던 한겨레신문의 창간은 동아와 조선, 그리고 80년 해직 언론인들이 일구었다고 해도 지나친 말은 아니다. 한겨레신문 창간 전에도 민주언론운동협의회를 결성해 민주 민족 민중언론을 선도했고 월간지 말지를 통해 보도지침을 폭로함으로써 전두환 신군부에 일대 타격을 가했다. 그들은 출판계 특히 인문사회과학 분야로도 다수가 진출해 한국사회의 정신적 자양분을 제공했다. 뿐만 아니라 그들 중 일부는 민주화운동에 투신해 87년 민주화대투쟁을 승리로 이끈 주역들이기도 했다. 그런 점에서 한국의 언론과 민주주의는 그들에게 많은 빚을 지고 있다.

　여기 그들의 반세기 회고가 있다.
1974년 10월 자유언론실천선언에 이르기까지 수 차례의 언론자유수호 선언과 노조 결성 이야기가 있고, 1975년 3월 신문사에서 폭도들에게 쫓겨난 후 쉼 없이 전개한 자유언론을 향한 간단없는 투쟁이 있으며, 1980년 5월 신군부로부터 겪은 간난신고의 삶이 있다. 강제 해직 후 유신정권의 감시로 취직이 어려워 옷 가게를 연 분, 과일행상, 꽃 가게를 한 분의 사연도 있다. 기자 PD가 천

직인 그들이 어찌 그 일들을 감당할 수 있었겠는가.

그런 속에서도 이 분들의 삶 또한 애환이 있어 밀착 감시하는 형사의 도움으로 난제를 해결하기도 하고 시골 형사들의 과잉 감시에 서울에서 진천까지 모셔지기도 했다. 그 험한 시절 이야기를 읽으면서도 군데군데 슬그머니 웃음이 나오는 것 또한 어쩔 수 없다. 그래서 회고록이면서 한국의 언론사이기도 하고 70~80년대 생활사이면서 미시사이기도 하다.

2024년 10월 자유언론실천선언 50주년!
2025년 3월 동아자유언론수호투쟁위원회 결성 50주년!
조선자유언론수호투쟁위원회 결성 50주년!
반세기 내내 한국의 언론과 민주주의를 위해 싸워 온 선배들에게 거듭 경의를 표한다.

2025년 3월

자유언론실천재단

차례

책 머리에   동아투위 조선투위 50년 / 5

1 자유언론실천에 젊음과 인생을 걸었다

권영자   다시 태어나도 기자가 되고 싶다 / 13
박종만   자유언론실천… 우린 그 싸움에 젊음과 인생을 걸었다 / 25
이부영   수감 중 취재한 박종철 고문치사 조작, 6월 항쟁 부싯돌 역할 / 52
김동현   1975년 동아사태는 을묘사화 / 70
신홍범   검찰공화국 시대를 사는 아이러니 / 86
성한표   새 언론에 담은 유산 "권력·관행과 결별하라" / 98

2 언론이 바로 서야 나라가 바로 선다

박순철   언론 자유를 위한 투쟁도 과정이다 / 115
이영록   이제는 모두의 깃발이 된 '자유언론실천선언' / 131
양한수   '언관'의 무게를 느껴야 / 145
정동익   "언론이 바로 서야 나라가 바로 선다" / 160
이종욱   '기묘한 축복의 날' 그 이후… / 172
정연주   '개'라고 불린 기자들… 자유언론은 해방이었다 / 204

3		불명예스러웠던 적 없습니다
윤석봉	"누구야, 군사작전 중인데 어떻게 알고… 공비와 내통했나" / 227	
김학천	L형사가 법원 모퉁이에 쪼그려 앉아 입을 열었다 / 237	
이종대	"여보!! 나 내일부터 출근이야" / 246	
김민남	펜을 쥘 수 없는 기자, 교단에 설 수 없는 교수 / 257	
맹경순	"명예 회복? 난 불명예스러웠던 적 없습니다" / 267	

4		자유언론실천의 길
김언호	고단한 시대에 희망을 말했던 대기자, 송건호 / 283	
장윤환	"선언 백 번 하면 뭐 하냐, 실천을 해야지" / 310	
윤활식	나의 별, 독립운동가 선친 앞에도 떳떳하다 / 322	
이부영	자유언론의 길 '우리 대장 천관우' / 336	
이부영	먼저 떠난 성유보 형, 동투 50주년이네 / 349	

1

자유언론실천에 젊음과 인생을 걸었다

다시 태어나도
기자가 되고 싶다

권영자 동아투위 초대 위원장

    나의 기자 시절에 대한 기억은 까마득한 옛날의 일처럼 아득하기도 하고 또 한편으로는 어제 일처럼 한편의 영화가 되어 생생히 떠오르기도 한다. 그만큼 나의 삶에서 기자 시절이 차지하는 비중은 크고 의미가 깊다.

    1959년 봄 대학을 막 나온 나는 구름떼처럼 몰려든 경쟁자를 뚫고 동아일보 수습기자 1기생이 되어 종이와 먼지, 그리고 사람의 소음으로 범벅이 되어 있는 편집국에 첫발을 디뎠다. 프랑스 문학을 공부하면서 대학가의 낭만을 만끽하던 나에게 편집국 풍경은 충격적이었다. 생소한 만큼 도전해 봄직한 곳이기도 했다.

    신문사의 편집국은 언제나 생동감이 넘치는 곳이다. 시시콜콜

한 세상사를 통해 시대의 변화를 읽기도 하고 굵직굵직한 사건을 통해 역사의 줄기를 잡을 수 있는 곳이 바로 신문사 편집국이라 나는 시간이 갈수록 이 직업에 매료되어 1975년 해직될 때까지 정말 모든 정성을 다 쏟아 넣으면서 일을 즐겼다.

그 옛날 동아일보 정규 1기로, 아이를 낳아 기른 기혼 여기자로, 프랑스에서 언론 연수를 받은 첫 여기자로, 모든 첨단적인 것을 다 누린 나였다.

1959년 치마저고리 입은 수습기자

기자협회 동아일보 분회장으로 마침 자유언론운동이 열화와 같이 일어나던 1974년을 전후하여 막다른 길을 치달음으로써 아쉬운 막을 내리게 되었지만, 후회 없는 16년 간의 기자 생활로 아직도 모든 것이 어제 일처럼 가슴을 뛰게 하는 것이다.

수습 시절이었다. 그때는 수습을 견습이라고 하여 선배들을 감탄의 눈으로 우러러보며 힘들게 따라다니던 시절, 나는 어울리지도 않게 사회부로 첫 배치를 받았다. 처음 출입처는 종로경찰서였다. 종로서는 나중 나의 동아투위 위원장 시절 동료들의 잦은 연행 때문에 여러 번 들락거리던 곳으로 지금도 안국동을 지나면 감회가 새롭다.

나의 존경하는 캡은 나를 대뜸 취조실로 데리고 갔다. 파출소 근처에도 가본 적이 없는 나에게 험상궂은 피의자와 형사 같아 보이는 취조실의 분위기에 숨이 막힐 것 같았다. 치마저고리를 입은 내게로 쏟아지던 시선에 담긴 그들의 호기심은 나를 원숭이로 전락시키기에 족한 것이었다. 나는 즉시 다른 출입처를 간청했고 법원으로의 이동 명령을 받았으나 분위기는 여기나 거기나 마찬가지였다.

예의 그 짓궂은 선배가 이번에는 나를 숫제 법원 청사 앞에다 내동댕이치고는 어디론가 가버렸다. 치마저고리 차림으로 나는 별 수 없이 기자실을 찾아 들었으나 어느 누구 한 사람 아는 체해 줄 리가 없었다. 여기자 그것도 한복 차림으로 나타났으니 이 여자를 아무도 동료 기자로 도와줄 리가 없었고 비위가 약한 나는 내심 눈물을 흘릴 수밖에 없었다. 이렇게 시작된 나의 견습기자 생활은 비슷한 비화를 가슴에 묻은 채 문화부 여성 담당 기자로 끝마감 되었다.

나에게 여성 페이지의 일이 주어진 것은 물론 내가 여자이기 때문이기도 했지만 수습 시절 내가 보여주는 한계가 더 큰 이유인 것을 나는 안다. 나를 아껴주는 선배 가운데는 편집국의 꽃은 사회부라는 말로 탈 문화부를 권유하기도 했다.

1975년 3월 17일 신문회관(현 한국프레스센터)에서 열린
동아자유언론수호투쟁위원회(동아투위) 결성식에서
권영자 초대 위원장이 성명서를 발표하고 있다.

여성전문기자로 16년

결국 내 스스로 꽃 부서인 사회부가 적성에 맞지 않다는 판정을 내리고 문화부를 지망했다. 이후 15년 동안 나는 문화부를 떠나본 적이 없다. 취재 분야에서는 문학이나 미술 등 예술 분야를 두루 섭렵하긴 했지만 나의 주 분야는 늘 여성이었고 이것이 나를 성장시키는 밑거름이 되었으며 여성 전문기자로 활동했던 나의 기자 생활에 후회가 없다. 이후 여성 삶에 소용돌이를 가져오게 한 공업화 시대의 초입에서 여성의 문제를 조감하고 해법을 찾는 여성 전문기자로서의 경험이 내게는 그 어떤 보물과도 바꿀 수 없는 자산이 되었다.

자랄 때는 가정에서, 기자 시절에는 신문사에서, 여성이란 이유로 차별을 받아왔기에 여성의 사회 참여 확대와 함께 여성 차별의 문제에 누구보다도 적극적인 관심을 기울일 수 있었다.

나는 여성 담당자로서 그때 두 가지 문제에 특히 관심을 기울였던 것으로 기억한다. 하나는 여성의 가사 노동을 가볍게 해주는 새로운 상품에 대한 것이었고 다른 하나는 여성의 이력 현장에 대한 것이었다. 여성의 가사 노동 경감에 대한 나의 관심은 11남매 맏며느리셨던 어머니의 허리가 휘도록 일해도 시간이 부족한 그 일의 양에 대한 나의 적개심에서 비롯된 것이기도 했다.

자녀 양육과 가사 노동의 부담에서 헤어날 수 없는 여성의 운명은 좀처럼 바꿔질 것 같지 않았지만 새로운 주택, 세탁기, 청소기 같은 신제품의 출시는 여성해방의 희망을 가져오게 하는 것이었다. 나는 아이디어 상품을 찾아 여러 시장을 돌아다녔고 좋은 상품을 만나면 지면에 소개하는데 앞장섰다. 가사노동 경감 차원에서 아파트 보급을 제일 먼저 가정란에 소개한 것도 나로 기억된다.

두 아이의 어미로, 주부로, 아내로, 그리고 신문기자로 1인 다역일 가운데 생략하거나 적당주의로 넘길 수 있는 것은 이 가사 노동 뿐이었다. 때문에 그 일을 조금이라도 덜어줄 수 있는 것은 취재 이상의 의미가 있었다. 시장은 예나 지금이나 세상의 변화를 몸소 체험하기에 좋은 곳이 아닌가. 한창 경공업 부문의 개발이 눈이 부시던 그때 일정한 간격을 두고 시장 취재를 다녔던 것은 지면의 가정란 담당 기자로만이 아니라 이후 여성전문가로 나를 키우는 데 매우 소중한 밑거름이 되었다.

이때 나는 여성의 직업 훈련 현장과 그들의 일터를 찾는 일을 게을리하지 않았다. 이와 관련된 뉴스거리가 있는 곳이라면 취재하러 찾아가지 않은 곳이 없었다는 자부심을 지금도 가지고 있다.

한 평 남짓한 어둠침침한 방 안에서 구슬백을 만드느라 여념이 없는 여성의 모습을 사진에 담으면서 부업으로부터 시작된 여성 직업 훈련의 현장을 경험했고 영등포 공장에서 일하던 여성 근로자들의 현장 면담을 통하여 여성 인력의 차등 활용이라는 여성차별 문제의 핵심을 접할 수도 있었다. 가족계획 사업의 도입과 가족의 변화, 여성의 고학력화, 사회 진출 요구 등 여성의 문제가 시작되는 그 시기에 여성 담당 기자로 일할 수 있었던 것은 내 일생일대의 행운이요 보람이었다.

성차별에 맞선 투쟁, 동아투위로 이어지다

물론 어려운 일도 적지 않았다. 첫째는 사내 남녀 차별 문제였다. 남녀평등 사회 실현의 강한 의지를 가졌던 나였고 그래서 남녀공학 대학을 택했던 나였다. 대 동아(大 東亞)의 견습기자로 그 점에서 어깨를 폈던 나는 얼마 못 가서 기절할 일에 부딪치고 말았다. 수습 기간이 중간쯤에 이르렀을 때 봉급 인상이 있었는데, 나와 또 한 여성 동기인 박동원은 여자라는 이유로 봉급이 남자들보다 낮게 책정된 것을 발견한 것이다. 이때의 분노란 이루 말할 수가 없지만 시간이 갈수록 더 강화되어 나중에는 숫제 수습에서부터 남녀 간의 호봉 차이를 둘 뿐만 아니라 결혼 퇴직 제도까지 도입하는 전형적인 성차별을 하기에 이른다.

이러한 좌절과 분노는 결국 나를 노동조합에 가입하는 간부급 여성 기자가 되게 하였고 그것이 불씨가 되어 뒤에 동아투위의 위원장직을 맡는 길을 걷게 되었다. 이러한 사연이 있음에도 나는 지금도 동아일보에 애정을 버리지 않고 있으며 동아일보에서 기자로 일한 시절을 사랑한다. 특별히 동아일보에 감사하는 것은 프랑스 정부 초청 언론 연수생으로 내게 10개월 간의 유학을 허락한 점이다.

봉급 호봉의 차이는 두었을망정 기자의 자질을 높일 수 있는 기회는 흔치 않은 기회를 얻은 나는 세 살 네 살짜리 두 아이를 남편에게 맡기고 유학길에 오를 수 있었다. 나의 짧은 연수 기회는 유럽 전역을 돌아보고 그들의 문화를 느낄 수 있었던, 내 일생에서 빼놓을 수 없는 값진 경험을 얻게 했다.

성깔이 칼날 같은 내가 보다 느긋하게 바뀐 것이 이때부터인가 싶다. 나는 그때 하루아침에 흉내 낼 수 없는 그들의 문화 전통에 감탄하면서 한편으로 부끄럽고 그들 문화의 깊이에 기가 죽었던 것이다. 하루도 쉬지 않고 박물관과 오페라하우스로 다니는 동안 나의 자만에 겸손이 조금 덧씌워진 듯 호흡을 고를 수 있었기 때문이었다.

보람과 자긍심이 가득한 나의 기자 생활에 10·24 자유언론실천선언은 엄청난 파란을 가져왔다. 같은 문화부에 근무하던 기자협회 동아일보 장윤환 분회장이 차장급 간부들의 언론운동 참여를 위해 나에게 분회장직을 간청하는 것이었다. 공채 1기와 수석 차장이라는 상징성에다 평소 후배들과 소통이 좋다는 이유로 적임자라는 것이다.

3월 8일 내가 분회원들의 만장일치 투표로 분회장에 취임하는

김상만 사장의 사죄와 부당인사 철회를 요구하는
'우리의 주장'을 낭독하는 권영자 위원장

날 동아일보는 경영난을 이유로 과학부, 기획부, 출판부를 없애고 18명을 해직하더니 12일 밤에는 나를 포함해 이부영 성유보 심재택 박종만 홍종민 서권석 등 언론운동 핵심 간부 17명을 무더기 해임했다.

회사서 쫓겨난 후 3월 17일 신문회관에서 동아자유언론수호투쟁위원회를 발족하면서 내가 초대 위원장을 맡게 된 것은 자연스러운 순서였다. 이로부터 시련과 고난의 나날이 시작되었다. 동아투위 멤버들은 모두 투지도 강하고 유능한 인재들이었기 때문에 각 분야별로 맡은 업무들을 잘 처리하고 있었다.

다만 당시 내가 가장 신경 써야 할 것은 130여 명에 이르는 구성원들의 최소한의 생활비를 보전해 주는 것이었다. 그동안 격려광고에 앞장섰던 민주시민들이 배신한 동아일보 대신 동아투위 쪽으로 지원해왔으며 더러는 해외서도 성금 기탁 연락이 있었지만 정부 당국이 무슨 올가미를 씌울지 몰라 호의를 거절할 수밖에 없었다. 엄혹한 군부독재 시대라서 성금 기탁에 관한 자료는 철저한 보안 속에 기록을 남기지 않았기 때문에 아쉬움이 많다. 당시 우리를 지원하고 뒷바라지해 주셨던 분들은 대부분 고인이 되셨으며 동아투위는 이분들에게 빚을 지게 된 것이다.

동아투위 초대 위원장으로 겪은 탄압과 상실

1975년 여름은 내 생애 가장 무덥고 지루한 나날이었다. 4월 30일 베트남의 패망과 공산화를 기화로 정부는 민주화 열기에 찬물을 끼얹고 극심한 탄압을 시작했다. 종로경찰서장은 매일 아침 동아일보사 앞의 침묵시위와 유인물 배포가 집시법 위반이라며 나에게 열여섯 번이나 경고장을 보내왔지만 우리는 이에 아랑곳하지 않고 도열과 행진을 계속했다. 그 무렵 우리 동지들 18명이 구속되거나 연행되어 구류 생활을 하는 등 시련의 연속이었다. 우리 모두는 불법체포와 생계난 등 이중고에 시달려야 했다.

동아투위 위원들은 매일 아침 회사 정문 앞에 도열하여 '우리의 주장'을 담은 유인물을 출근하는 동료 기자들에게 배포하면서 시위를 벌였다. 이 도열시위는 1975년 5월 긴급조치 9호 발동에도 만 6개월 간 계속됐다.

    외부 지원에 의존하는 것도 한계가 있었기 때문에 우리는 6개월 간의 침묵시위를 끝내고 각자 생업으로 돌아가야 했다. 기자 프로듀서 아나운서 출신인 우리는 20명 정도가 출판이나 번역, 편집 일에 종사했고, 시장에서 옷이나 실, 등산용품 등을 파는 장사꾼으로 변신한 위원들도 있었다. 사농공상 직업 중 생소한 농공상에 들어간 동지들은 과로로 병마에 시달리거나 경제적 손실만 겪고 말았다.
    최초의 희생자는 1977년 1월 16일 35세로 별세한 동아방송의 조민기였다. 이해동 목사의 집례로 치러진 장례식장에 민주인사들이 모두 모였으며 우리는 설움에 목이 멨다. 나는 조사(弔詞)를 통해 "자유언론을 실천하려고 몸부림치다가 동아의 사기극에 제물이 된 우리가 붓과 마이크를 빼앗겼지만 언젠가 진정한 언론인으로 복귀하자"라고 다짐했다.

어둠이 빛을 이긴 역사가 없고, 불의가 정의를 끝까지 짓밟은 역사가 없다고 믿으며 우리는 서로를 격려하고 채찍질하면서 언론투쟁을 이어갔다. 나는 초창기 2년 여간 동아투위를 이끌어 오다가 1977년 5월 17일 안종필 차장에게 위원장직을 넘겼다. 그러나 내가 천직으로 생각해왔던 언론인으로의 복귀는 끝내 이루어지지 않았다.

그로부터 오랜 시간이 지난 후 내가 여성개발원 원장으로 있을 때나 정무장관으로 있으면서 여성 기자들을 만날 때마다 나는 내가 취재 대상이 아니라 취재하는 기자라는 착각을 하던 기억이 새롭다. 그것은 내가 다루고 있는 문제가 나의 기자 시절에 다루던 것과 같기 때문이기도 하지만 중도 하차한 기자 생활에 대한 향수가 남다르기 때문이기도 하다. 후배 기자들을 각별히 아껴주었던 것도 그런 나의 마음 때문이었으리라. 만약 내세가 있고 또 그때에도 여자로 태어난다면 난 기꺼이 세계를 누비는 기자가 될 것이다. 유신 이전의 그 동아일보 기자 시절이 그립기만 하다.

자유언론실천…
우린 그 싸움에 젊음과 인생을 걸었다

박종만 _동아투위 위원_

— 동아투위 초기 7년, 나의 기록

    1974년 봄부터 1975년 봄까지, 나는 내 생애에서 가장 보람차고 격정적인 한 해를 보냈다. 특히, 1974년 10월 24일 '자유언론실천 선언'이 발표된 이후 1975년 3월 동아일보사에서 쫓겨날 때까지 5개월 남짓, 나와 내 동지들은 박정희 유신독재에 맞서 자유언론의 깃발을 높이 들고 젊음을 불태웠다. 우리는 그 싸움에 우리의 젊음을 걸었고, 우리의 인생을 걸었다.

    자유언론실천선언 이후 기자들은 지면 개선을 위해 끈질긴 노력을 했다. 여전히 권력의 눈치를 보기에 급급한 경영진과 간부진에 맞서 자유언론의 뿌리를 내리기 위한 사투를 벌였다. 동아일보 지면은 조금씩 변하기 시작했다. 정권의 부도덕성과 야만성을 폭

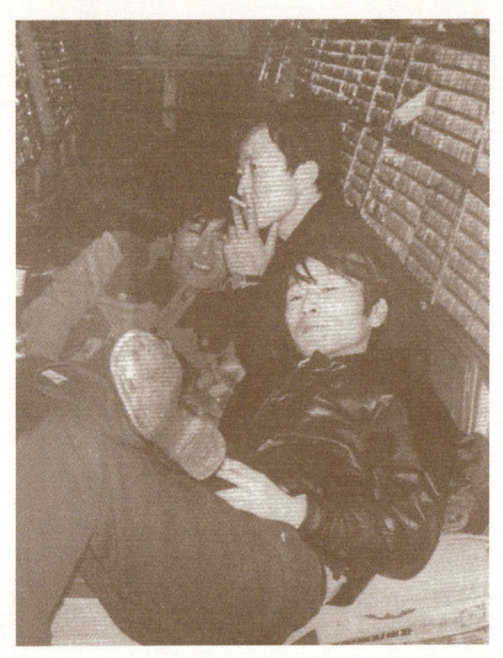

부당 해고 철회를 요구하며 동아일보 기자와 PD, 아나운서들은
1975년 3월 12일부터 제작거부 농성에 들어갔다.
납으로 된 활자를 뽑는 공무국에서는 기자 23명이 단식농성을 벌였다.
왼쪽으로부터 고 강정문 위원, 박종만 위원, 이종덕 위원로하기 시작하면서 초라하던 몰골이 원래 그래야 할 모습으로 바뀌어 갔다. 예기치 않은 상황에 위기의식을 느낀 박정희 정권은 자유언론 투쟁의 물결을 잠재우기 위해 광고탄압이라는 전대미문의 악랄한 수단을 동원했다.

동아일보의 광고면은 백지 상태가 되었다. 광고 무더기 해약 사태는 국민적 분노를 촉발했다. 독자들의 격려광고가 쏟아지기 시작했다. 그것은 유신독재에 항거하는 민중의 함성이었다. 40여년 뒤 독재자의 딸 박근혜를 권좌에서 끌어낸 촛불혁명의 씨앗이 이들 격려광고 속에 배태되어 있었다. 그러나 동아일보사는 몇 달을 못 버티고 결국 권력의 압력에 백기를 들고 말았다. 동아일보사의 배신으로 나와 내 동지들의 투쟁은 새로운 전기를 맞게 되었다.

동아일보사는 1975년 3월 8일, 이른바 경영합리화를 위한 기구 축소 해임이라는 명분으로 기자 18명을 해임함으로써 배신의 첫 신호탄을 올렸다. 동아일보와 동아방송의 기자, 프로듀서, 아나운서들은 권력과의 야합이 분명해진 회사 측에 항의하기 위해 3월 12일부터 전면적인 제작거부에 들어갔다.

나는 제작거부에 들어간 첫날 동지 16명과 함께 또다시(1974년 3월 노조 사태 때 해고) 전격 해고되었다. 내 나이 33세, 입사한 지 7년 반, 결혼한 지 만 4년 되던 때 일이었다. 이로써 나는, 내 젊음과 정열을 모두 바쳐 일했던 첫 직장 동아일보사로 다시는 돌아가지 못하고, 오랜 세월 거리의 언론인이 되었다.

동아일보와 동아방송의 기자 프로듀서 아나운서들은 경영진의 배신에 항의하며 닷새 동안 농성을 벌이다가, 1975년 3월 17일 미명, 회사 측이 동원한 폭도들에게 떠밀려 강제로 쫓겨났다. 나는 동지 22명과 함께 2층 공무국에서 단식투쟁을 벌이고 있었는데, 통금(通禁)도 해제되기 전인 새벽 3시에 끌려 나가 강제로 혜화동 우석병원 응급실로 실려 갔다. 우리는 병원 측의 치료 제의를 거부하고, 단식투쟁을 계속하기 위해 기독교회관으로 자리를 옮겼다.

그러나 이날 낮 '동아자유언론수호투쟁위원회(동아투위)'를 결성한 동지들 권유로 130시간에 이르는 단식투쟁을 마쳤다. 그날 이해동(동아투위 명예위원) 목사의 부인 이종옥 여사와 안병무 박사의 부인 박영숙(전 평민당 국회의원) 여사 등이 쑤어 가지고 와 나누어 주던 녹두죽의 맛은 지금도 잊을 수가 없다.

긴급조치와 권력의 탄압

1975년의 봄과 여름은 길고도 암울했다. 4월 말에 베트남 전쟁이 끝나자, 정부는 모든 언론을 동원해 위기감을 극대화하더니, 5월 13일엔 긴급조치 9호를 발표, 온 국민의 입에 재갈을 물리고 귀를 막았다. 갑자기 민주화운동의 열기가 냉각되고 온 나라가 정적에 휩싸인 것 같았다. 그런 긴박한 상황 속에서도 동아투위 동지들은 투쟁을 멈추지 않았다. 우리는 회사에서 쫓겨나온 뒤 꼬박 여섯 달 동안 아침마다 동아일보사 앞에서 침묵시위를 하고 유인물을 돌렸다. 긴급조치 9호가 발효된 서울 거리 어느 곳에서도 찾아볼 수 없는 풍경이었다.

하루하루 살아가기가 힘들었다. 하지만 동아투위 동지들은 참고 견뎠다. 당장 맞아줄 일자리가 있는 것도 아니었지만, 성급하게 구하려고 애쓰는 사람도 거의 없었다. 또 당국의 온갖 훼방 때문에 재취업의 문도 거의 막혀 있었다. 우리는 밤낮 수사 기관의 감시를 받을 뿐 아니라, 일종의 '공민권 제한 대상자' 신세가 되어 있었다. 그럼에도 우리 동지들은 권력의 탄압에 굽히기를 거부했다. 우리는, 우리가 굽히는 것이 우리의 삶 자체를 포기하는 것이라고 생각했다.

우리 동아투위 동지들은 누구나 기독교인이든 아니든 찬송가 460장을 즐겨 불렀다.

"뜻없이 무릎 꿇는 그 복종 아니요
운명에 맡겨 사는 그 생활 아니라
우리의 믿음 치솟아 독수리 날듯이
주 뜻이 이뤄지이다 외치며 사나니.
약한 자 힘주시고 강한 자 바르게
추한 자 정케 함이 주님의 뜻이라

해 아래 압박 있는 곳 주 거기 계셔서
그 팔로 막아 주시어 정의가 사나니."

나는 어머니, 아내, 세 살 난 아들과 함께 화곡동에 있는 13평짜리 아파트에 살고 있었다. 회사에서 쫓겨난 지 두세 달 동안은, 동아투위에 대한 각계각층의 도움이 있어서 그런대로 버틸 만했다. 그러나 실직 상태가 장기화하면서 점점 막막해졌다. 아내가 서둘러 조그만 출판사 일자리를 구했지만, 먹고사는 일에 대한 불안감이 언제나 우리를 짓눌렀다. 게다가 회사에서 쫓겨난 이후 신변의 위협까지 느끼며 살아야 했다. 이른바 '담당' 형사들이 늘 주변을 맴돌았고, 걸핏하면 수사 기관에서 나와 내 동지들을 연행해 조사했다.

그런 가운데, 나는 해직 두 달 만에 어처구니없는 일을 당했다. 동아투위 두 동지와 함께 집단폭행혐의로 구속된 것이다. 사건의 전말은 이런 것이었다. 어느 날 저녁, 제작거부 농성에 동참하다가 회사로 복귀한 한 기자가, 동아투위 임시 사무실로 쓰던 세종여관에 만취한 상태로 찾아와 온갖 주정을 다 부렸다. 그때 방안에선 동료 여섯 명이 이야기를 나누고 있었는데, 그 중 한 기자와 방문객 사이에 가벼운 실랑이가 벌어졌고, 그래서 다른 동료들이 이를 말리느라 밀고 당기는 일이 있었다. 그런데 그 다음날 종로경찰서에서 여섯 명을 모두 연행했다. 그리고 나를 포함한 세 명을 조직폭력 혐의로 구속했다. 사건은 짜 맞춰진 각본에 따라 진행되는 듯했다. 알고 보니 단순한 형사고발 사건이 아니었다. 이른바 '윗선'의 지시에 따른 일종의 '정치적 사건'이었다. 그러나 나는 20일 만에 불기소처분으로 풀려났다. 워낙 말도 안 되는 사건인지라 검찰도 어쩔 수 없었던 모양이다.

우리가 동아일보사에서 강제 축출된 지 석 달째가 되는 6월로 접어들면서 여러 사건이 잇달아 터졌다. 동아투위 대변인으로 동분서주하던 이부영 동지가 6월 11일 수사기관에 연행되었다. 학생들에게 유인물을 배포한 혐의로 이미 두어 달 전에도 한 차례 1주일 동안 구류 처분을 받은 일이 있었으므로 처음엔 걱정만 했지 그리 심각하게 생각하지 않았다. 그런데 그게 아니었다. 이 동지가 2주가 지나도록 풀려나지 않고 있는 가운데, 6월 25일엔 성유보 동지가 신문회관(현 한국프레스센터) 앞에서 중앙정보부로 연행되었다.

정보부가 일을 꾸며도 크게 꾸미고 있다는 생각이 들었다. 정보부가 어떤 조직인가. 이부영과 성유보 두 동지가 동아투위 핵심 중 핵심임을 모를 리 없었고, 따라서 그들을 잡아넣으면 동아투위 활동이 크게 위축될 것이라고 판단했을 가능성이 높았다. 그러나 정보부가 동아투위 와해 공작 일환으로 그들을 체포했다면 그건 그들의 오산이었다. 두 동지를 감옥에 둔 채 그리 쉽게 와해될 투위라면 당초에 만들어지지도 않았을 것이다. 두 동지는 두 달 동안 모진 고문을 받고 8월 중순에 국가보안법 및 반공법 위반 혐의로 기소되었다(후일 재심에서 무죄 판결).

생업 대신 동아투위 초대 총무를 맡다

길고 무더운 여름이 지나고 나니 우리가 회사에서 쫓겨난 지 여섯 달이 되었다. 실직 상태로 무작정 버틸 수는 없는 일이었다. 9월 17일, 동아투위는 매일 아침 회사 앞에 도열하여 벌이던 침묵시위를 끝내고, 장기전에 돌입하기 위해 각기 생업을 찾아 나서기로 했다.

그 여름의 끝자락에 나는 화곡동의 작은 아파트를 팔고 수유리 시장 근처에 있는 누님 집으로 들어갔다. 그리고 자형의 권유로 그 집 차고에다 사과 가게를 차리고, 몇 주 동안 추석 대목을 겨냥한 사과 장사를 해보았다. 그러나 장사는 애당초 내가 할 일이 아니었다.

여섯 달 동안의 동아일보사 앞 시위를 끝내고, 각기 생업에 종사하면서 장기 투쟁에 들어가기로 하였지만, 나는 그 후에도 1년 반 넘게 동아투위 상근 총무로 사무실을 지켰다. 함께 투쟁 의지를 다지던 동료 두 명이 감옥살이 하는데, 나만 내 살길을 찾아 나서겠다고 할 수는 없는 일이어서 나는 투위 사무실을 지키는 상근 총무를 맡기로 했다. 그 가을과 겨울을 넘기면서 투위 사무실은 점점 썰렁해져 갔다. 세종여관을 떠나 내자동 쪽으로 옮긴 투위 사무실은 매일 권영자 위원장과 안성열 선배, 나, 세 사람이 지켰고, 일자리를 찾지 못한 동지들이 수시로 들락거렸다. 그리고 작은 일자리라도 찾은 동지들은 쥐꼬리만 한 수입이나마 그 일부를 동아투위에 기부했다.

1975년 그 치열했던 여름, 나는 그때까지 한 번도 만난 적이 없는 새로운 예수, 고난 받는 예수를 만났다. 그해 초여름부터 나와 내 아내는, 해직교수들이 주축이 된 갈릴리교회에 나가기 시작했다. 갈릴리는 예수의 하느님 나라 운동이 일어난, 가난하고 힘없는 민중들이 살던 땅. 교회 이름은 바로 그런 의미를 내포하고 있었다. 안병무 서남동 문익환 문동환 이우정 이문영 김찬국 등 해직교수 6~7명이 돌아가며 설교를 했다. 사실 나는 동아일보사에 입사한 이후 그때까지 결혼하고, 아이 낳고, 그렇게 생활에 파묻히면서 학창시절 간절히 소원했던 성직의 꿈을 완전히 접고, 주일날 예배에 참석하는 일마저 게을리하고 있었다. 믿음은 회의의 구름에 휩싸이고, 헛똑똑이의 지적 오만은 하늘을 찔러, 순진한 기독교인들의 신앙을 우습게 여기고, 기독교의 여러 교리나 제도를 백안시하게 되었다.

그런데, 교회 건물도 없이, 틀에 박힌 형식도 없이, 참석자들이 빙 둘러앉아 예배드리는 갈릴리교회에서 나는 기독교의 새로운 모습과 새로운 가능성을 보았다. 나는 거기서 처음으로 민중의 벗 예수를 알았고, 착취와 굶주림의 현장에 계시는 예수를 알았으며, 모든 억압에서 풀어주시는 해방자 예수를 알았다. 내 믿음은 되살아났고, 나는 이 땅의 해방과 평화를 위해 기도할 수 있게 되었다.

실업 3년째가 되어 가면서 살아가는 일이 더욱 팍팍해졌다. 아내가 임시직 일자리마저 잃고 쉴 때는 더 그랬다. 결혼반지며 돌 반지며 집안의 금붙이는 모두 팔아 썼지만, 정말로 견뎌 내기가 힘겨운 상황도 가끔 닥쳐왔다. 새로운 돌파구가 필요해진 아내는 장사를 해보겠다고 했다. 남대문시장 근처에 새로 생긴 새로나 백화점이라는 곳에 두 평짜리 스낵 가게를 내고 우동과 부침개 등을 팔았다. 그러나 대학을 나온 뒤 직장생활을 하다가 결혼한 아내가 백화점 한 모퉁이에서 장사하는 건 아무래도 무리였다.

힘만 들고 장사는 잘 안 되니 오래 버틸 수가 없었다. 게다가 그 조그만 구멍가게에까지 정보기관의 이른바 '담당'이라는 자가 뻔질나게 찾아와 "지금 남편이 하는 일이 어떤 일인지 아느냐? 잘못하면 패가망신하니 하지 못하게 설득해라." 때때로 회유도 하고 협박도 하니 그것도 귀찮은 일이었다. 결국 아내는 몇 달 만에 그 일을 접고 말았다. 당시 남대문시장에선 홍선주 선배, 김명걸 선배, 김두식 동지 세 분이 옷가게를 하고 있었는데, 그들도 오래 못 견디고 문을 닫았다.

나는 2년 가까이 동아투위 상근 총무를 맡으면서, 이 땅의 민주화를 열망하는 각계각층의 연대투쟁이 필요하다는 걸 절감했다. 그래서 기독교 중심의 인권운동협의회에도 관여하고, 목요기도회 같은 모임에도 열심히 참여하고, 노동자들의 생존권 투쟁에도 직간접적으로 동참했다. 나는 신문사에서 쫓겨나올 때까지, 언론자유만 보장된다면 박정희 독재체제가 아무리 강고하더라도 머지않아 반드시 무너지고 말 것이라고 생각했다. 그리고 독재정권만 무너지면 우리 사회가 훨씬 살기 좋게 될 것이라고 믿었다. 그러나 거리의 언론인이 되어, 동일방직을 비롯한 노동현장의 아픔을 알게 되고, 그들의 한 서린 생존권 투쟁을, 그들의 외침을, 남의 것이 아닌 내 것으로 공감하게 되면서, 단순한 정치적 억압 체제의 붕괴만으로는 사회 전체의 근본적 변혁을 기대하기 어렵다는 것을 조금씩 깨닫기 시작했다.

자유언론 투쟁을 넘어 반독재 투쟁으로

당시 나는 수유리에 있는 누님 집에서 살았는데, 내 자형과 고향이 같다는 '담당 형사'가, 그걸 핑계로 걸핏하면 찾아와서 내 동향을 물어 가곤 했다. 또 1976년 3월 1일 '3.1민주구국선언' 발표 이후, 해마다 3.1절이나 광복절 같은 국가 기념일만 되면 이른바 '반체제 인사'들에 대한 연금이 되풀이 되었는데, 나도 5~6일씩 두 차례 연금되는 경험도 했다. 4~5명의 경찰관과 방범대원 등이 집 앞에 차 한 대를 세워놓고, 아무 법적 근거도 없이 나를 집안에 가둔 채 동네 목욕탕조차 가지 못하게 24시간 감시했다. 실로 법은 있으나 법이 소용없는 무법천지의 세월이었다.

긴급조치9호 발효 이후 잠시 냉각됐던 민주화운동은 1976년 후반기 들어 다시 조금씩 활기를 띠기 시작했다. 특히 미국 대통령 선

거에서 인권문제를 앞세운 카터의 당선이 유력해지기 시작하면서
더욱 고조돼 갔다. 동아투위 사무실도 무언가 모를 희망으로 부풀
기 시작했다. 지금 생각해 보면 미국의 움직임에 일희일비하면서,
때로는 의기소침해지고 때로는 큰 기대를 걸어보곤 하던 일이 부
끄럽기 그지없지만, 그때까지는 그랬던 게 사실이다.

민주화운동의 열기가 다시 고조되기 시작한 1977년 4월, '민주
구국헌장 서명사건'이 발생했다. '민주구국헌장'이란 그해 3월에
함석헌 선생 등 재야인사 10명이 발표한 문건으로, 1976년 3월에
있었던 '3.1민주구국선언' 사건 최종 판결에 앞서 시국에 대한 입
장을 밝히고, 유신헌법과 긴급조치의 철폐를 촉구한 것이었다. '헌
장'이 발표되자 이를 지지하는 서명운동이 벌어졌다. 동아투위 위
원들도 서명에 동참했다. 이 사건으로 동아투위 위원 50여명이 중
앙정보부에 연행되어 하루 정도씩 조사를 받았다. 나는 서명을 주
도했다는 이유로 엿새 동안 조사를 받았다.

이 사건이 있고 동아투위에선, 투쟁노선을 둘러싼 약간의 설왕
설래가 있었다. 일부 투위 위원들은 투쟁의 대상을 동아일보사로
한정시키고 민주주의와 언론자유에 대한 원론적 주장만 펼쳐나가
는 것이 옳다는 입장인 반면에, 다른 투위 위원들은 각계각층의 민
주화운동세력과 폭넓게 연대하여 적극적으로 반독재투쟁을 펼쳐
나가야 한다는 입장이었다. 동아투위는 여러 논의를 거쳐 적극적
인 반독재투쟁 쪽으로 노선의 가닥을 잡았다.

동아자유언론수호투쟁위원회(동아투위) 사무실에서
박종만 위원(왼쪽)과 고 홍종민 위원이 앉아 있다.
고 홍종민 위원은 1978년 10월 제도언론이 외면한 민주화운동과
인권 관련 사건 등을 알린 '민권일지' 사건에 연루돼 구속됐고
1980년 5월 18일 남영동 대공분실로 연행돼 23일 동안 조사를 받으며
고문을 당했다. 고문 후유증에 시달리며 투병생활을 하던 그는
1988년 4월 20일 44세 나이로 별세했다.

 그 무렵, 여성의 몸으로 2년 동안이나 온갖 신변의 위협까지 감수하면서 힘들게 동아투위를 이끌어 온 권영자 위원장이 새 위원장 선출을 요청했다. 동아투위는 권 위원장의 고충을 이해하고, 안종필 선배를 2대 위원장으로 선출했다. 그에 따라 나도 자연스럽게 상근 총무 짐을 내려놨다. 새 총무는 자유언론실천선언 당시 기

협분회 총무를 맡았던 홍종민 동지가 맡았다.

나는 상근총무 짐을 내려놓은 뒤에도 거의 매일 동아투위 사무실을 드나들면서, 투위 동지 여럿이 함께 하던 〈주간시민〉이나 다른 기관지 같은 데서 파트타임으로 일했다. 그러다가 1978년 초여름부터는 KNCC(한국기독교교회협의회) 인권위원회에서 매주 한 번씩 내는 〈인권소식〉을 만드는 일을 했다.

역사는 결국 앞으로 나아간다는 믿음

살아가기는 여전히 힘들었지만, 나도 아내도 그걸 크게 불편하게 생각하거나 한탄하지도 않았다. 그때는 젊어서 그랬을까? 되돌아보면 그 세월을 어떻게 살았나 싶을 만큼 살아가기가 팍팍하고 어려웠는데, 어디서 그런 활기와 여유가 생겼던 것일까? 그때가 언제이던가? 투기 광풍이 몰아치던 70년대 중후반 아니었던가? 자고 나면 달라질 만큼 집값은 다락같이 오르는데, 사십을 바라보는 나이에 집 한 칸 없이 살면서도, 기죽지 않고 씽씽하게 살아갈 수 있었던 건 나도 아내도 철이 덜 들었던 탓일까? 아니다. 그때 우리에겐 믿음이 있었고 희망이 있었다. '강하고 지혜로운 자들을 부끄럽게 하기 위해, 하느님께서, 세상에서 연약하고 어리석은 자들을 택하셨다'는 믿음이 있었다. 박정희 독재만 무너지면 자유롭고 훨씬 살기 좋은 세상이 될 것이라는 희망이 있었다. 역사는, 뒷걸음질 치는 것처럼 보일 때도 앞으로 나아간다는 믿음과 희망이 있었다. 그래서 웃음을 잃지 않고, 씩씩하게 살 수 있었다.

1978년 가을, 동아투위는 새로운 시도를 했다. 제도언론이 철저히 외면하는 민주화운동 관련 소식을 〈동아투위 소식〉에 한두 건씩이라도 싣기로 했다. 비록 몇 백부 안 되는 유인물이지만, 역사의 기록을 남긴다는 심정으로 그렇게 하기로 했다. 비록 펜과 마이크는 빼앗겼지만, 우리는 변함없는 언론인이며, 언론인으로서 책무를 다해야 한다고 생각했기 때문에, 그렇게 하기로 뜻을 모았다.

그해 10월 24일은 자유언론실천선언 4주년이 되는 날이었다. 그날 동아투위는 명동에 있는 음식점 한일관에서 조촐한 기념식을 갖고 〈동아투위 소식〉을 배포했다. 평소보다 다소 두툼해진 유인물에는, 제도언론이 철저히 외면하고 묵살한 125건의 민주화운동 관련 기사가 게재돼 있었다. 음식점 주변엔 대여섯 기관에서 나온 정보 및 수사 기관원들이 진을 치고 있었다.

기념식이 끝난 뒤 경찰은 귀가하던 홍종민 총무를 연행했다. 그리고 이틀 뒤인 10월 26일 안종필 위원장, 안성열 선배, 나, 세 사람을 연행했다. 나는 유인물의 작성자였으므로 당연히 연행될 걸로 미리부터 각오하고 있었다. 동아투위는 잇달아 성명을 발표했다. "연행하고 연행하라! 존재하는 진실과 정당한 논리는 수갑으로 읽어맬 수 있는 것이 아니다", "자유언론이 꽃필 때까지 싸울 것이다."

장윤환 김종철 정연주 등 투위 동지들이 줄줄이 연행되었다. 일이 벌어져도 크게 벌어지는구나 싶었다. 하지만 어두운 얼굴은 하나도 없었다. 할 일을 했을 뿐이라는 의연한 표정들이었다. 내 집과 동아투위 사무실에서 압수해 간 것 외에는 더 이상 무슨 증거를 찾아낼 일도 없고, 사실 관계를 놓고 '그렇다' '아니다' 다툴 일도 없으니 엮여 간 사람은 많아도 조사는 빨리 끝났다. 그런데도 상급기관의 지시가 떨어지지 않아서 그런지 구속영장은 아주 늦게 떨어졌다. 첫 연행이 시작된 지 18일 만에, 연행된 10명 가운데 안종필 안성열 장윤환 홍종민 김종철 박종만 등 6명이 긴급조치9호 위반 혐의로 구속됐다. 그리고 여섯 동지가 구속된 뒤에도 다음해 1월 초까지 정연주 윤활식 성유보 이기중 등 4명이 더 구속되어, 동아투위에선 모두 10명이 재판을 받게 되었다.

피고가 더 당당한 이상한 재판

　동아투위는 최대한 강력한 법정투쟁을 벌이기로 결의하고, 이돈명 황인철 홍성우 이세중 홍남순 등 당대의 저명한 인권변호사 22명이 참여하는 막강한 변호인단을 구성해 재판에 임했다. 변호인단은 변호사 선임료를 사양했을 뿐 아니라 모든 비용을 스스로 부담하면서 열성으로 변론했다. '유신 법정'의 긴급조치 위반 사건,

판사도 검사도 피고인도 모두 '양심의 법정'에선 무죄라는 걸 알고 하는 재판이니, 그건 재판이랄 수도 없는 것이었다.

재판받는 피고들이 오히려 더 당당하고 판사나 검사가 되레 수세적인, 그런 이상한 재판이 대부분이었다. 우리 재판도 그랬다. 열 명의 동아투위 동료들은 하나같이 당당하게 공소사실을 모두 시인하고, 유신헌법과 긴급조치의 폐지를 주장했다. 나도 거침없이 내 생각을 밝혔다.

내가 구속된 이후, 아내는 다니던 출판사를 그만두고 KNCC 인권위원회 간사로 자리를 옮겼다. 내가 구속되자 KNCC 측이 배려해준 것이었다. 아내는 따분한 출판사 교정 일에서 벗어나, 구속자 가족들과 연대하고 각종 인권 관련 모임에도 동참하는, 사뭇 역동적인 일을 하면서 전보다 훨씬 활기차고 씩씩해졌다. 아내는 인권탄압의 현장들을 지켜보면서 하루가 다르게 투사가 되어 갔다. 어머니는 당시의 일을 회고록에서 이렇게 회상하셨다.

"나는 이상하게도 항상 줄에 앉은 새처럼 조마조마한 심정이었다. 아들의 신상에 무슨 일이 생길 것만 같았기 때문이었다. 내 예감은 적중했다. 10월 하순 어느 날이었다. 무슨 일인지 2~3일 동안 집에 들어오지 않던 아들이, 웬 낯모를 사람 둘을 데리고 집에 와서, 잠시 제 방에 들어가 무언지 뒤적이는가 싶더니 그대로 나갔다. 그러고는 또 집에 들어오지 않았다. 일이 나도 단단히 난 모양이었다. 며느리에게 물어봐도 신통한 대답이 나오지 않았다. 그리고 어

2014년 동아투위 결성 40주년을 맞아 아내 윤수경 씨와 함께
광화문 동아일보사 앞에서 1인 시위를 벌이고 있는 박종만 위원

느 날부턴가는 며느리도 데모를 한다고 밤늦게 들어왔다. 참으로 마음을 잡을 수가 없어서 미칠 지경이었다. 아들이 결국 서대문구치소에 구속되었다는 소식이 들렸다. 안절부절 일이 손에 잡히지도 않고 잠을 잘 수도 없었다. 남들처럼 억세고 강한 기골도 못 되

는 터수에 철창생활이라니. 앉으나 서나 자나 깨나 머릿속이 뒤숭숭하고 가슴이 아팠다. 그러나 나는 마음을 잡고, 하나님께 위안을 받고자 기도했다. 너무도 기막힌 일이지만, 의(義)를 위해 싸우다 받는 형벌은 참을 수밖에 없다고 생각했다. 하나님께서 보실 때 정의를 외치다 죄 없이 받는 고통은 결코 헛되지 않고 값진 희생이 될 것이라고 생각을 돌리니 마음이 훨씬 편해졌다."

1979년 10월 27일 아침, 아내는 평소보다 일찍 면회를 왔다. 아내의 얼굴이 유난히 밝아 보였다. 아내는 나를 보자마자 상기된 표정으로 말했다. "여보, 오~노! 기억하시지요?" 그 순간 내 머릿속엔 무언가 섬광처럼 스쳐갔다. "오~노~!? 그게 어딘데? 멀리야, 가까이야?" 다그치는 내 질문에 아내는 대답했다. "아주 가까이요." 아내의 대답을 듣자 다리 힘이 쭉 빠지며 그대로 주저앉을 것만 같았다. 그때 입회 교도관이 아내의 말을 제지했다. 그때까지도 재소자들에겐 박정희 사망 소식을 알려주지 못하게 하고 있었던 거였다. 면회를 마치고 감방으로 돌아가는 내 발걸음은 허공을 걷듯 걷잡을 수 없이 휘청거렸다. 나는 방문을 열자마자, 영등포교도소로 이감된 뒤 한 방에 기거하던 안성열 장윤환, 두 선배를 향해 소리쳤다. "박정희가 죽었대요! 박정희가 죽었대요!" 나는 환호성을 지르지 않을 수가 없었다.

그날 일을 어머니는 이렇게 회고록에 남기셨다.

"1979년 10월 27일 새벽 다섯 시였다. 그 꼭두새벽에 난데없이 전화가 걸려왔다. 놀라서 수화기를 드니 이해동 목사님 사모님 목소리였다. 사모님은 다급한 목소리로 지금 라디오 뉴스를 들었느냐고 물었다. 그러고는 박정희가 죽었다고 했다. 사람이 죽었다는데 환호성을 지르는 것은 있을 수 없는 일이요, 사실 그래서는 안 될 일이다. 그런데 박정희가 죽었다는 소식을 듣고서는 환호성을 지르지 않을 수가 없었다."

짧았던 서울의 봄

10·26사태가 발생하고 3주도 더 지난 11월 21일, 나는 영등포교도소에서 풀려나왔다. 다른 동료들도 열흘, 보름 간격으로 모두 석방되었다. 경찰서에 연행될 때부터 풀려날 때까지 13개월. 나와 내 가족에겐 짧다고 할 수 없는 기간이었다. 그러나 다른 사람들의 고생에 비하면, 결코 길다고 할 수 없는 기간이기도 했다.

1979년 12월 8일 긴급조치9호가 해제되었지만, 그 며칠 뒤인 12월 12일 전두환을 중심으로 한 신군부의 쿠데타로 정국은 심상치 않은 앞날을 예고하고 있었다. 그럼에도 우리는, 민주화를 갈망하는 많은 사람들은, 희망의 끈을 놓을 수가 없었다. 1980년 1월 하순으로 접어들면서 신군부 세력은 잠시 유화국면을 조성했다. 긴급조치 위반으로 제적됐던 학생들을 복학시키고, 이어서 해직교수

2017년 11월 동아10기 입사 50주년 모임

들도 복직시켰다. 한 치 앞도 내다보기 힘든 암울한 상황이었지만, 무언가 희미한 빛이 보이는 것 같기도 했다.

동아투위는 잇달아 성명서를 발표하고 우리의 명예로운 원상회복을 요구했다. 자유언론 회복운동에 나선 각 신문사의 기자들도 동아조선투위 해직기자들의 복직을 촉구하고 나섰다. 특히 한국기자협회는 동아조선투위 해직기자들의 복직투쟁을 결의하고 해직기자 복직의 당위성을 강력히 주장했다.

"…꺼져가는 언론자유의 불씨를 안고 그들은 감옥에 끌려 들어가기도 하고 병과 굶주림에 시달리면서도 그 불씨를 끝내 지켜왔다. 이제 그들이 간직했던 언론자유의 불씨는 한국 언론의 심장에 옮겨 놓아야 한다. 우리는 그들이 복직되어야 한다는 논리를 새삼스럽게 전개할 필요를 느끼지 않는다. 그것은 너무나 자명한 일이고, 너무나 당연한 일이기 때문이다. 다만 한 가지 말을 더한다면, 한국 언론이 양심을 회복했다는 징표를 만천하에 알리기 위해서도 우리는 그들을 하루빨리 복직시킬 것을 요구한다.…"

1980년 '서울의 봄'은 짧았다. 5월 15일의 대규모 학생시위로 절정에 이르렀던 민주화투쟁의 열기는 5월 17일 새벽 0시를 기해 내려진 신군부의 비상계엄 확대 조치로 무참히 좌절되었다.

그 시간 동아투위 동지들은 수유리에 있는 '명상의 집'에서 '새 시대 새 언론'을 주제로 세미나를 하고 있었다. 동아투위의 진로 모색을 위한 철야토론을 하다가 긴박해진 상황을 전해들은 우리 동지들은 서둘러 토론을 중단하고 산길로 뿔뿔이 흩어졌다. 나는 홍종민 동지와 함께 산길을 타고 시내로 들어갔다. 홍종민은 내 뒤를 이어 동아투위 총무를 맡았고, '민권일지' 사건으로 감옥살이도 함께 한 동지이다. 그날 우리는 동대문운동장에서 야구 구경도 하고 부근 영화관에서 영화도 보면서 하루를 보냈다. 그리고 저녁 늦게 헤어지면서 나는 그에게 "당분간은 집에 들어가지 말자"고 강력히 권유했다. 그러나 그는 감옥에서 나온 뒤 그동안 "별로 한 일이 없으니 괜찮을 것"이라면서 내 권고를 뿌리치고 부득부득 자기 집으로 향했다.

그날 밤 그는 집 앞에서 남영동 대공분실로 연행됐다. 그리고 구타, 물 먹이기 등 온갖 혹독한 고문을 당하고 23일 만에 체중이 10kg이나 빠진 상태로 풀려났다. 그는 이때 얻은 심장병 때문에 심장박동기를 달고 살다가 결국 그 병 때문에 젊은 나이에 세상을 뜨고 말았다. 나는 그날 밤 집으로 가려는 그를 한사코 막지 못한 걸 두고두고 후회하고 가슴 아파했다.

남영동 대공분실, 영혼을 파는 모멸감

나는 그 날 이후 두 달가량 이리저리 숨어 다녔다. 그러다가 식구들이 보고 싶기도 하고 숨어 다니는 게 지겹기도 하여, 7월 중순 어느 날 '통금'이 임박한 늦은 시간에 집 주변을 한참 살펴보다가 재빨리 집에 들어갔다. 그런데 내가 집에 들어선 지 2~3분이나 지났을까? 어머니와 아내랑 막 이야기를 나누기 시작하는데, 초인종 소리가 나더니 나를 찾는 소리가 들렸다.

아내가 문을 여는 순간 건장한 두 사람이 들이닥쳤다. 나는 곧 차에 태워져 어딘가로 연행되었다. 두 사람 사이에 나를 태우고 내 눈을 가린 채 머리를 숙이도록 해서 도대체 어디로 끌고 가는지 알 수가 없었다. 20~30분쯤 걸렸을까? 그들은 나를 어느 건물로 데려 갔다. 사방 벽이 빨간 어느 방에 들어가고 나서야 내 눈을 가렸던 헝겊을 풀어줬다. 그러고는 나에게 종이와 볼펜을 주며 다짜고짜 그동안의 내 행적을 쓰라고 했다. 내가 교도소에서 석방된 뒤 최근 수개월 간의 행적을 하나도 숨김없이 낱낱이 쓰라고 윽박질렀다. 그들은 밤새 나한테 똑같은 일을 두세 번 반복해 시켰다.

다음 날 아침 수사관들이 자리를 비운 사이에 작은 창문 너머로 밖을 내다봤다. 무슨 전철역 같은 것이 보여 자세히 보니 남영역이었다. 그제야 나는, 내가 그 악명 높은 남영동 대공분실에 끌려간 걸 알았다. 내가 집에서 연행될 때, 잠깐 화장실에 가겠다고 했더니 총을 꺼내 들던 그 우악스럽게 생긴 수사관은 고문으로 악명을 날린 이근안이라는 자였다.

내가 남영동에 끌려간 주된 이유는 '서울의 봄'이 절정에 달했던 5월 15일에 발표된 '지식인 134인 시국선언'에 서명한 것 때문이었다. 이 성명서는 학계 종교계 법조계 문단 언론계의 민주화를 갈망하는 인사들 134명이 서명한 것이었는데, 동아투위에선 나를 포함해 7명이 동참했다. 이 시국선언에 서명한 사람들 가운데 여러 명이 계엄법 위반 혐의로 구속되었으며, 한두 변호사는 한동안 변호사 일을 못하게 되고, 일부 교수들은 강제해직의 시련을 겪기도 했다.

내가 남영동에 끌려갔을 때는 5·17 비상계엄 확대조치와 5·18 광주민주화운동 직후의 살벌했던 분위기가 다소 누그러들어서 그 랬는지 혹독한 고문은 하지 않았다. 그러나 수사관들은, 벽 색깔이 다른 이 방 저 방으로 나를 끌고 다니며 금방이라도 고문할 듯한 자세로 온갖 협박을 다했다.

밤낮으로 비슷비슷한 질문을 되풀이 하고, 똑같은 자술서를 반복해서 쓰게 했다. 나는 8일 만에 풀려났다. 그러나 나는 수사기관에 끌려간 다른 어느 때보다도 심한 굴욕감과 참담함을 느껴야만 했다. 그들은 나를 풀어주기 전에 각서를 요구했다. 그런데 그 게 일종의 반성문을 뜻하는 것이었다. 중앙정보부 같은 데서도 몇 차례 각서를 썼지만, 그때는 "여기서 보고 들은 것을 밖에 나가서 말하지 않는다"는 일종의 요식절차 같은 것이어서 큰 부담감이 없었다.

그러나 남영동에선, 내 영혼을 파는 것 같은 모멸감을 느끼며 나는 그들이 요구하는 각서를 써줬다. 나는 어쩌면, 내가 잡혀간 곳이 남영동이라는 걸 안 순간부터 고문에 대한 공포 때문에 내 중심을 잃었는지도 모른다. 대공분실 정문을 나서서 남영역까지 짧은 거리를 걷는 동안 나는 걷잡을 수 없는 절망감을 느끼며 휘청거렸다. 단단하다고 자부하던 내 의지의 허약함을 깨닫는 순간 내 삶 전체가 허물어지는 것 같은 허탈감을 느꼈다.

불의의 시대, 살아간다는 어색함

 그 한 해가 끝날 때까지 나는 아무것도 할 수 없었다. 동아투위 사무실마저 폐쇄되어 마땅히 갈만한 곳도 없고, 신군부의 살인적인 폭압에 모두가 움츠러들어 있어서 함께 울분을 토로할 동료들을 만나 어울리기도 어려웠다. 나는 그 불의의 시대에 침묵하는 하느님을 원망하기 시작했다. 역사는 뒷걸음질하는 것처럼 보일 때도 하느님의 섭리 가운데서 앞으로 나아간다는 나의 믿음과 소망은 회의의 구름으로 뒤덮여 갔다. 약한 자에게 힘을 주시고 강한 자를 바르게 하시는 하느님, 해 아래 압박 있는 곳 어디서나 정의를 살리시고 해방을 주시는 그런 하느님은 존재하지 않는 것 같았다. 확고한 것 같던 내 믿음은 겉으로만 번지르르하게 포장되어 있었지 진짜 속 알맹이는 그렇게 허약했다. 나는 그렇게 때론 절망하고 때론 누군가를 원망했다.

 먹고 사는 문제도 점점 더 나를 무겁게 짓눌렀다. 아내가 살림을 겨우겨우 꾸려나갔지만, 마흔을 코앞에 둔 나이에 집 한 칸 변변히 없고, 장래에 대한 전망도 절벽처럼 느껴졌다. 그때까지도 나는 감시 대상인 데다 나이도 어중간해서 좀처럼 일자리를 구하기도 어려울 것 같았다. 내 딱한 사정을 눈치 챈 신문사 동기생 이종욱이 자신이 편집 책임자로 있던 출판사에 자리를 마련해 줬다. 1981년 1월부터 나는 출판사에 출근하기 시작했다. 자그마치 6년 만에 정시 출퇴근하는 샐러리맨으로 돌아가니, 하루하루 살아가는 게 뭔가 좀 어색하기도 하고, 공연히 남의 눈치가 보이기도 했다.

수감 중 취재한 박종철 고문치사 조작, 6월 항쟁 부싯돌 역할

이부영 동아투위 위원장

    동아일보와 조선일보는 1975년 자유언론실천운동을 벌였던 113명과 32명 언론인을 대량 강제 해직시켜 놓고 50년이 되도록 사과 한마디 없이 지내고 있다. 박정희 유신 독재정권의 강압으로 어쩔 수 없었다고 변명해도 명색이 한국을 대표한다고 스스로 내세우는 언론으로서는 있을 수 없는 일이다. 조그만 성냥공장도 아닌 언론 대기업이 입이 열 개라도 어떻게 변명하겠는가. 이 특권 족벌언론을 대상으로 해고무효소송을 해도 대법원을 비롯한 각급 법원이 우리에게 강요한 것은 패소 판결뿐이었다.

    국가 기관인 진실·화해를 위한 과거사정리위원회가 동아일보 측에게 화해를 권고했으나 박정희의 딸 박근혜 정권과 사법농단

흥정을 벌이고 있던 양승태 대법원은 동아일보 측에게 승소를 안겨주었다. 당시 동아일보의 경영악화로 대량 해직을 하지 않을 수 없었다는 것이었다. 이용훈 직전 대법원장이 인촌기념회(동아일보를 창간한 인촌 김성수의 유지를 기려 설립한 단체) 이사장을 맡고 있었다.

2019년 10월 24일 자유언론실천선언 45주년을 맞아 이부영 동아투위 위원(사진 왼쪽) 등이 동아일보 앞에서 조선일보, 한국프레스센터까지 삼보일배 행진을 하고 있다.

1987년 민주항쟁의 부분적 승리로 직선제 개헌이 이뤄진 이후 10명의 대통령 시대를 살아왔지만 유독 동아일보와 조선일보 양대 족벌언론은 민주화의 과실까지 가로채면서 민주사회의 최상위 포식자로 다시 군림했다. 이른바 민주 정권들까지 이들 사기업 족벌언론에 굴종하였다. 이 두 족벌언론은 해방 이후 신문을 복간할 때 일제 식민지배 시기의 친일부역에 대해 한 마디 사과 없이 다시 신문을 냈다. 오히려 항일했다고 거짓말했다. 이 두 신문은 중요한 정치적 계기마다 독재를 두둔하여 한국의 민주화에 역행했으며 남북 화해에 찬물을 끼얹고 분단 대결을 조장해왔다. 광화문 한복판에 조선과 동아가 버티고 서 있는 한, 우리 국민은 민주주의와 한반도 평화에 언제나 역풍을 걱정해야 할 것이다. 이기적이고 위선적인 사기업 '동아·조선 없는' 세상에 살아보고 싶다.

창간 50주년 특집호 준비하면서 '동아 실체' 파악

수습기자 생활의 중반을 넘어갈 즈음인 1969년 4월에 창간 50주년인 1970년 4월 1일 특집판을 준비하는 작업에 참여하게 되었다. 조사부에 비치하고 있는 창간호부터 당시까지의 동아일보를 모두 열람하여 나라와 민족에 대한 동아일보의 공헌을 찾아내 정리하라는 것이었다. 당시에는 마이크로필름도 디지털 저장도 없었던 시절이라 일일이 찾고 메모했다. 우리 젊은 기자들에게 동아일보는 '반독재 민주주의를 위해 싸우는 민족지'로 알려져 있었고 그래서 언론인으로서 동아일보에서 일하는 것을 가장 보람 있는 일로 알고 있었다. 제대로 된 한국언론사 책 한 권도 없었고 동아·조선일보를 비판하는 것은 감히 생각조차 할 수 없던 시절이었다.

두 달 남짓 1920년 4월 1일부터 1969년까지 동아일보를 열람한 뒤 나는 혼란에 빠졌다. 내가 알고 있던 동아일보와 일제 치하의 동아일보가 다른 신문이었고 해방 정국의 동아일보도 민족지라면 할 수 없었던 분단 부채질을 하고 있었다. 창간 직후 무장항일운동과 상해 임시정부를 깎아내리면서 자치운동의 정당성을 주장하거나 사주 김성수가 일본군 참전을 독려하는 등 중일 전쟁 이후 사례, 해방 후 모스크바 3상회의 가짜보도 등 몇 가지는 내게 큰 충격을 주었고 조용히 수습 11기 동기생들과 논의했다.

다만 1951년에 부통령에 당선된 사주 김성수가 이승만의 권력욕 때문에 일어난 부산 정치파동에 항의하여 부통령직에서 사임하면서 동아일보가 이승만에 대한 격렬한 비판 논조를 펴게 되었다. 이때부터 동아일보는 4·19 혁명에 이르기까지 반 이승만 논조를 펴면서 한국의 야당지로 부동의 위치를 차지했다. 그러면서도 조봉암 사형 등에는 냉담했다. 이렇게 동아일보에 대한 과대한 착시현상이 일어났으며 나 자신도 착시의 포로가 돼 있었고 뒤늦게 환멸감에 시달려야 했다.

동아일보노조 설립, 자유언론실천운동 그리고 문화부

동아일보 문화부에 바치는 나의 헌사를 빼놓을 수 없다. 동아일보노조와 자유언론실천운동에서 문화부 구성원들은 헌신적 역할을 했다. 이에 대해 우리 동아자유언론수호투쟁위원회(동아투위) 위원들도 크게 이의를 제기하지 않을 것이다. 이대훈 부장 한 분을 제외하고 전 부원들이 참여했고 해임되었다. 권영자 장윤환 김병익 서권석 이길범 홍휘자 이부영 심정섭 등 여덟 분이다. 권영자 차장(수습 1기)은 1974년 3월 동아일보노조 창립 때부터 함께했다. 1975년 3·17 대량 해임 이후 즉시 발족한 동아투위 초대 위원장도 서슴지 않고 맡아주었고 6개월 동안 계속된 회사 앞 도열시위에 앞장섰다. 권력의 탄압으로 야기된 백지광고와 대량 해직으로 당황하지 않을 수 없었던 기자 피디 아나운서들의 사기를 다독이면서 이끌어준 큰 언니의 소임을 감당해주셨다.

동아일보노조가 조합원 수를 늘려가는 과정에서 민청학련 사건 등 유신 폭압에 언론이 제 기능을 못하는 현실을 심각하게 고민하게 되면서 누가 자유언론운동의 대표 주자가 되어야 하는지를 고심하게 되었다. 몇몇 선배들이 거명되었으나 문화부에서 연극 영화를 담당하는 장윤환 수석기자로 논의가 모아졌다. 마침 한국기자협회 동아일보 분회장이 교체되어야 했으므로 장윤환 선배(수습 3기)를 추대하기로 했다. 1974년 10·24 자유언론실천운동은 장 선

2023년 6월 10일 서울시청 동편 도로에서 열린 32회 민족민주열사 범국민추모제에 참석한 동아투위와 조선투위 위원들. 사진 오른쪽부터 고 송건호 선생 영정을 들고 있는 이부영, 고 안종필 동아투위 위원장 영정을 든 박종만 동아투위 위원, 고 리영희 선생 영정을 든 신홍범 조선투위 위원, 고 정태기 조선투위 위원장 영정을 든 성한표 조선투위 위원장

배의 리더십에 따라 일사천리로 진행되었다. 그때까지 '언론자유선언'이 되풀이 발표되었지만 그래서는 안 된다고 했다. 장 선배는 자유언론을 '실천하자'는 투쟁을 제안했다. 수습 3기 선배의 결기 앞에 후배들은 숙연하게 따랐다.

자유언론실천 운동이 본격적으로 벌어질 무렵, 한국기자협회(기자협회) 회장이 유신정권의 부처 대변인으로 내정됐다는 소문이 돌았다. 이 기회에 기자협회도 바꿔보자는 의견이 나왔다. 동아일보의 문학 담당 기자로 이미 문학계의 큰 비중을 차지하고 있던 김병익 선배(수습 6기)에게 부탁드리기로 했다. 같은 문화부에 일하는 후배였기에 내가 김 선배의 의중을 타진했다. 김 선배는 의외로 선선히 받아들였다. 기자협회 부회장에는 나의 대학 동기인 조선일보의 백기범과 중앙일보의 홍사덕에게 응낙을 받았다. 기자협회 회장단이 드림팀으로 구성되었다. 언론계에 들불처럼 번지고 있던 자유언론실천 운동은 기자협회도 쇄신하는 운동으로 발전했다.

서권석 선배(9기)를 떠올리지 않을 수 없다. 종교계를 담당했던 서 기자는 이미 유신이 시작되면서 반 유신 종교계 움직임을 취재하고 있었다. 민청학련 사건에 대한 군사재판이 열리자 신문에 나가지 않아도 미리 취재 노트를 만들었다. 명동성당과 기독교회관의 인권기도회를 취재, 민청학련 사건의 내용과 인권 탄압을 고발하는 기사를 써서 10·24 선언의 기폭제 노릇을 했다. 이길범 기자와 홍휘자 심정섭 기자도 정성껏 돕고 참여했다. 정자환 선배(수습 6기)도 기억에 남는다. 미국 하와이대에 유학 중인 1974년 초에 귀국하여 문화부에 잠시 복귀했는데 동아일보노조가 발족했다. 노조 간부들에 대한 무더기 해임이 일어났고 1차 대책위원회도 다시 해임 무기정직 처분을 받았다. 정자환 기자는 2차 대책위에 이름을 올렸다. 다시 유학길에 올라야 할 정 선배가 선뜻 대책위에 이름을 올린 것을 잊지 못하겠다.

나는 수습 11기로 1972년 후반에 문화부에 합류했다. 국제관계 학술회의와 대학신문을 취재했고 인권변호사와 참여계 문학인들을 취재했다. 김병익 선배가 후일 문학과지성 계열의 문인들을 담당했다면 나는 창작과비평 계열의 문인들을 많이 만났다. 자유실천문인협의회 창립을 청진동에 있던 이문구가 편집을 담당한 〈한국문학〉에서 시작했으므로 동아의 자유언론운동과 거의 동시에 진행됐다. 나는 동아일보노조의 섭외부장으로 일한 탓에 자유언론실천 운동에서도 대변인으로 일했다.

대변인 활동으로 박정희 독재에 미운털

광고 탄압과 사내 농성 그리고 대량 해직 사태로 이어지면서 많은 외신 기자들이 동아일보 편집국으로, 회사 밖으로 찾아와 내가 브리핑해주고 인터뷰를 해야 했다. 당시 워싱턴포스트의 돈 오버도퍼, 뉴욕타임스의 리차드 헬로런 등 미국과 유럽, 일본 등 주로 서방 언론 대기자들의 취재 요청에 응해야 했다. 오버도퍼 기자는 한 페이지에 이르는 장문의 논설 기사에서 "정보기관이라는 유령이 동아일보에 출몰하고 있다…"는 공산당 선언의 첫 구절을 인용하는 글을 남겼다.

1975년 1월 중순 필자가 동아일보 편집국에서
워싱턴포스트의 돈 오버도퍼 기자와 회견하고 있다.

후에 프레이저 보고서로 유명해진 도널드 프레이저 미 하원의원 그리고 AP통신의 존 로더릭 부사장을 만나 브리핑한 것으로 박정희 정권에게 두고두고 미운털이 박히게 되었다. 후에 민주화운동에서 활동하게 될 종교인 인권변호사 문화예술인 학자들을 폭넓게 알게 되었다. 동아 문화부는 노조 설립과 자유언론실천 운동이 벌어지는 동안 그 중심 역할을 했다. 동아투위 위원들은 내가 점잖은 문화부를 오염(?)시켰다고 '진반농반'을 했다.

대량 강제해직이 일어나기 직전에 '민청학련 사건'으로 중형을 받았다가 풀려난 김지하 시인이 동아일보에 옥중수기 '고행-1974'를 3회 시리즈로 실어 큰 반향을 일으켰다. 처가인 정릉의 박경리 작가 댁에 머물고 있던 김 시인을 나와 장윤환 선배가 함께 찾아가 소주를 마시면서 원고를 직접 쓰도록 했다. 인혁당 사건 사형수 하재완 씨가 고문으로 조작된 인혁당 사건에 대해 폭로하는 진술이 주요 내용이었다. 이 수기를 쓴 김 시인은 무기징역형을 복역하다가 나왔다. 아무리 중요한 기사라도 김 시인 입장에서 한 번 더 생각했어야 했다. 김 시인은 곧바로 재수감되었다. 박정희 정권은 김 시인을 사형시키려 들었다. 나는 강제해직 직후 구속되었지만 나의 재판보다 김 시인의 운명에 더 마음을 써야 했다. 그의 생명을 구하기 위한 '양심선언'이 여러 동지들 노력으로 성사되어 그의 생명을 구할 수 있었다. 나는 지금도 진실 보도보다는 생명이 더 중요하다고 생각한다.

강제 축출 이후의 몇 가지 단상들

1975년 3·17 대량 축출 사태 직후에 신문과 방송 제작에 어려움이 닥치자 여러 갈래로 축출당한 동아투위 위원들을 복귀시키려는 움직임이 있었다. 김병관 광고부국장(김상만 사장의 장자)과 친분이 있는 김상현 국회의원이 김 부국장을 만난 다음 나를 만나 이렇게 전했다.

"이부영을 비롯한 성유보 박지동 심재택 등 4명을 제외하고 모두 복직시킬 의사가 있다고 하는데 어떤가?" 나는 "즉시 그렇게만 할 수 있다면 꼭 성사시켜 달라"고 했다. 나는 김상현 의원의 낙관론이 실현 가능하지 않다고 생각했다. 김상만 사장은 박정희와 중앙정보부 의사를 거역해서 축출 언론인들을 복직시킬 수 없다고 봤다. 이들이 복직하여 자유언론을 주창할 경우 화근을 다시 키우는 것으로 볼 것 아닌가. 박정희 독재가 끝나기 전에는 어려워 보였다.

나는 1979년 10·26 사태 이후 '나라의 민주화를 위하여'라는 성명서를 발표했다는 이유로 계엄포고령 위반으로 두 번째 구속되었다. 유신의 주인공이 죽었으니 정치범들을 석방하고 해직 교수, 언론인과 제적 학생들을 원상회복시키라는 요구였다. 당연한 요구를 했지만 돌아온 대답은 구속이었다.

군사재판을 받으려고 서울구치소에 갇혀 있으면서 김재규 사건의 공범 박선호 의전실장을 내가 아는 구치소 간부를 통해 1980년 1월 하순쯤 비밀리에 만났다. 대통령 살해 사건의 사형수를 만나게 하는 건 그 간부로서도 모험이 따르는 일이었다. 박선호 씨를 만나 우선 그의 손을 잡고 의거에 감사한다고 인사했다. 시간이 급해서 용무를 말했다. 김재규 중앙정보부장 책상 위에 현안 문서철로 동아투위 문서철이 있었느냐고 물었다. 그는 분명히 있었다고 했다. 10·26 이전에 한꺼번에 10명이 구속되었으니까 중요한 현안(懸案)이었다는 것이었다. 꽤 두꺼운 서류철이었는데 김상만 사장이 정부에 제출한 각서가 있었다고 했다.

"…다시는 불미한 일이 없도록 서약합니다…"는 내용으로 기억한다고 했다. 광고 탄압을 풀면서 김 사장으로부터 서약서를 받았던 것으로 보인다. 김재규 전 중앙정보부장과 함께 박선호 씨는 1980년 5월 26일 서울구치소에서 교수형 집행으로 세상을 떠났다.

언협·민민협 참여 결정, 〈말〉지 발간

1981년 나는 대구교도소에서 야만적인 삼청교육을 받고 전두환의 대통령 취임 특별사면으로 석방되었다. 박정희 독재가 끝나도 복직이 되지 않는 것을 보고 나서 군사독재 정권이 종식되고 민주화가 성취되어야만 언론으로 돌아갈 수 있을 것으로 판단했다. 우리 해직 언론인들은 유신독재 기간 야당 혹은 야당 정치인들과 연대하는 재야 민주화운동에 참여하지 않았다. 언론인은 정치적 성향을 가진 민주화운동에 참여해서는 안 되는 것으로 처신했다. 5·18 학살을 저지른 전두환 군사독재를 물리치자고 벌이는 민주화운동에도 참여하지 않는 것은 용납될 수 없다고 생각하게 되었다.

나를 비롯해 동아·조선투위 몇 사람들이 참여 쪽으로 기울었다. 1984년 초 노동 농민 문화예술 종교 교수 교사 등 조직 중심으로 결성된 민중민주운동협의회(민민협)에 김승훈 신부, 김동환 목사, 이부영 3인이 공동대표로 나섰고 이부영이 상임대표로 일하게 되었다. 언론계에는 동아·조선투위, 80년해직언론인협의회(80년해언협) 등 3개 그룹이 있었지만 민민협에 가입하지 않고 있었다. 1984년 봄에 신홍범(조선투위), 김태홍(80년해언협), 이부영(동아투위), 성유보(동아투위) 4인이 후배 몇 사람과 하남 검단산 산행을 함께 했다. 여기서 3개 단체와 출판인들이 합쳐 민주언론운동협의회(언협)를 결성, 민민협에 가입하기로 합의했다. 이렇게 전두환 군사독재에 저항하는 민주화운동에 언론인 단체가 참여하게 되었다. 나는 언협의 위원으로 민민협의 상임공동대표가 됐다.

전두환 신군부가 5·18민주화운동을 무력진압한 뒤에 1983년부터 전국 대학가에서는 대학생들의 대규모 시위가 계속되고 있었다. 그러나 신문과 방송 등 언론은 거짓과 기만으로 가득 차고 넘쳤다. 언협은 매체를 가지고 있지 못했다. 동아투위, 조선투위, 80년해언협 등 언협 내부에서 분담금을 마련하려 했지만 그럴 만큼 여유가 없었다. 1984년 나는 기독교방송 사장 김관석 목사를 찾아갔다. 그리고 언론 사정을 말씀드렸다. 며칠 뒤 김 목사는 적지 않은 금액인 700만원을 건네주었다. 언협 사무국장으로 〈말〉지 준비를 하고 있던 성유보 씨에게 전달했다. 편집실 마련 비용과 제작비였다. 비용의 출처는 말하지 않았다.

1986년 〈말〉지가 전두환 정권의 보도지침을 폭로하여 신홍범 김태홍 김주언(당시 한국일보 기자) 등 세 언론인이 구속되었다. 〈말〉지에 대한 폭발적 호응은 새 언론에 대한 전망을 갖게 해주었다. 민주화운동이 고조되면서 서점에서도 〈말〉지가 팔리게 되었다. 그 뒤에는 제작 비용을 걱정하지 않게 됐다.

1985년 12대 총선을 계기로 강경 야당이 등장하고 민주화운동이 결집하면서 직선제 개헌이 중심 과제로 제기되었다. 재야 중심은 민주통일민중운동연합(민통련)으로 집결되었다. 나는 문익환 의장, 계훈제·백기완 부의장을 모시고 사무처장으로 일했다. 동아투위에서는 성유보 임채정 김종철 위원이, 조선투위에서는 최장학 위원이, 출판인으로는 김승균 일월서각 대표가 참여했다. 민통련은 전국적 조직망을 통해 각지의 선명 야당 세력과 연대하여 직선제 개헌운동을 벌였다. 광역시도의 야당 시당에서 직선제 개헌 추진본부 현판식을 개최하면 민통련은 해당 지역 민주화운동 세력을 집결시켜 자연스럽게 집회와 시위를 만들어냈다. 남부 지역부터 북상하여 인천에서 대규모 집회를 가진 후 서울로 집중하려 했다.

1986년 5·3 인천 직선제개헌 투쟁을 전두환 정권은 대대적인 용공조작으로 탄압했다. 민통련을 배후 조종한 세력으로 몰아 짓밟았다. 나는 6개월 동안 도피했다가 검거됐다. 이번에도 성유보 위원이 민통련 사무처장으로 굳게 지켜내 오히려 민주헌법쟁취국민운동본부(국본)로 발전시켜 6월항쟁의 구심체 구실을 해냈다. 나는 영등포교도소에서 박종철군 고문치사사건의 은폐조작 사실을 취재하여 6월 민주항쟁의 부싯돌 노릇을 했다. 이 전말은 다른 기회에 자세히 기술할 것이다.

마지막 재야 전민련, 시민운동… 마음의 고향은 언론

1987년 6월 민주항쟁과 대통령 선거를 김천교도소 안에서 지켜봤다. 6·29 선언 이후 정치범 석방에서 제외돼 대통령 선거 패배 과정을 무력하게 바라봐야 했다. '양김' 분열과 감옥 안 젊은이들의 NL/PD 논쟁을 비교하면서 관찰하는 기회도 가졌다. 1988년 3월 노태우의 대통령 취임 기념 특별사면으로 풀려나는 감회는 씁쓸했다. 1968년 삼선개헌 이후 계속된 반독재 민주화운동의 20년 투쟁이 패배로 끝난 것 같기도 했다.

그래도 한겨레신문 창간 운동은 대선 패배의 충격을 딛고 일어서서 "민주화운동은 한판 승부가 아닙니다"(강정문 동아투위 위원의 카피)라는 국민모금 운동의 불씨를 되살리고 있었다. 1988년 5월 15일 한겨레신문 창간에 초청받아 갔다. 창간 일원으로 서 있어야 할 나 자신은 손님이었다. 내가 민주화운동에 참여하고 있는 동안 꾸준히 새 언론 준비를 해온 언협 주축 멤버들은 성공적으로 임무를 해냈다.

재야 민주화운동 진영은 대선 패배 후유증으로 분열되어 있었다. 88올림픽과 탈 냉전시대의 흐름은 한반도에도 전환의 바람을 일으켰다. 재야 민주화운동은 1989년 초 전국민족민주운동연합(전민련)으로 결집하여 다시 나를 소환했다. 대선 현장에서 어느 쪽으로든 가담하여 책임 소재에서 자유롭지 못했던 세력들은 타협의 산물로 나를 상임공동대표로 불러내려 했다. 아직 국가보안법이 그대로 있고 군사독재 끝물이 계속되고 있을 무렵, 전민련 운동은 낡은 냉전시대의 속죄양 운명을 면할 수 없었다. 문익환 목사의 1989년 4·2 남북 평화공존선언 사건, 울산 현대중공업 노동대파업 속에서 나는 다시 다섯 번째 투옥을 겪어야 했다. 어찌 보면 냉전시대 마지막 재야운동의 소임을 감당한다는 의미는 있다고 생각했다. 그러나 나의 마음의 고향은 언론에 머물고 있었다.

나의 정치 참여는 다른 기회에 다뤄볼 생각이다. 나는 2003년부터 장준하선생기념사업회, 몽양여운형선생기념사업회, 동북아평화연대(우스리스크고려인문화센터설립추진위원회), 동아시아평화회의, 한

2023년 7월 뉴스타파 옥상 정원에서 동아투위와 조선투위 위원들이 자유언론실천선언 50주년 기념 뉴스타파 탁상달력 2024년 10월분 사진을 촬영하고 있다.

일협정재협상국민운동본부, 그리고 최근에는 전국비상시국회의 등 시민운동에 허기진 사람처럼 관여해왔다. 나의 정치 참여에 대한 불만과 언론계 미 복귀를 시민운동 참여로 갚으려는 듯했다.

그리고 2017년부터 동아투위와 자유언론실천재단에 복귀하여 지금에 이르고 있다. 올해(2024)는 1974년 10·24 자유언론실천선언 50주년이 되는 해다. 지금 50주년 기념사업이 진행 중이다. 동아일보노조와 자유언론실천 운동에 투신했으니 50주년 마지막 기념사업까지 정성을 다해보려고 한다. 50주년 이후에는 탈 없이 역사 속으로 여행을 떠나고 싶다.

간단히 살펴본 속절없고 부산한 나의 평생을 옆에서 지켜온 아내 손수향 님에게 고개를 들 수 없다. 1973년 장준하 선생을 대부로, 천관우 선생을 주례로 모시고 결혼했다. 1975년 3월17일 해직되었고 6월에 구속되었을 때에는 한 살배기 딸과 막 태어난 아들이 딸려 있었다. 그리고 2년 7개월 만에 집에 돌아왔다. 때로는 아이들을 업고 안고 나를 면회 왔다. 돌아온 집은 천관우 선생댁 부근의 불광동 전셋집이 아니라 종로구 청운동 10평짜리 청운아파트였다. 두 어린아이가 딸린 사람에게는 사글셋집을 주지 않아 아껴서 연탄 때는 아파트를 샀다고 했다.

나의 친구들은 이부영이는 감옥에 가 있어야 재산이 늘어난다고 놀렸다. 부산에서 대학교수직에 계시던 장모님은 주말 토요일에 상경하시어 아이들과 놀아주시고 일요일 다시 부산으로 돌아가시곤 했다. 우리 가족이 견디어낸 것은 오로지 장모님 덕택이었다. 정년퇴직 후 우리 곁에서 지내시다가 돌아가셨다. 장모님 기일인 10월 초에는 지금도 양평 수목장림으로 성묘한다.

1975년 동아사태는 을묘사화

김동현 　동아투위 부위원장

　　1974년 10월 24일 자유언론실천선언을 기점으로 동아일보는 기관원의 출입을 금지하면서 신문과 방송에서 금단의 벽이 무너지고 언론 본연의 모습이 나타나기 시작했다. 그러나 권력을 감시 비판하는 언론을 용인할 수 없었던 박정희 군부 유신독재 정권은 12월 들어 광고 탄압을 통해 동아일보사를 압박하기 시작했다.

　　나는 신문과 방송 잡지에 갑자기 광고가 사라진 진상을 알아보기 위해 1975년 1월 4일 뚝섬 근방에 있는 한일약품을 직접 찾아갔다. 한일약품 선전부의 광고 담당 간부는 "회사의 정책 결정에 따라 동아일보사에 당분간 광고를 집행하지 마라"는 지시를 받았다고만 설명했다. 일류 매체인 동아일보의 광고 효과를 잘 알면서도 경영 원칙에 어긋나는 홍보 마케팅 정책을 하는 이유를 따져 묻자 "답답하고 괴롭다"면서 속마음을 털어놓지는 않았다. 그로부터 20여 년이 지난 후 내가 한국광고총연합회 상근부회장과 광고산업발전위원장을 맡으면서 여러 광고주들로부터 "당시 동아에 광고 중단을 압력 통보한 곳은 정보부와 국세청이었다"는 고백을 들었다.

정보부와 국세청이 광고 탄압 주도

1975년 새해 들어 백지광고에 대한 국민성원이 들불처럼 일기는 했지만 회사측은 정부의 압력에 굴복하여 자유언론에 앞장선 기자들을 경영악화와 기구축소라는 구실로 해직시키기 시작했다. 이에 맞서 기자들은 1975년 3월 12일부터 제작거부에 들어갔는데 농성 5일째인 16일 외부 인력을 동원하여 농성자들을 강제로 몰아낼 것이라는 흉흉한 소문이 회사 내에 파다했다. 이에 대비하여 우리는 야간 불침 당번을 정했는데 나는 새벽 2시부터 4시까지 3층 편집국 담당 지킴이였다. 마침내 17일 새벽 3시, 건너편 출판국 쪽과 주차장 주변에서 불빛 신호가 보이고 어둠 속에 왕래하는 사람들의 형체가 어른거렸다. 나는 우선 며칠째 농성으로 지쳐서 이리저리 책상이나 의자에 엎드려 자고 있는 동료들을 깨웠다.

정확하게 3시 15분, 마침내 회사 측이 동원한 1백여 명의 폭도들이 강렬한 서치라이트를 앞세우고 "와, 와"하는 함성과 함께 단식 팀이 농성하고 있는 2층 공무국부터 공격하기 시작했다. 문과 벽을 부수는 해머 소리가 "쿵, 쿵" 울려왔다. 마치 미국 서부영화에서나 볼 수 있는 기습 장면 같은 것이었다. 그 해머 소리는 가슴을 치는 아픔으로 느껴졌다.

3시 20분쯤 폭도들은 산소용접기와 해머로 철문을 부수고 23명의 기자들이 5일 째 단식농성 중인 조판공장으로 먼저 쳐들어갔다. 2층 공무국이 함락되고 농성 기자들을 실은 짚차들이 어둠 속으로 사라지자 3시 50분경, 3층 편집국 쪽으로 몰려오기 시작했다. 폭도들은 산소용접기와 해머, 각목으로 구름다리 쪽의 철제 덧문과 창문을 부수고 편집국 안으로 밀고 들어왔다. 일촉즉발의 흥분과 긴장이 서렸다. 접근하는 기자들에게는 소화기로 가스를 내뿜기도 했다. 낯선 젊은이들 사이에 판매부 직원과 경비원들이 섞여 있었다.

이때 안종필 기자협회 분회장이 "우리는 끝까지 비폭력으로 투쟁해야 한다"면서 냉정을 호소했다. 중과부적이기도 했지만 처음부터 기자들이 폭력으로 맞설 수 있는 상황이 아니었기 때문에 편집국 한 가운데 뭉쳐서 스크럼을 짜고 버틸 수밖에 없었다. 폭력배들은 기자들에게 "당장 나가라"면서 위협을 가해왔지만, 농성 기자들은 "우리가 마지막으로 할 일을 하고 나갈 테니 자리를 좀 비켜

1975년 3월 17일 폭도들이 편집국으로 침탈하기 직전,
동아기자협회 분회장 장윤환 기자가 "자유언론실천 만세"를 선창하고 있다.

달라"며 이들을 설득했다.

한참 실랑이 끝에 사원이 아닌 사람들을 일단 바깥으로 나가게 한 뒤 그동안 우리가 주장해온 '자유언론실천선언'을 낭독하고, 인권운동 노래로 유명한 '우리 승리하리라(We shall overcome)'를 불렀다. 이어서 '자유언론 만세' '민주회복 만세' '동아일보 만세'등 만세

김동현 동아투위 부위원장이 2022년 3월 17일 동아투위 결성 47주년을 맞아 자유언론 촉구 성명서를 낭독하고 있다.

삼창을 외쳤다. 마지막으로 애국가를 부르고 그리고 자못 비장한 심정으로 10·24자유언론실천선언 때 편집국 사회부 기둥에 걸었던 휘호 '自由言論實踐宣言'의 커다란 족자를 걷어 내렸다. 그렇게 해서 동아일보사 안에서의 자유언론운동은 종막을 고하고 말았다.

축출될 당시 3층 편집국에는 83명의 농성 기자와 제임스 시노트 (진필세) 신부가 있었다. 인혁당 사건의 고문 조작을 제기하고 구명운동을 벌이다 강제 추방당했던 시노트 신부는 동아일보 기자들의 자유언론투쟁 대열에 함께 했으며 16일 밤에는 농성 기자들의 양심 서약을 받았다. 앞으로 수사기관에서 고문으로 인해 자유언론 정신과 배치되는 내용을 서술할 경우, 이는 사실이 아니라는 것을 서약하여 신부님에게 맡긴 것이다. 2014년 12월 23일 한국의 흙이 되어 영면하신 시노트 신부님은 선종 6년 후에 문재인 정부로부터 민주화 공로로 국민포장을 받았다. 인혁당 사건으로 8명이 사법살인 당한 후 30년 만에 무죄판결을 받은 것을 주제로 한 그의 저서 『1975년 4월 9일』에서 "당시 동아일보 기자들은 착하고 용감하게 투쟁했으며 그들과 함께 한 것이 자랑스럽고 행복했다"고 술회하고 있다.

회사 첫 출근 날 찾아오는 기관원

　우리 동아투위 위원들은 회사에서 쫓겨난 후 6개월 동안 매일 아침 동아일보 앞에서 침묵 시위를 하고 우리의 주장을 담은 유인물을 만들어 각계 요로에 전달하며 정말 어려운 나날을 보냈다. 노모를 모시고 있었던 나는 어머님이 걱정하실까봐 평소대로 출근 시간을 지켰고 처음 몇 달 동안은 교회를 비롯한 민주 단체들의 격려금으로 그나마 연명해갔다.

　침묵 시위 6개월 후 생업을 위해 각자가 뿔뿔이 헤어졌을 때 나는 동아일보 이사였다가 해촉된 홍승면 선배님의 추천으로 쌍용그룹 창업자인 김성곤 씨의 전기를 집필하는 임시직 사원으로 일했다. 3년 가까운 전기 작업이 일단락되자 회사 측은 기업의 사보 제작을 나에게 맡기면서 정식 사원으로 발령했다.

　그런데 1977년 3월 초 정식 사원이 되어 사무실에 첫 출근하던 날, 제일 먼저 나를 찾아온 사람은 정보부의 이봉노였다. 그는 언론 통제를 위해 동아일보사에 출입하던 기관원이었으며, 유신헌법 반대 서명운동과 관련하여 남산 정보부에서 나를 직접 조사했던 장본인이었다. 나에 관한 동정을 파악하고 있어야 한다며 확인차 찾아왔다고 했지만, 당시 내가 느꼈던 불쾌감과 좌절감, 공포감은 이루 말할 수 없었다. 조지 오웰이 말한 통제사회의 '빅 브라더'가 이런 것이구나 하는 것을 느꼈다. 게다가 그는 내가 소속된 종합기획실의 실장실에도 들렀다 가는 모습을 보았기 때문이다.

물론 당시에는 이사를 하면 관할 경찰서 정보과 직원이 제일 먼저 찾아오는 방문자였다. 심지어 그 이봉노는 나의 결혼식장에도 나타났는데 나는 그를 조용히 불러 "오늘은 내 생애의 소중한 축일이니 당신을 보고 싶지 않다"고 화난 표정을 지었다. 그는 "진정으로 축하차 왔다"고 했지만 어떤 사람들이 하객으로 왔는지 염탐하러 온 것임을 모를 리 없었다. 직업의 자유, 거주 이전의 자유마저 감시당하던 시대였다.

그런 후에도 이봉노는 매년 한 두 번씩 사무실을 찾아오곤 했는데 그때마다 조그만 선물을 갖고 와서 진심으로 미안한 표정을 지었다. 한참 세월이 지난 후 그는 김포공항 보안 책임자로 나가 있다면서 공항에 관련된 어려운 일이 있으면 언제든지 연락 달라고 했다. 인사치례로 알고 지나쳤는데 얼마 후 세계 잼버리 대회 유치를 위한 영상 홍보물 제작을 맡아 편집 기술이 뛰어난 일본에 필름을 갖고 왕래해야 할 일이 생겼다. 우리나라 각지의 항공 촬영이 많이 담긴 필름이라 통관하는데 어려움이 이만저만이 아니었다. 마지막 수단으로 이봉노에게 부탁했더니 자신의 업무처럼 모든 것을 정말 잘 보살펴주었다.

당시 문체부에서도 내가 만든 영상물에 칭찬을 아끼지 않았다. 1907년 영국의 베이든 파월이 청소년 심신 수련과 봉사를 통한 지도자 양성을 위해 시작한 보이스카웃 보다 1300년이나 앞서 우리는 신라 화랑이 있었다는 것을 강조하면서 캠프장인 설악산의 비경을 영상물에 담았다. 그의 도움으로 만든 멋진 홍보물 덕분에 독일 뮌헨에서 잼버리 유치에 성공했고 1991년 고성 잼버리가 성공적으로 마무리되어 나는 보이스카웃 훈장을 받았다. 그 일뿐만 아니라 비행기 탑승과 관련된 몇 가지 고마움을 나는 잊지 못하고 있다. 세상사 인연이라는 것이 참 묘하다는 생각이 들었다.

그런데 직장 생활 초기에는 나의 언론사 해직 경력이 많은 걸림돌이 되었다. 당시는 중동 붐을 타고 기업의 해외 진출이 활발했던 터라 건설 현장의 홍보자료를 만들기 위해 해외 출장 일이 가끔씩 생겼는데 나에게는 여권 발급이 안 되는 것이었다. 당시만 해도 해외 출장 시 여권 발급은 중앙정보부의 철저한 통제를 받았기 때문이다. 처음에는 가정사를 핑계로 출장을 다른 사람에게 부탁하기도 했지만 결국 나의 과거 경력이 드러나 회사 내에서도 문제 사원, 결격 사원으로 낙인찍히고 말았다. 게다가 지명 수배를 당한 몇몇 동지들의 정보를 얻기 위해 매일 출근하다시피 사무실을 찾아오는 형사도 있어서 곤혹스러웠다. 특히 나는 전공이 외국어여서 해외 근무의 기회가 있었는데도 공권력에 의해 좌절할 수밖에 없었던 것은 또 다른 고통이었다.

나는 일반 기업에서 흔하지 않던 언론사 경력에다 창업주의 전기를 편찬했으니 회사 측은 답례로 사보 발행을 나에게 일임하다시피 했다. 나를 도와줄 편집기자 채용도 위임받았는데 당시 이시영 시인을 발탁했다. 그는 고은, 신경림, 염무웅, 박태순 등이 주도한 자유실천문인협의회 일을 돕고 있었다. 그와는 일면식도 없으나 당시는 민주화 운동의 동지들을 서로 도와주는 분위기여서 주변의 추천을 받은 것이다.

그런데 이시영은 입사한지 얼마 되지 않아 문인시국선언을 주도한 혐의로 29일 구류형을 받았다. 며칠째 그의 자리가 비어 있자 주위에서 의아해하기 시작했으며 윗사람이 찾을 때마다 취재나 인쇄소 핑계를 대다가 나중에는 와병 중이라고 변명하기도 했다. 사보 편집을 하면서 그나마 보람이라고 하면 원고료가 일반 잡지의 두세 배였기에 주변의 어려운 분들을 조금이나마 도울 수 있었다는 것이다. 원래 필력이 출중한 입사 동기 국홍주는 매호 읽을거리를 연재했고 송건호 선배님도 가끔씩 필진으로 모셨다.

복직협상, "이부영 등 4명은 안 된다"

1988년 노태우가 직선제로 대통령에 당선되기는 했지만 여전히 군부의 연장이었고 김영삼 대통령 시절부터 민주화시대가 열리기 시작했으며 김대중 대통령 시대 동아일보와 복직 문제가 거론되기 시작했다. 1999년 당시 성유보 선배가 동아투위 위원장이고 내가 총무를 맡았는데 동아일보와 이 문제로 본격적인 협상이 진행되었

광화문 동아일보 사옥 앞에서 동아일보사 사죄를 요구하는
1인 시위를 벌이고 있다(가운데 김동현, 왼쪽 박종만, 오른쪽 이부영).

다. 동아일보와 동아투위 수뇌부인 김병관 사장과 성유보 위원장의 직접 협상이 원칙이지만 동아일보의 요청으로 편의상 이현락 주필과 내가 마포 가든 호텔에서 만남을 가졌다.

쟁점은 우리를 폭도로 매도하면서 강제 해직시킨데 대한 공개

사과와 해직 시기 동안의 배상, 그리고 복직문제 등 세 가지였다. 첫 번째 공개사과는 시대적 상황을 설명하고 '유감' 표명하는 것으로 합의가 이뤄졌다. 두 번째 배상 문제는 20년 간 해직에 따른 물질적 정신적 피해액을 5천만 원씩으로 하고 이와는 별도로 언론자유 운동으로 희생당한 언론인을 구제하기 위한 자유언론기금을 마련하자고 제안했다.

동아투위 위원 113명이 56억 5천만 원에 언론기금 20여억 원이면 모두 80억 원이며 기금은 회사 여건에 따라 추후 적립하는 것으로 생각했다. 그러나 이현락 주필은 회사가 그런 거액을 감당할 수 없으며, 단지 김병관 사장이 사재 10억 원을 배상기금으로 내놓겠다고 했다. 또한 복직 문제도 난관에 부닥쳤다. 연로한 선배들은 명예회복 차원에서 일단 복직했다가 사직하는 형식을 취할 것이므로 실제로 현업에 돌아갈 사람은 많지 않을 것이라고 설명했으나 회사측은 이부영, 성유보, 박지동, 심재택 같은 사람이 기자로 복직하는 것은 받아들일 수 없다는 단호한 입장이었다.

회사 측 입장이라기보다 정부 측 가이드라인이 아닌가 하는 의심이 들기도 했다. 서울서 함께 활동하던 이부영, 성유보 두 당사자는 이를 양해하는 입장이었지만 함께 투쟁해온 동아투위 정신과는 배치되어 이를 받아들일 수 없었다. 결국 양측은 더 이상 의견 접근이 되지 않아 이현락 주필과의 협상은 세 번 만에 단절되고 말았다. 나는 1969년 말 동아일보에 입사한 후 1974년 2월 동아노조로 해직되었다가 한 달 만에 재입사했는데, 1975년 3월 자유언론 사태로 해직된 후 세 번째 입사의 기회가 영영 사라지고 말았다.

1987년 6·29선언 이후 한겨레 창간 준비를 위해 권근술, 정태기 선배 등과 여러 차례 회동을 가졌다. 나는 10여 년 동안 기업에 종사해온 입장이라 이들이 추구는 새 신문에 스포츠와 증권시장의 주가 시세를 없애자는 등 현실과 거리가 먼 너무 이상적인 편집 방향을 받아들이기 어려웠다. 현실 감각을 바탕으로 한 나의 조언이 참고가 되었는지 실제로 신문이 창간되었을 때는 상당히 달라진 모습이었다.

이듬해 3월 중앙대학교 교정에서 치러진 한겨레 신입 사원 채용 시험장에는 우리 부부도 감독관으로 봉사했다. 나는 주주로 한겨레에 동참했고 주변에도 열심히 권유했지만 막상 제작진으로 참여하지는 않았다. 성유보 초대 편집위원장은 김두식 선배 밑에서 사회부에 근무하라고 나에게 강력히 요청했지만 외부에서 한겨레를 돕겠다고 사양했다.

그 후 한겨레가 정부의 비판 정론지로 두각을 나타내자 정보부는 또 다시 그 음흉한 광고 탄압의 칼을 빼들었다. 나는 회사의 홍보간부로서 광고 집행 책임을 맡고 있었는데 김석원 회장이 정보부의 요청이라면서 한겨레 광고를 자제하라고 내게 지시했다. 당시 사회 분위기에 맞추어 대부분의 기업들이 한겨레를 차별하는 데 비해 나는 광고 집행과 구독에서 가능한 우호적인 입장을 취해

왔기에 지적당할만한 사항이었다. 나는 정보부의 이런 부당한 압력을 당시 한겨레 권근술 사장에게 은밀하게 귀띔해 주었다. 물론 한겨레는 이때부터 정보부의 부당 압력을 대서특필하면서 정부와 긴장 관계가 더욱 극심해졌다.

동아투위 반세기, 20여년을 총무와 부위원장으로

1975년 3월 우리 동아투위가 출범하고 꼭 반세기가 되는 동안 나는 모두 다섯 차례에 걸쳐 20년 가까이 동아투위 총무와 부위원장으로 봉사해왔다. 가장 인상에 남는 일은 국가상대 손해보상 소송을 제기하면서 동투 회원인 정영일 변호사의 추천으로 소송의뢰를 맡은 이백수 변호사가 우리의 자료를 검토한 후 "왜 대신문인 조선일보와 중앙일보는 조용한데 동아가 그렇게 앞장섰느냐?"는 첫 질문이었다. 언론사에는 엄청난 사건이지만 법전만 파고든 지식인과는 무관하다는 것에 실망했던 것도 사실이다.

그 손배소 소송은 3년 시효 때문에 대부분 패소했고 다만 생활비 지원을 받지 않으면서 과거사진상조사위에 조사 의뢰 신청한, 나를 포함한 13명만 승소했다. 1심과 2심에서 연속 패소하자 모두 기대를 접고 상고를 포기했으며, 청구 액수도 1천만 원으로 대폭 낮추었다. 어쨌든 대법원의 승소로 역사적 정당성은 확보한 셈이다.

또한 해직 이후로 동투 위원들은 한 번도 동아일보에 발을 들인 적이 없었을 것이지만, 나는 생활비 보조 신청에 따른 동투 위원 70여명의 재직증명서를 발급받기 위해 인사부가 있는 새 건물을 10여 차례 방문했다. 그 후 70세가 되자 퇴직자 모임인 동우회에서 '고희 선물'을 받아가라면서 한 번도 내지 않은 회비 2년치(4만 원)를 내라고 했지만 거절했다.

나는 노조 사태로 해직되었다가 복직된 경험이 있어 10·24 언론투쟁도 멀지 않아 다시 복직될 것이라는 것을 조금도 의심하지 않았다. 동아일보에서 해직은 단순히 언론인으로서의 꿈이 사라진 것에 대한 정신적 공백뿐만 아니라, 그 뒤 나의 삶 구석구석을 왜곡 굴절시킨 것이다. 그래서 동아사태는 50년 전 단순히 일회적 사건이 아니라 그 뒤 나의 삶을 계속 짓눌려온 커다란 트라우마였다. 1975년 이후 나의 삶은 살아가는 것이 아니라 살아남는 것이었다.

오늘날 언론인은 조선시대 사간원의 언관에 해당된다. 1975년(을묘) 동아의 대규모 해직은 조선시대에 비유하면 선비들의 수난이므로 동아사태는 을묘사화라고 할 수 있다. 조선시대 가장 큰 필화사건인 무오사화 때 김종직은 부관참시까지 당했지만 15년 만에 복권되었는데 우리 동아투위 위원들은 반세기가 지났는데도 명예회복이나 정당한 배상이 이뤄지지 않고 있다.

그동안 우리 투위 위원 개개인의 삶은 희생되었지만 우리나라의 민주화와 언론자유가 확장되었기에 그런대로 위안을 받고 지내 왔는데, 최근 들어 민주주의와 언론이 과거 유신시대로 후퇴하는 것 같은 모습이라 분노와 허탈감을 감출수가 없다.

진실의 기차는 항상 연착한다고 하지만 동아투위 열차는 너무나 연착하고 있다. "늦게 온 정의는 정의가 아니다"라는 말도 있다. 동아투위 113명 동지 중 이미 42명이 우리가 그토록 염원하던 명예회복과 민주정의사회를 보지 못하고 눈을 감았다. 이제 평균 80세가 훌쩍 넘은 우리 투위 위원들은 우리의 희생이 헛되지 않았다는 것을 바랄뿐이다. 역사에 완전 범죄가 없다는 것을 확인하고 싶은 것이다. 저 세상에 가서라도 먼저 간 선배들에게 기쁜 소식을 전해 주고 싶다.

> "해직 언론인들의 투쟁과 오랜 실직으로 인한 신산한 삶을 옆에서 지켜본 나는 안타까웠다. 동아일보 해직기자들이 만든 동아투위와 같은 저항이 없었다면 우리 언론은 얼마나 부끄러울까. 일제에 항거한 3·1독립만세운동으로 부끄럽지 않은 민족이 되었듯이 불의에 대한 공분과 저항은 실존과 자존의 증거다. 행동하지 않는 양심은 결국 악이다."
> ―이희호 여사 자서전 『동행』에서

검찰공화국 시대를 사는
아이러니

신홍범 조선투위 전 위원장

    1975년 3월 6일 조선일보 기자들이 총궐기하여 제작거부 농성에 들어갔다. 독재 정권의 언론탄압에 맞서 싸우고 조선일보를 정론지로 만들라는 것이 기자들의 요구였다. 6일 동안 계속된 농성투쟁 과정에서 33명의 기자가 해직되었다.

    해직된 후 나는 약 1년 반을 그런대로 버틸 수 있었으나 더 이상 서울에서 살아갈 수 없었다. 취직을 부탁할 사람도 찾을 수 없었다. 내가 의지할 데라고는 고향에서 홀로 농사를 짓고 있는 어머니밖에 없었다.

    1976년 가을 나는 아내와 두 딸을 데리고 고향으로 내려갔다. 어머니와 함께 농사를 지을 작정이었다. 나는 농촌에서 나고 자라고

1975년 3월 11일. 6일 간 농성투쟁 끝에 남은 조선일보 기자 30여명이 회사에서 쫓겨나자 전체 기자들이 회사 앞에 모여 조선일보 규탄집회를 가졌다.

살았기 때문에 농사가 얼마나 힘든 일인지 잘 알고 있었다. 하지만 다른 길이 없었다. 아내가 농촌 생활을 견디어낼지 걱정됐지만 어쩔 수 없었다.

"우리와 함께 가주셔야 하겠습니다"

고향으로 내려왔지만 나에겐 맡겨진 일이 있었다. 조선투위의 소식지를 만드는 일이었다. 그래서 얼마 전 천관우 선생에게 청탁해 놓은 원고를 받으러 서울로 가야만 했다. 1977년 3월 8일로 기억한다. 서울로 올라와 그날 밤을 불광동에 있는 여동생 집에서 자고 다음 날 오전 10시쯤 천관우 선생 댁을 찾아갔다. 천 선생 댁은 여동생 집에서 약 5~6백 미터쯤 떨어진 가까운 곳에 있었다.

천관우 선생에게서 받은 소중한 원고를 몸에 간수하고 댁을 나와 조금 걸어가고 있을 때였다. 갑자기 몸집이 좋은 두 남자가 나에게 달려들더니 양옆에서 내 팔을 꽉 잡고 나를 멈춰 세우는 것이었다. 내 이름을 대더니 맞느냐고 물었다. 그러고는 자기들과 함께 가줘야 하겠다는 거였다.

느닷없는 일이어서 많이 놀랐다. 어디서 온 사람들이냐고 물었더니 '가 보시면 안다'라는 대답이었다. 그들이 타고 온 지프(Jeep)차에 나를 태웠는데, 그들은 운전사까지 모두 3명이었다. 차에서 다시 물었다. 어디서 온 사람들이며, 어디로 가는 것이냐고. 그런데 대답은 또 '가보시면 압니다'였다.

그들은 한 달에 한 번씩 나를 찾아오던 정보과 형사와 많이 달랐다. 나는 그들이 중앙정보부에서 온 수사 기관원들이라고 믿었다. 언론인들을 데려다가 족치는 데가 중앙정보부의 남산이었으므로 그곳으로 끌고 가려는 것으로 생각했다.

지프차의 창에 다행히도 커튼이 처져 있지 않아서 달리는 차 안에서 지나가는 거리의 모습을 볼 수 있었다. 주의 깊게 살펴보았는데, 남산으로 가는 것 같지는 않았다. 그곳으로 끌려가지 않는다고 생각하니 마음이 좀 놓였다. 한참 달리다 바깥을 보니, 어라(?) 한강을 건너고 있었다. 그리고 조금 후에 보니 경부고속도로로 들어서는 것 아닌가?

경부고속도로? 나를 데려갈 만한 수사 기관은 모두 서울에 있는데, 여길 왜 가지? 고속도로를 한참 달리던 차가 천안 나들목으로 들어서고 있었다. 도대체 알 수 없었다. 나는 그들이 후미진 곳으로 나를 데려가 폭행을 하려는 것으로 생각할 수밖에 없었다.

한참을 달려 차가 선 곳은 진천 경찰서였다. 내 고향 진천이었다. 형사 하나가 경찰서 안으로 들어가 보고하고 나오더니 나에게 이렇게 말하는 것이었다. "신 선생님, 여기가 어딘지 아시겠지요? 진천 경찰서입니다. 저희들이 댁으로 모셔다드리겠습니다." 깍듯이 나를 '신 선생님'이라 부르면서 정중하게 대해주는 데 놀랐다. 우리 집은 진천 읍내로부터 30리쯤 떨어진 농촌 마을에 있었다.

내 마음은 이윽고 편안해졌으나, 한편으로는 모든 게 의문투성이이고 혼란스러웠다. 도대체 난데없이 웬 진천 경찰서 형사들이 서울로 올라와 나를 잡아 진천으로 끌고 내려왔단 말인가? 내가 천관우 선생 댁을 찾아간 것을 어떻게 알고 기다리다가 나를 붙잡았

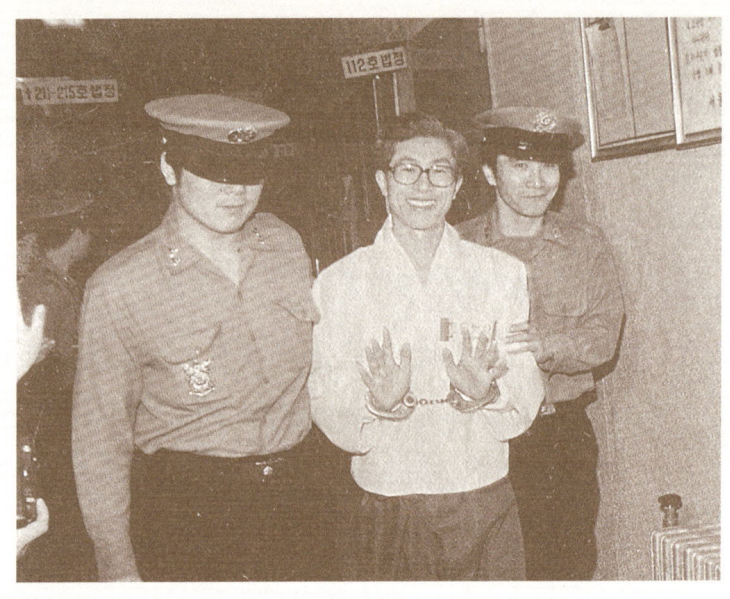

1986년 12월 보도지침 사건으로 구속 기소된 신홍범 위원이 재판을 받기 위해 법정으로 들어서며 방청나온 동료들에게 묶인 손을 들어 인사하고 있다.

다는 말인가? 평소 나는 진천 경찰서와 인연도 접촉도 전혀 없었다.

감시와 사찰 속에서 살았던 시대

진천 경찰서 정보과 형사들과 며칠 동안 접촉하면서 모든 의문이 풀렸다. '근로자의 날' 때문이었다. 이날을 앞두고 치안본부에서 전국의 경찰에게 요시찰 대상자를 잘 감시하고 그날 집에서 나가지 못하도록 붙잡아두라고 지시한 것이 이런 일을 불러온 것이었다. 며칠 전부터 나를 감시해오다가 갑자기 내가 사라진 것을 알고는 부랴부랴 서울의 내 여동생 집을 찾아내 뒤를 밟고 나를 붙잡은 것이다.

지금은 메이데이(May Day)라고 해서 5월 1일을 노동절로 지키지만 당시엔 근로자의 날이 3월 10일이었다. 노동이란 말조차 금기로 여겨 노동자를 근로자로 부르던 시절이었다. 당시의 노동운동은 절망에 빠진 노동자들이 우리도 인간이라고 외친 '인간 선언'에 가까운 것이었다. 더 이상 비참하게 살 수 없다는 비명이고 절규였으며, 그래서 격렬하게 노동운동이 벌어지고 있던 때였다. 이들 노동자들과 민주화운동 세력이 결합하는 것을 당국은 두려워했을 것이다.

근로자의 날 며칠 전 요시찰들을 잘 감시하라는 지시가 떨어진 것 같았다. 시골의 경찰은 그들 조직의 꼭대기인 치안본부로부터 이런 지시를 받고 보니 몹시 긴장했을 것이고, 자칫 실수했다가는 어떤 문책을 당할지도 모른다고 겁을 먹었던 것 같다. 그들은 이런 일을 처음 겪는 것인지도 몰랐다.

준 연금 상태와 같은 날들이 3월 10일 이후에도 약 5일 동안 계속되었던 것 같다. 우리 집이 잘 보이는 이웃집에 방을 얻어가지고 형사들이 번갈아 자면서 수시로 나에게 '문안을 드리러' 왔다. 고향 친구들과 물고기를 잡으러 가면 그곳까지 따라왔으며, 약을 사러 80km 떨어진 '전의'라는 곳을 찾아갈 때는 그곳까지 태워다 주고 데려왔다. 겁먹은 시골 경찰의 과잉대응이었다.

코미디 같은 이야기다. 내가 47년 전의 이 어이없는 에피소드를 여기에 불러온 것은 우리가 지난 날 어떤 시대, 어떤 세상을 살았는가를 함께 돌아보고 싶어서다. 당시 나는 조선투위의 위원장도 아니었다. 투위의 한 사람으로 유인물을 만들고 배포하는 일을 맡고 있을 뿐이었다. 그때는 '언협'(민주언론운동협의회)이 만들어지기 훨씬 전이니 그곳에서의 활동이 사찰의 이유가 될 수는 없었다. 이렇게 평범한 활동을 하던 보잘것없는 내가 요시찰 대상이 되었다면 전국적으로 얼마나 많은 사람들이 요시찰 딱지를 달고 살았겠는가? 그런 사찰을 받으며 산 사람들이 아마 아주 놀랄 만한 숫자에 이를 것이다.

수많은 우리 국민들이 살벌한 감시 속에서 살았다는 이야기다.

1983년 6월 신홍범 기자(사진 왼쪽)는 최병선 위원에 이어
조선자유언론수호투쟁위원회(조선투위) 총무를 맡았다.

해직 언론인 가운데 동아투위의 이부영 위원(전 민주통일민중운동연합 사무처장, 현 동아투위 위원장)이나 성유보 위원(2014년 작고, 언협 초대 사무국장, 민언련 이사장 역임) 같은 사람은 일찍부터 민주화 투쟁의 최전선에서 싸웠으니 그들은 매일 같이 살벌한 감시 속에서 살았을 것이다. 결국 그들은 여러 번 감옥을 드나들었다.

 동아투위의 기록들만 보아도 얼마나 많은 해직기자들이 혹독한 감시와 사찰 속에서 고초를 받았는가를 보여주고 있다. 걸핏하면 끌려가 조사받고 여러 사람이 감옥에 갔다.

'끔찍한 암흑시대'에서 '검찰공화국 시대'로

박정희·전두환 군사독재 시대를 몇 마디 말로 표현하라고 한다면 나는 '끔찍한 암흑시대'였다고 말하고 싶다. 말하며 살게 돼 있는 사람이 맘 놓고 말을 할 수 없었다. 많은 사람들이 감시당하고 사찰당하는 것을 의식하면서 살았다. 다방에서 사람을 만나도 주변에 수사 기관원이 없나 살펴보아야 했고, 전화도 도청 때문에 마음 놓고 할 수 없었다. 중요한 사람을 만나러 갈 때는 혹시 미행당

1975년 3월 10일 '3·6자유언론실천운동' 농성 100시간째를 맞아 기자들은 투쟁 결의를 다지며 기념 촬영을 했다.

하고 있지는 않은지 살펴야 했다. 주요 기념일이나 집회가 있는 날이면 저들이 미리 찾아와 외출을 막고 가택 연금시키거나 닭장차에 태워 도심에서 멀리 떨어진 곳에 떨어뜨려 놓곤 했다.

무엇보다 수많은 사람들이 죽었다. 박종철 열사처럼 고문당하다 죽기도 했다. 많은 사람들이 잡혀가 고문당하고 감옥에 갔는데, 그 악행의 주역이 검찰이었다. 그들은 많은 사람들을 공산주의자로 만들어 감옥에 보냈다. 우리 사회의 대표적 지식인이었던 김지하와 리영희 선생이 당한 일들이 그것을 증언해 준다.

김지하 시인은 민청학련 사건으로 형을 살다가 1975년 2월 15일에 나와서 3월 13일에 다시 구속되었다. 동아일보에 쓴 '1974년 겨울, 고행'이란 글에서 '인혁당 사건이 조작되었다'고 폭로한 것을 문제 삼은 것이다. 그들은 김지하 시인의 집에서 찾아낸 '장일담'과 '말뚝'이라는 메모 쪽지를 가지고 김지하 시인을 공산주의자로 몰아 죽이려 했다. 작품으로 실현되지도 않은 머릿속의 구상을 가지고 공산주의자로 만들려고 했다. 그런 죽음에서 벗어나려고 위험을 무릅쓰고 폭로한 것이 김지하 시인의 유명한 '양심선언' 사건이다.

리영희 선생은 저서 『전환시대의 논리』와 『우상과 이성』에서 '모택동이 진시황 이후 처음으로 중국을 통일한 사람'이라

썼다가, 그리고 중국인의 식생활 문제를 다루면서 '중공에서도 사람들이 밥을 먹고 살고 있다'라고 썼다가 1977년 반공법 위반으로 구속되어 징역 2년 형(1심에서 3년)을 선고받았다. 같은 주제일지라도 교과서에 나와 있는 내용과 다르게 쓰면 공산주의에 대한 고무찬양이 된다는 것이었다.

리 선생에 대한 판결문은 내용이 공소장과 두 군데만 다를 뿐 글자 하나 틀리지 않고 똑같이 8,600자였다고 한다. 공소장을 그대로 베껴서 판결문을 만들었다고 했다. 하지만 전후를 살펴보면 법원이 공소장을 베껴 판결문을 만들었다기보다는 검찰이 판결문을 만들어 법원에 보냈다고 보는 것이 타당하다. 판결문과 공소장에 수기(手記)로 쓴 영문 글자가 동일인에 의해 쓴 것으로 드러났기 때문이다.

이렇게 권력이 하라는 대로 사악한 짓을 너무 많이 하다 보니 사람들은 검찰을 '독재 정권의 개'라고 불렀다. 주인이 물라고 하면 사람을 무는 개 말이다. 국민들은 검찰과 언론을 군사독재를 떠받치는 '두 개의 기둥'이라 불렀다. 그래서 이 둘은 국민들의 격렬한 분노의 대상이 되었으며, 나라가 민주화되면 반드시 그 죄상을 밝혀 벌하고 개혁해야 할 원성(怨聲)의 대상이 되었다. 검찰을 국민의 지배하에 두고 그 권력을 축소시켜야 하며 그들을 감시하고 견제할 또 다른 기구를 만들어야 한다는 것이 당시의 지배적인 여론이었다.

국민들이 군사독재를 물리친 후 30여 년의 세월이 흘렀다. 그 옛날 그렇게 다짐했던 검찰 개혁은 이루어졌는가? 언론 개혁은 이루어졌는가? 검찰이 단 한 번이라도 잘못을 반성하고 사죄한 적이 있었던가? '아니다'가 그 답이다. 준엄한 개혁의 대상이었던 그 검찰 출신이 대통령이 되고 그 휘하의 검찰이 칼을 휘두르는 '검찰공화국' 시대를 살고 있다. 이런 아이러니가 있을 수 있다니!

새 언론에 담은 유산
"권력·관행과 결별하라"

성한표 조선투위 위원장

― '또 하나의 신문이 아닌, 전혀 다른 신문'

50년 전인 1974년 가을부터 1975년 봄까지의 몇 달 동안, 나는 내 인생 전체의 향방을 결정짓는 중요한 선택을 했다. 50년이 흐른 지금 당시의 선택을 되돌아보면 그것은 참과 거짓 사이에서 무엇을 붙드느냐 하는 것이었고, 바로 나와 나의 싸움이었다. 지난 50년 사이 나는 기독교인이 되었으니 기독교식으로 말한다면, 하나님의 편에 설 것인가 사탄의 종이 될 것인가 하는 싸움이었다고도 말할 수 있을 것 같다.

되돌아보면 80여 년의 내 인생 중 기자로서의 인생은 일터를 잃고 활로를 모색하던 시기를 포함하여 35년 정도다. 이 35년 동안 나는 아무것도 남기지 못했지만, 1975년 봄의 선택이 잘 된 선택이었다는 안도감은 든다. 이 선택의 중간 결실이기도 한 한겨레신문 창간 전후의 내 기억을 더듬어 본다.

1970년대, 떨치기 힘든 촌지의 관행

한겨레신문 이야기를 촌지로부터 풀어나가는 것이 엉뚱하게 보일 수도 있다. 하지만 과거 언론의 고질 중의 고질이 바로 촌지였다는 점에서 양해를 부탁드린다. 촌지(寸志, 본래 '마음이 담긴 작은 선물'이라는 뜻)는 원래 좋은 뜻으로 쓰였다지만, 나에게는 그저 취재원이 기자들에게 주는 돈으로 이해될 뿐이었다. 그런데 이 촌지는 언제 어떻게 쓰이느냐에 따라 선의로 받아들일 수도 있고, 또 어떤 때는 뇌물의 일종이 되기도 했다.

다른 시대는 모르겠지만 적어도 1970년대와 80년대의 기자들, 특히 외근 취재기자들에게 촌지는 일상적인 관행이었다. 내 기억을 더듬어 보면, 신문사에 갓 입사한 초임 기자부터 고참 취재기자에 이르기까지 출입처 기자실(갓 입사한 기자들이 주로 모이는 경찰서 출입 기자실도 예외는 아님)에는 일정 기간마다 일정 액수의 뭉칫돈이 들어왔고, 이를 기자들이 골고루 나눠 가졌다. 나도 그런 촌지를 거부했던 기억이 없다.

정치부에 배속되어 정당을 출입했을 때, 매월 나눠 받은 촌지는 상당한 액수였다. 이 돈은 대체로 후배 기자들과 술 마시느라 다 썼던 것으로 기억한다. 신문사에서 선배가 후배들에게 술 사주면서 촌지를 다 써버리는 관행은 아마도 '떳떳하지 않게 생긴 돈은 집에 가시고 가지 말자'라는 당시 기자들의 엉뚱한 자존심 때문이었으리라 싶다.

당시 집권당인 공화당을 출입할 때의 이야기다. 내 또래의 3진 기자(당시 공화당은 각 사에서 3명 정도의 기자가 커버했으니, 3진이면 맨 말단 기자다) 댓 명이 취재에 극도로 비협조적인 공화당 당직자들에 대한 불만을 제기했을 때, "매월 우리에게 월급을 주고 있는 그들에게 무슨 불평을 늘어놓느냐"라는 한 선배 기자의 일갈에 전체가 조용해졌던 기억이 아직도 남아 있다. 많은 기자들이 자괴감을 곱씹어야 했던 순간이었던 것 같다.

이와는 달리 특정 취재원으로부터 개인적으로 건네어지는 촌지에 대해서는 죄책감, 자의식, 자존심 등이 범벅이 되어 알레르기적 거부감이 작동했다. 나는 결국 이런 형식의 촌지는 거부했던 것으로 기억한다. 한 가지 예를 들면, 동대문 경찰서 출입 기자의 주요 커버 영역이 서울대학교였는데 한번은 총장실에 취재하러 갔다가 그쪽에서 봉투를 건네기에 이를 한사코 거절하다가 건물 바깥 섬돌 위에 놓아두고 가버렸던 적이 있었다. 이 일이 당시 총장실 주변에서 화제가 될 정도였다.

한마디로 촌지는 기자들에게 계륵 같은 존재가 아닌가 싶다. 뭔

1988년 5월 5일 서울 양평동 한겨레 사무실에서 열린 윤리강령 선포식 직후
임직원들이 윤리강령에 서명하고 있다.

가 떳떳하지는 못한데 생활에 도움은 안 되고 그렇다고 버리기는 아까운… 결국 조선일보 기자 시절 촌지에 대한 나의 태도는 부정적인 것은 분명한데, 관행의 거부로까지 나아갈 결단은 없는 어중간한 태도였다.

'촌지 거부' 강령의 험난한 길

그래서일 것이다. 한겨레신문 창간 당시 창간 작업에 참여했던

한겨레신문 논설위원 시기 사진

나에게 가장 강하게 박혔던 우리의 슬로건 중 하나가 '촌지 거부'였다. 신홍범 선배가 준비한 윤리강령에는 거부해야 할 촌지의 액수를 3만 원으로 정했던 것으로 기억한다. 아마도 3만 원 이상은 (거부해야 할) 촌지라는 의식이 한겨레 편집국의 기자 모두에게 각인되었던 것 같다.

이와 관련하여 나에게는 아픈 기억이 하나 있다. 내가 정치부 편집위원(부장)으로서 지면 제작에 참여하고 있을 때였다. 당시 노태우 집권 하에서 김대중 김영삼 두 민주 진영 거물들이 치열한 대립 경쟁을 벌이고 있을 때라 한겨레신문의 지면 구성에 대한 외부의 반응도 매우 민감한 상태였다. 두 김 씨를 같은 잣대로 다루는 것에 대해 한겨레의 여러 기자들이 당시 나에게 수시로 항의하기도 했었다.

그런 상황에서 명절이 되자 김대중 전 대통령이 나에게 선물을 하나 보냈다. 여성용 한복감이었던 것으로 기억한다. 이걸 놓고 나는 한동안 고민했다. '분명히 3만 원은 넘어서는 선물인데…' 하는 것이었다. 결국 되돌려 보내기로 결단하고, 그렇게 했다. 그런 나의 결정이 오해를 부를 수 있다는 것을 깨닫는 데는 그리 오랜 시간이 걸리지 않았다.

3만 원 이상 선물은 거부한다는 윤리강령을 지키기로 한 결정은 강령을 어겼다는 사내 비판을 두려워했던 나의 (상대적으로) 작은 의(義)였지만, 김대중 전 대통령의 추석 선물을 거부한 것은 '김대중 씨를 거부한다'라는 엉뚱한 오해를 받을 수 있는 서투른 행동이었다.

그 얼마 뒤 김대중 전 대통령을 개별적으로 만나 점심을 먹을 기회가 있었다. 이 자리에서 그는 "나와 김영삼 씨를 꼭 같은 잣대로만 다뤄 달라"라는 말을 했는데, 그가 실제로 하고 싶었던 이야기는 이보다 더 강한 불만의 표시가 아니었을까 싶다.

당시 김영삼 전 대통령이 내가 그의 고등학교 후배였다는 사실 때문에 나에게 친근감을 가지고 있었던 것은 분명하고, 아마도 그런 후배가 한겨레신문 정치면을 책임지고 있으니 도움을 받을 수 있겠다고 생각했을 수도 있다. 하지만 단언컨대, 나는 그의 대통령 재임 전후는 물론이고, 재야 정치인일 때나 대선 후보 시절에도 개인적으로 만났거나 전화를 받은 적도 없었다.

그가 대통령이 된 후 편집국장들을 초청하여 청와대에서 점심을 함께 한 일이 있었다. 그 자리에서 그는 나에게 "한겨레는 나에게 비판적이지만, 성 국장 생각은 다를 거야" 하는 말을 세 번이나 했었다. 그 바로 전에 어느 신문사 편집국장에게 지면에 대해 항의하자 "이제 지면이 달라질 것입니다" 하는 대답이 나왔던 터라 그는 나에게서 그 비슷한 말을 기대했던 것 같았다.

하지만 나의 대답은 세 번 다 꼭 같았다. "저는 제 생각대로 신문을 만듭니다"라는 것이었다. 그런 나의 대답은 당시 한겨레를 둘러싼 외부의 복잡한 시선과 내부의 치열한 분위기를 고려하여 나온 대답이었다. 겉치레 인사나 덕담이라도 했을 때 그것이 어떤 파장을 불러올지 걱정스러웠기 때문이다.

또 하나의 신문이 아닌, 전혀 다른 신문

한겨레 창간과 그 이후 30년의 역사는 한겨레가 발간한 『서른 살 한겨레의 기록』이라는 640여 페이지의 책에 자세히 기록되어 있다. 그래서 조선일보에서 해직된 뒤 13년 만에 시작된 나의 한겨레 생활에 대해서는 창간 전후의 짧은 기간 동안의 이야기에 한정 지으려 한다.

동아투위와 조선투위 기자들은 권력과 결합한 신문 사주들의 행태를 너무나 잘 알고 있었기 때문에 개인이 아닌, 수만 명의 국민(실제로 7만 명 가까운 국민 주주들이 한겨레를 소유한다)들이 주인인 신문을 만들어야 한다는 꿈을 키웠고, 이 꿈이 현실로 나타난 것이 바로 한겨레였다. 이 과정에는 수많은 고비들이 있는데, 이 이야기들이 다른 분들의 증언으로 기록되기를 기대한다.

조선일보에서 해직된 뒤 한겨레 창간에 이르기까지의 공백이 사실은 기자 생활을 계속하기 어려울 정도로 긴 기간이었다. 내가 한겨레에서 정치부를 맡았을 때는, 이미 내가 과거 정치부 기자 시절 안면이라도 익혀 놓았던 정치인들은 거의 퇴장하고 없었다.

더욱이 나의 정치 영역 취재 경력이란 참으로 짧았다. 그런데 이런 공백을 조금은 메꾸어 준 것이 바로 〈말〉지에서 정치 시국 기사를 써 왔던 경험이었다. 새로운 민중언론인 〈말〉의 창간을 추진하면서 조선투위의 신홍범, 백기범 두 선배가 보기에 기사를 쓸 시간을 수시로 낼 수 있는 후배로 나를 지목했던 듯하다.

뭐든지 쓰고 싶어서 안달이 나 있던 내 상황과 두 선배의 뜻이 맞아떨어져, 나는 기자로서 적극 참여하기로 마음먹었다. 상근 기자까지 뽑아 편집진을 구성하긴 했는데, 시국 관련 기사를 쓸 사람이 마땅치 않았던 것 같다. 그래서 4년 남짓 되는 짧은 정치부 기자 경력을 가진 내가 이를 담당케 되었다. 사실 나는 조선일보 정치부의 막내 기자였고, 국회가 열리면 의원들의 본회의 발언을 받아 적는 역할을 주로 맡았으며, 정치의 흐름을 짚어주는 기사를 쓸 만한 위치에는 가보지도 못했었다. 그런데 그것도 경력이라고, 이 분야를 쓰라고 맡겨진 것이었다.

게다가 그 짧은 정치 분야 취재 경력을 가지고, 한겨레신문 창간 당시 정치부 편집위원(부장)까지 맡기도 했으니… 나 원 참. 당시 〈말〉지는 발간만 되면 바로 편집장이 경찰서에 불려가 며칠 구류를 살곤 했는데, 성유보 씨를 비롯한 여러 투사들이 구류를 감당해 내는 편집장의 역할을 훌륭히 해냈던 것이 말지 편집팀에게 큰 힘이 되었다.

1988년 5월 창간을 앞두고, 창간에 참여한 해직 기자들의 목표는 '또 하나의 신문이 아닌, 전혀 다른 신문'이었다. 1987년 9월부터 창간 사무국이 가동하면서 본격적인 활동에 들어간 창간 준비는 두 갈래로 진행되었다. 하나는 임재경, 신홍범 선배 등이 중심이 된 새 신문의 지향, 구성, 편집 등을 연구하는 팀이었고, 또 하나는 신문사를 세우는 일로서 정태기 선배가 이끌었는데, 나는 편집 쪽 준비 팀에 배속되었다. 이때 나온 "신문사는 내가 만들 테니, 임 선배는 신문을 만들어 주세요"라는 정태기 선배의 말이 듣는 이들의 가슴에 짠하게 와 닿은 것은 사실 그가 해직기자들 누구보다도 기자직과 편집에 대한 열망이 뜨거웠던 것을 잘 알고 있었기 때문이었다.

"신문사는 내가 만들 테니, 임 선배는 신문을 만들어 주세요"

창간 준비 과정에서 편집팀을 이끌던 임재경 선배는 창간되는 신문은 기존의 신문과는 완전히 다른 구조와 내용을 가져야 한다는 원칙을 세웠었다. 우선 편집국의 구조가 대폭 바뀌었다. 정치 경제 사회 외신 문화부 등으로 되어 있는 기존 신문사의 편집국 구조를 대폭 바꾸어 정치부와 경제부를 통합했는데, 그것은 기존 신문의 정치 기사 과잉에서 벗어나기 위한 구조 개편이었다. 기존의 사회부 영역 중 민생과 인권 관련 기사를 집중적으로 취재 보도하는

1988년 5월 15일 한겨레신문이 창간호를 냈다.
이를 축하하기 위해 참석한 조선투위 위원들이 창간의 기쁨을 함께 나누고 있다.

민생인권부를 신설한 것, 그리고 국제뉴스를 다루는 외신부를 민족국제부로 바꿔 국방과 통일 문제까지 관장하게 하는 것 등이 눈에 띄는 변화였다.

거기다 각 부서의 민주적 운영을 강조하기 위해 편집국장을 편집위원장으로, 각 부의 부장·차장들을 편집위원·편집위원보라는 이름으로 바꾼 것도 발상의 전환으로 비칠 것 같다. 한마디로 한국 언론 마당에 새로 등장하는 한겨레는 기존의 신문들과는 완전히 다른 새 신문의 길을 걸어야 한다는, 당시 창간에 참여한 해직 기자들의 공통된 염원이 반영된 편집국 구성이라고 할 만하다.

기존 신문과는 전혀 다른 신문을 만들겠다는 편집팀의 꿈은 물론 조직 개편에 머무르지 않았다. 기존 언론의 취재 관행을 완전히 바꾸는 일이 시작되었다. 앞에서 살펴본 촌지 거부는 이들 중 하나의 사례일 뿐이다. 우선 그동안 신문들이 남북한 관계를 보도할 때 써온 용어의 상당 부분을 바꿨다. 하나만 예를 들면 판문점에서 남북한 대표자들 회의가 열리면, 당시 신문들은 으레 "북괴가 생떼를 부렸다"라고 보도하던 것을 한겨레는 "북한이 주장했다"라고 고쳤다.

한겨레의 이런 변화에 대해 정부는 주목했던 것 같았다. 노태우 정부의 청와대 수석비서관 한 명에게서 좀 만나자는 연락이 왔다. 그가 한 이야기의 요지는 "한겨레가 정부를 호되게 비판하는 것은 좋다. 하지만 내 주위에서는 한겨레가 서울서 발행되는 신문인지, 평양서 발행되는 신문인지 헷갈린다고 말하는 사람들이 있다"라는 것이었다.

나는 이 말에 "한겨레는 서울에서 발행되는 신문이 분명하지 않느냐"라고 동문서답식 대응을 했지만, '내 주위'라고 표현된 세력이 누구냐를 생각하면 엄청난 협박이었다. 요즈음 언론 대부분이 남북 관계를 보도할 때, 한겨레가 쓰는 표현을 그대로 쓰고 있다는 사실은 그의 협박이 얼마나 시대착오적이었나를 말해준다.

우리는 조선·동아일보 등에서 기자로 근무하면서 몸에 익혔던 관행들에 대해서도 철저한 결별을 선언했다. 과거 같으면 기자들

2024년 5월 14일 광화문광장에서 조선투위 기자들이 모였다(왼쪽부터 성한표, 신홍범, 최병선).

이 밖에서 대단한 기삿거리나 정보를 취재했을 경우, 우선 부장에게 귀엣말로 소곤소곤 이를 보고하고 바로 사장실로 쫓아가 사장에게 보고하면 일단 임무는 끝났다. 기사로 쓰느냐 아니냐는 차차 결정하면 되는 것이다. 이런 모습은 특히 내근 기자들에게는 아주 볼썽사나운 광경 중의 하나였다.

한겨레는 바로 이 '귀엣말 절차'를 없앤다는 원칙을 세웠다. 기자는 자신이 취재한 내용을 부장에게 소곤거리지 말고 기사를 써서 제출해야 하며, 취재된 소식 중 기삿거리가 되는데도 한겨레 지면에 싣지 않는 기사는 없어야 한다는 원칙이었다. 이에 따라 기자가 취재 후 귀사하여 부장에게만 속삭거리는 모습은 한겨레 편집국에서 사라졌다.

이 밖에도 한겨레는 기존의 많은 관행을 바꾸었고, 처음에는 바로 이것이 한겨레의 뚜렷한 특징으로 부각되기도 했었다. 하지만 이제 이런 특징들을 웬만한 신문은 다 자기들 것으로 만들어 버렸다. 그리고 기존 신문사를 박차고 나온 경력 기자나 민주화 투쟁에서 앞장선 학생들이 졸업하여 한겨레에 입사하던 과거와는 달리 이제는 기자들도 다른 신문사와 차별화되는 특징이 거의 없어졌다.

또 하나의 신문이 아니라 전혀 다른 신문을 만들겠다는 한겨레 초기의 의지가 되살아날 수 있을까? 한겨레에 몸을 담았든 아니든 한겨레는 우리 해직 기자들이 이 땅에 남긴 귀한 유산이고, 따라서 이 유산의 가치가 유지되느냐 아니냐는 우리 모두에게 절실한 문제가 아닐 수 없다는 생각이 간절하다.

2

언론이 바로 서야 나라가 바로 선다

언론 자유를 위한 투쟁도
과정이다

박순철 _동아투위 위원_

―만년에 그림 배워

동아일보에서 힘센 사람들에 들려 나온 지도 50년 가까이 되니 기억도 뒤죽박죽이 되었다. 그러니 그냥 편하게 내가 왜 동아에서 자유언론실천 운동에 참여하게 됐는지부터 이야기하는 게 좋을 것 같다.

입사 면접시험에서 사장님이 물었다. 왜 동아일보에 들어오고 싶은가? 취직을 해야 돼서요. 그래? 돈이 필요하거든요. 뭐 이 비슷한 말이 오갔다. 나중에 회사 다닐 때 어느 선배는 '노인의 지혜'라는 표현을 동원해 사장님의 판단력을 존중해야 한다는 논리를 만들어 나를 설득하려 든 적이 있었다. 사실 그 작은 몸집의 무서운 분은 지혜와 꾀로 가득한 것 같았다.

그러니까 그분은 내 대답에 좀 실망하셨을 것 같기도 하다. 사장님은 월급이 많지 않다고 말했고, 나는 월급이 적어도 괜찮다고 했다. 이어진 질문. 교열기자도 괜찮나? 나는 사실 취직하기 위해서뿐만은 아니고 세상 구경을 하고 싶어서라는 또 다른 이유가 있었기 때문에 그렇게 말씀드렸다. 그러니까 동아에서 일하고 싶기는 하지만 그게 불가능하면 다른 신문사에서 그런 기회를 찾겠다고 했다.

아마 내 입사 시험 성적이 영 시원치 않았나 보다. 그때 나는 아직 제대 전의 사병 신분이라 시험 점수가 형편없었을 수도 있었겠지, 하고 생각했다. 그런데 나는 교열기자에 대한 편견 같은 건 없었지만 글자들과 씨름하면서 살고 싶지는 않았다. 또 민주니 자유니 언론의 사명이니 하는 건 그 당시 내게 중요한 어휘는 아니었다.

사실 나는 조국의 운명에 관한 치열한 문제의식으로 들끓던 서울 문리대에 다니면서도 데모 한 번 안 할 정도로 내 세계에 매몰돼 살았다. 그런 내가 언론 자유를 위한 투쟁에, 그 대열에 선뜻 들어선 건 그러니까 설명이 필요하다.

왜 잘못은 내가 했는데 매는 학생들이 맞나

기왕 말이 나온 김에 면접 이야기를 조금 더하자. 그때 사장님

말고 천관우 주필의 면접도 있었다. 그분은 나한테 막걸리를 잘하느냐고 물었다. 내 인상이 막걸리 타입으로 보였나 보다. 나는 주량은 시원찮으나 친구들과 술 한 잔 놓고 담소하는 건 아주 좋아한다고 말씀드렸다. 우람찬 체격에 호주가로 소문난 그분은 껄껄 웃으셨다. 나는 나중에 이 답변 덕택에 합격이 된 것 같다고 친구들에게 말한 적이 있다.

1년 동안 수습기자 생활을 한 후에 근무하고 싶은 부서 세 곳을 써내라고 한 적이 있었다. 나는 사회부를 1지망으로, 그다음 외신부, 체육부를 적어 제출했다. 회사는 나중에 나를 편집부로 발령 냈다. 내 희망대로 된 건 아니었지만 내근하며 동기생들 선후배들과 이야기를 나누면서 나도 어느새 한국 사회가 직면한 문제들, 특히 언론의 비참한 현실에 조금씩 관심을 갖게 됐다.

그러던 어느 날 편집국에서 편한 자세로 쉬고 있는데 누군가 회사 앞에 데모대가 나타났다고 외쳐 다들 우르르 창가로 달려갔다. 편집국은 일제 강점기 때 지은 누런색 5층 건물의 3층에 있었다. 창밖엔 비가 주룩주룩 내리고 있었는데 대학생 백여 명쯤이 폭력정권 치하에 잔뜩 움츠러든 동아일보를 향해 모진 질타의 외침을 퍼붓고 있었다. 시위대를 포위하고 있던 경찰이 어느 순간 일제히 학생들에게 돌진해 몽둥이로 사정없이 공격하기 시작했다. 학생들은 사방으로 튀어 달아났고 책가방이니 신발 같은 것이 여기저기 어지럽게 내동댕이쳐 있었다.

제주 강정해군기지 방문, 앞줄 왼쪽 두번째가 박순철 위원

참담했다. 나는 편집부 내 자리로 돌아와 멍하니 앉아 있었다. 왜 잘못은 내가 했는데 매는 어린 학생들이 맞아야 하는가? 신문사를 그만두고 싶은 충동도 들었다. 그러다 조금 더 생각해 보았다. 내가 그만두더라도 누군가 내 자리에서 일해야 할 게 아닌가? 도망치는 게 능사는 아니지 않는가? 하여튼 결론은 견뎌보자는 쪽으로 기울었다. 그 뒤 내 생각이나 행동이 많이 달라졌다.

이런저런 일이 많았다. 노조 결성 때는 해임되기도 했다. 진실 보도를 쟁취하기 위해서는 노동조합이라는 법의 보호를 받는 조직이 필요하다는 생각은 누구라도 쉽게 할 수 있었지만, 언론 자유를 끔찍이 싫어하고 두려워한 정권이 이를 쉽게 받아들일 리가 없었다. 경영진도 물론 마찬가지였다. 그래서 노조를 결성해야 하는가 하는 문제를 놓고 기자들 여러 명이 이제는 고인이 된 김두식 형네 집에 모여 밤샘 토론을 벌였다. 나는 노조 결성에 적극 찬성했다. 노조 설립 신고 이후 회사는 대뜸 노조 간부 모두를 해임했고 잇따라 조직된 기자들의 대책위원회 멤버들도 사정없이 내쳤다.

편집부에서 몇 년 근무한 뒤 정치부로 옮겨 이런 일이 있던 당시 문화공보부 출입 기자였던 내게 장관이 만나자는 전갈이 왔다. 그는 회사와 기자들이 한 발씩 뒤로 물러나는 게 좋지 않겠느냐, 그렇게 원상 회복을 하자고 했다. 나는 노조의 공식 대표는 아니었지만, 그런 타협을 거부한다는 노조의 입장을 웃으면서 전달했다. 언론노조 같은 수상한 저항 조직에 대해 정권이 관계 부처를 동원해 해체를 기도하는 것쯤 당연시되던 그런 시절이었다.

자유언론실천 투쟁, 단식 농성장을 택하다

노조는 그 후 1년 동안 동아에서 벌어졌던 치열한 자유언론실천 투쟁에서 핵심적인 동력을 제공했다. 조학래 지부장의 냉철한 리더십이 혼란한 상황을 흔들림 없이 헤쳐나가는 데 큰 도움이 됐다고 생각한다. 원칙에 충실하고 절도 있는 투쟁은 하시라도 무슨 명분으로라도 개입하려고 호시탐탐 노렸던 신문사 경영진이나 정치권력에 대처하는데 현명한 선택이었다.

다만 동아에서 폭력적으로 쫓겨나온 뒤 여러 해가 지나자 이런 생각도 들었다. 만일 노조가 없었다면 동아일보의 경영진이나 투쟁에 소극적이었던 기자들도 다르게 행동하지는 않았을까? 동아 내부에서 경영진과 기자들이 맞서는 대신 이 모든 사태의 근본 원인이었던 독재 정권과 자유언론 세력이 직접 대결하는 좀 더 선명한 투쟁 판이 가능하지 않았을까? 그리고 한때 반독재 전선에서 앞장을 섰던 동아일보가 후에 조중동의 끄트머리에 달라붙는 대신 좀 더 명예로운 선택을 하진 않았을까? 세월이 많이 지났는데도 쉽게 판단이 안 선다.

1975년. 그동안 시답지 않은 정치면 기사들을 써오던 나는 동아일보가 결국 정권의 압력에 굴복해 자유언론 투쟁의 중심에 섰던 기자들을 대거 해고하면서 벌어진 집단적인 투쟁에서 2층 공무국의 요새화한 단식 농성장을 선택했다. 편집부에서 일했던 익숙함 때문이었던 같다.

결국 우리는 3월 17일 새벽 폭력적으로 쫓겨났고 즉시 동아투위를 결성해 조직적인 항거를 계속했다. 몇 십 년이 지난 지금도 기억에 선명한 건 동아일보 사옥 앞에 매일 아침 길게 도열해 출근하는 직원들에게 우리의 입장을 정리한 유인물들을 건네던 일이다. 유신 치하의 서울 한복판에서 이런 항의가 여러 달 동안 계속될 수 있었다는 것은 지금 생각해도 신기한 일이다.

나는 2년 반 동안 실업자 비슷한 세월을 보내다 국제경제연구원이라는 데를 들어갔다. 여기서 실업자 비슷한, 실업자라는 표현을 쓴 건 동아투위 선배 한 분이 종각 근처에서 치과병원을 하는 동생 분의 공간 한구석을 잘라 번역실이라는 걸 차렸고 거기 여러 명이 모여 그럭저럭 밥벌이를 했기 때문이다. 무슨 시국선언인가에 서명해 이른바 남산 구경을 한 것 빼고는 나로서는 무덤덤하게 보내던 나날이었다.

나는 아내가 학교 교사였던 덕분에 생활 걱정은 없었다. 실업자 기간이 2년을 넘기자 아내도 힘들었겠지만 그걸 겉으로 표현하지는 않았다. 모처럼 얄궂은 직장을 하나 잡게 되었을 때 아내는 기뻐했는데 내 주위를 안개처럼 둘러쌌던 감시의 눈에 걸려 그나마 취직이 무산되자 끝내 눈물을 보였다. 힘든 상황이 기약 없이 길어지는 동안 늘 꿋꿋하고 잔소리 한 번 없던 아내였기 때문에 나도 충격을 받았다. 그래서 몇 달 전에 취직 기회가 왔을 때 정중하게 사양했던 경제기획원 산하의 연구소에 또다시 취직 기회가 오자 이번엔 고마운 마음으로 들어갔다.

한동안 우리는 인천 변두리 부개동이라는 곳에 넓게 펼쳐진 보리밭 옆에 일렬로 세워진 국민주택 중 한 채에 살았다. 아내 얘기를 한마디 더 붙이자면 이 시절의 신산한 삶을 '박 씨 시절'이라는 한 편의 수필로 써냈고 나중에 수필가로 등단하기도 했다. 나는 동아일보에서 해임되면서 직장예비군에서 지역예비군으로 신분이 바뀌었는데 우리 동네 벽돌 공장에서 일하던 분이 내 분대장이었다. 예비군 동원 훈련이 있는 날이면 이분이 우리 집 대문 앞에서 "박 씨! 박 씨!" 하고 불러냈는데 이게 아내한테는 좀 서러운 경험이었나 보다.

태국 방콕 거리에서 맡은 자유의 공기

이렇게 '박 씨 시절'을 거쳐 나는 다시 명함을 넣고 다니는 신세가 되었다. 신문사를 같이 나온 백여 명의 선배, 동료들 가운데 나는 미안할 정도로 편한 나날을 보낸 셈이다. 하여튼 그때까지 경제학과는 인연이 없이 살아왔기 때문에 몇 년 뒤 동남아에서 공부할 기회가 찾아오자 나는 반갑게 이를 붙잡았다.

연구원에서는 해외 유학생으로 선발되면 서울 시내 영어 학원에 가서 회화 수업을 받아야 하는 규정 비슷한 게 있었다. 내가 찾아간 덕수궁 근처의 학원 원장은 나이가 좀 든 미국 아줌마였는데 대강 이런 인터뷰가 있었다. 원장은 내 직장이 경제연구원으로 되어 있는 걸 보고 대학에서 경제 전공을 했느냐고 물었다. 아뇨, 철학과에 다녔습니다. 그럼 이 연구소가 첫 직장이었나요? 아뇨, 신문사에 다녔습니다. 그럼 경제부에서 근무했나요? 아뇨, 정치부요. 그 아줌마가 웃자 나도 따라 웃었다.

이 하등 중요할 게 없는 장면이 지금도 생생히 기억나는 건, 내 사회 생활이 내 의사와는 별 상관없이 멋대로 짜깁기되었다는 사실이 이 인터뷰 한 장면에 압축돼 있었기 때문이리라. 하긴 대학생 시절엔 인천의 새벽 어시장에 나가 생선 장사를 한 적도 있으니까 이게 호들갑 떨 일도 아니었다. 그런 시절이었다.

태국 타마샷 대학의 경제학 석사 과정에 들어갔을 때 나는 세는 나이로 마흔이었다. 지금 생각하면 아무것도 아니지만 그 당시엔 제법 늙은 학생이었던 것이다. 같은 과정에 들어갔던 어느 태국인 여학생은 내가 다른 학생과 이야기를 나누고 있는데 아버지와 아들 같다는 농담 아닌 농담을 던지기도 했다.

나는 태국이 좋았다. 방콕의 술집 거리에 가면 그 당시 유행하던

'바빌론 강가에서'가 들리곤 했다. 타국에 노예로 끌려간 유대인들이 고향을 그리는 이 노래를 들으며 나는 전두환 정권의 공포정치가 무겁게 덮은 나의 고향과 그 당시도 또 한 차례 쿠데타가 발생했지만 자유의 공기가 여전한 태국이 비교되었다.

경제학도 생각만큼 지겹지는 않았다. 하지만 교수 중에는 한국을 별로 좋아하지 않는 사람들도 없지 않았다. 경제발전론을 가르치던 서독 교수는 태국의 불법입국자 문제를 말하다가 느닷없이 남한 같은 (인기 없는) 나라는 그런 문제가 없을 것이라고 비아냥거린 일도 있었다. 독재 국가에 사는 서러움의 일단이었다. 사실 이 과정에 들어온 학생들 가운데서도 필리핀이나 인도네시아 같은 독재 치하의 학생들은 어딘지 얼굴에 어두운 그림자가 어른거리는 것 같았다.

유학 기간은 2년으로 끝났으나 나는 몇 년 뒤 다시 태국으로 돌아갔다. 태국 국경지대로 피난한 캄보디아 사람들을 위한 기구에 일자리를 얻은 것이다. 유엔 산하의 UNBRO(United Nations Border Relief Operation)라는 데에 특별사업 조정관이라는 직책이었다. 난민은 30만 명쯤 되었는데 그들을 위한 교육, 공동체 생활 지원, 그리고 국경지대 태국 농민들을 위한 사업의 3개 분야에서 프로젝트 조정과 예산 통제가 내 일이었다. 새로운 일을 배우는 능력이 태어날 때부터 지진아급인 내게 하루하루가 진땀나는 도전이었다.

아무튼 이런 직장 옮기기에서도 동아일보에서의 경험이 나를 바꿔 놓았다는 게 또다시 분명해졌다. 단지 보수나 업무, 사회적 평가나 비전, 또는 직장 생활이 힘들거나 그렇지 않거나 문제가 아니라 인간의 삶 자체에 대한 보다 인간적이고, 보다 폭넓고 깊은 관심이 내 안에서 자라나고 있었다.

노인이 되어보니 '노인의 지혜'는 없더라

내 경험이나 업무 능력으로 보아 엉뚱한 선택이었던 이 일은 1년을 겨우 채우고 끝이 났다. 동아일보에서 편집국장으로 모셨던 박권상 선생님께서 〈시사저널〉이라는 뉴스 주간지를 창간하는데 와서 같이 일하자는 권유가 있었다. 처음 나는 사양했고 아내도 반대했지만 매스컴의 세계로 돌아가고 싶은 내 희망이 수그러들지 않자 받아들였다.

내가 본래 성격이 못된 건지 아니면 동아에서의 거친 경험으로 태도가 바뀐 건지 모르겠으나 십여 년 만에 돌아온 언론계에서 적응이 잘 안 됐다. 신설 언론사의 어수선함도 있었지만 특히 윗분들과 충돌이 잦았다. 그래 시사저널에서 문화일보로 옮겼다가 다시 시사저널로 갔다가 다시 문화일보로 옮기는 이상한 행보를 찍었다. 처음 문화일보로 옮기는데 신세를 진, 이제는 고인이 된 백기범 형한테 몹시 미안한 일이었다. 나는 아내의 차로 출근을 했는데 묘

동아투위 위원들이 지난해 서울근교에 살고 있는 박순철 위원을 찾아가 함께 오찬을 했다(오른쪽부터 박순철, 김동현, 이부영).

하게 나중에 두 회사가 이웃에 위치하게 됐고 어느 날 아침 아내는 문화일보 앞에 차를 세워야 하는데 시사저널 앞에 세우는 일도 있었다.

내가 노인이 되어서 실감한 건 '노인의 지혜' 같은 건 없다는 사실이다. 옛날 학생 때 독일어 교과서에 나왔던 라틴어 속담, '늙음이 지혜를 가져다주지는 않는다'라는 쪽이 옳은 것 같다. 그러니까 잔소리 같은 건 안 하는 게 좋겠지. 그런데 지혜가 있든 없든 요즘 언론 상황을 보면 한 마디 하고 싶어지는 게 사실이다. 어쩐지 동아투위를 포함해 많은 사람들의 노력이 헛된 것 같은 생각도 든다. 투위 자체도 구성원들의 기대 여명이 얼마 남지 않아 앞으로 10년 20년 뒤에도 의미 있는 조직으로 살아남아 있을까, 하는 의문도 든다.

그래서 나는 이렇게 생각하기로 했다. 인간사 모든 건 과정이다. 흐름이다. 그렇게 역사다. 역사에 시작이 있고 끝이 있는가? 없다. 언론 자유를 위한 투쟁도 마찬가지다. 그 에너지는 역사의 한 줄기로 언제부턴가 가시적 현상으로 떠올랐지만 근원을 찾아 내려가면 민족 공동체에 자라나던 자유와 정의를 위한 열망, 그 깊은 흐름에서 비롯된 것이 아닌가? 그런 인간 본연의 열망, 진실을 구하는 열망에 시작이 있고 끝이 있겠는가?

심하게 말하면 동아투위는 그 구성원의 운명과 상관없는, 어떤 추상적 실체인지도 모른다. 50주년, 100주년으로 끝나는 게 아니다. 그 비슷한 생각이 든다. 하여튼 그동안 적조했지만 몇 달 뒤 자유언론실천선언 50주년이 되면 오래간만에 옛 얼굴들을 만나보고 싶다.

나는 7~8년 전 내가 사는 동네 주민센터에서 연필화를 배웠다. 70대 중반 나이에 새 취미가 붙은 것이다. 그리고 기분 내키는 대로 이것저것 그려대고 페이스북이나 인스타그램에 올리기도 했다. 그림 솜씨는 여전히 시원치 않지만 나는 즐겁다.

박순철 동아투위 위원이 그린 그림.
조르주 루오의 '미제레레' 연작에
나오는 어릿광대의 얼굴을 모사했다
(위쪽 그림).
아래는 동아투위 친구 윤석봉의
사진들에서 이미지를 빌린 '촛불의 강'

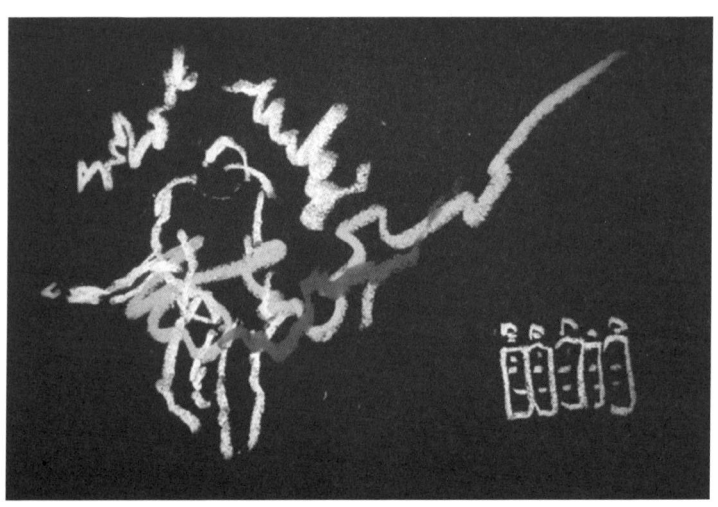

이부영 위원장의 고마운 권유도 있어서 이 글에 사진 대신 그림 몇 장을 곁들일 생각을 했다. 첫 번째 그림은 조르주 루오의 '미제레레(Miserere)' 연작에 나오는 어릿광대의 얼굴을 모사한 것이다. 그리다 보니 어딘지 내 자화상처럼 변해갔다.

그 다음 민주화 투쟁을 한 컷 그리고 싶었다. 험난한 시대의 현장들을 전쟁터처럼 누비며 기록한 동아투위 친구 윤석봉 형의 사진들에서 이미지를 빌려 '촛불의 강'을 배경으로 표현해 보았다. 허락도 안 받았는데 요즘 유행어처럼 극대노 안 했으면 좋겠다.

나는 이상할 정도로 구약의 요나 이야기에 끌린다. 인생의 큰 지혜를 세 글자로 줄이면 장자의 오상아(吾喪我, 내가 나를 죽이다)가 되고 이를 풀어쓰면 요나 이야기, 특히 하나님을 피해 배를 타고 도망가던 요나가 풍랑을 만나자 배에 탄 사람들을 구하기 위해 큰 물고기의 밥이 되려고 투신하는 길을 택하는 대목이 되는 게 아닌가 하는 생각도 해본다. 몇 해 전에 그려 페이스북에 올렸던 그림을 싣는다.

마지막에 베토벤 합창 교향곡 같은 근사한 테마를 그림으로 그리고 싶었는데 잘 안 돼 옛날 그렸던 소 탄 노인으로 바꿨다.

나는 한가한 걸 즐기는 쪽이라 늙은이 생활이 그리 싫지 않다. 그래 내가 좋아하는 옛 시 한 수를 옮기며 이 어수선한 글을 끝내고 싶다. 고려 때 문신 곽여라는 분의 시다.

평안한 모습이네, 소 탄 저 노인

박순철 동아투위 위원이 그린 그림. 구약의 '요나 이야기'를 모티브로 그린 그림(왼쪽). 오른쪽은 '소 탄 노인'

안개비 부연 속에

들길을 가네

저 물가 어디쯤에 집이 있는가

흐르는 냇물 위에

석양이 지네

—곽여의 시 '소 탄 노인'

이제는 모두의 깃발이 된
'자유언론실천선언'

이영록 　동아투위 위원

―동아투위 깃발 이야기

5월은 신록의 계절, 계절의 여왕이란 말을 떠올릴 때가 있었다. 그러나 지금은 아니다. 지금은 5월 하면 1980년 5월의 5·18 광주민주항쟁이 먼저 떠오른다. 그리고 '임을 위한 행진곡'이 자연스레 읊조려진다. 그러나 나는 이 노래를 끝까지 부르지 못한다. 목이 메서다. 특히 '동지는 간 곳 없고 깃발만 나부껴' 하는 대목에 이르면 더 그렇다.

서울에 6411번 노회찬 버스가 있다면 광주엔 518번 버스가 있다. 이맘때 광주 시내에서 518번 버스를 타고 망월동 5·18묘지를 갈 때 버스 창문을 열면 길 양편 가로수로 서있는 하얀 이팝나무 꽃향기가 코끝을 스친다. 향긋하면서도 조금은 슬픈 냄새가 묻어난다.

목말랐던 자유, '언론자유'를 '자유언론'으로 고쳐 쓰다

동아투위의 깃발 문구는 '자유언론실천선언'(自由言論實踐宣言)이다. 지금은 언론계 모두가 공유하는 모두의 깃발이 되었다. 1975년 3월 17일, 동아투위의 깃발 아래 132명이 모여 동아자유언론수호투쟁위원회를 결성했다. 그 해 중반 일부 사원이 복귀한 후 남은 113명은 동아투위 깃발 아래 50년을 함께 해왔다. 지금 이들 중 41명이 세상을 떠났다. 동아투위가 애용하는 이 깃발에는 두 가지 버전이 있다. 하나는 동아투위 이계익 선배가 썼던 대형 족자 글씨이고, 다른 하나는 신영복 선생이 동아투위에 써준 쇠귀체 글씨다. 두 분 다 지금은 이 세상에 있지 않다.

2024년은 자유언론실천선언 50주년이 되는 해이다. 1974년 10월 24일 동아일보사 기자들이 편집국에 모여 언론자유를 실천하자는 의지를 다짐했다. 늘 써왔던 '언론자유' 대신 '자유언론'을, 그리고 '수호' 대신 '실천'이라는 표현으로 대치했다. 그 의지가 오늘까지 이어져 어언 반세기가 된 것이다.

'자유언론실천선언'의 대형 글씨를 쓰고 족자 형태로 만든 주인공이 이계익 선배였다. 3층 편집국 중앙 기둥 한 면을 꽉 채우다시피 한 작품이었는데 서체에 힘이 넘쳐났다. 웬만한 서예가도 쉽지 않은 대작을 미리 마련해서 총회 날 아침에 가지고 나온 것이다.

이계익 선배는 글씨며 그림에도 남다른 조예가 있었다. 나중에

1974년 10월 24일 동아일보 기자들은 자유언론실천선언을 발표했다.
고 홍종민 기자(오른쪽)가 선언문을 낭독하고 있다.
한가운데 '자유언론실천선언' 족자가 보인다.

동아투위 회보 '진동아'(眞東亞)에 만평이며 4컷짜리 만화를 그리기도 했다. 신문사를 나와서는 자전 소설 『소양강의 뱃사공』이라는 책을 내기도 했다. 홀어머니를 모시며 소년 뱃사공 노릇을 해 가계를 보태기도 했던 소싯적의 얘기다. 나중에는 아코디언에 심취해 수준급의 실력을 과시했고 동아투위 안에서 청출어람의 후배(?)를 양성하기도 했다.

이계익 선배는 해직 후 한때 중앙대학교가 운영하던 〈주간시민〉이라는 잡지에서 편집국장을 지낸 적이 있었는데 나도 함께 근무한 적이 있었다. 원래는 서울시의 홍보지 역할을 했었는데 동아투위 식구들 7~8명이 함께 일하게 되면서 논조가 완전히 바뀌는 바람에 정간(사실상의 폐간)을 당하게 되었다. 이 이름 없는 주간지의 정간 기사가 당시 일본 아사히신문의 외신면 톱기사가 되기도 했다.

기억나는 것은 당시 나라 안 명사들을 찾아가 사진과 함께 인터뷰 기사를 표지 뒷장에 전면으로 실었었는데 내가 맡아 취재한 이 중 한 사람이 이름 있는 서예가 원곡(原谷) 김기승(金基昇)이었다. 강원룡(姜元龍) 목사와도 가까이 지낸 독실한 기독교인으로 알고 있다. 취재가 끝나고 글씨를 하나 써주겠다고 해서 소품 한 점을 받은 적이 있었다.

무슨 글을 써주면 좋겠느냐 해서 자유진리(自由眞理)를 부탁했다. 요한복음 예수의 어록에 나오는 '진리가 너희를 자유케 하리라'는 말에 꽂혀서 이런 부탁을 했는데 다만 순서를 진리보다 자유를 앞에 써달라고 했다. 자유에 목말라 했던 시절이었으니까. 그런데 지금은 그 자유가 오염된 채 과소비되고 있다. 태극기와 함께.

이 족자는 1975년 3월 17일 아침까지 편집국 중앙 벽면에 게시돼 있었다. 그날 새벽, 술에 취한 깡패들이 포함된 일군의 폭도들에 의해 신문사 편집국이 바람 앞의 등불이 된 상황에서도 우리는 흔들리지 않고 자유언론실천선언 족자가 걸려 있는 편집국 중앙에 모여 총회를 열고 예의 선언문을 낭독한 다음, 자유언론 만세와 동아일보 만세를 부르고 나서 편집국 3층 계단 통로를 통해 동아일보사를 빠져나왔다.

그 순간 내 눈에 들어온 것은 편집국 사회부장석 뒤 벽면에 버티고 있던 '자유언론실천선언' 대형 족자였다. 모두들 긴장되고 어수선한 탓이었는지 족자를 어떻게 해야 할지는 신경을 못 썼던 것 같았다. 그 족자를 동아일보사 안에 그대로 두고 나오면 안 될 것 같았다. 누가 시킨 것도 아니지만 순간 나도 모르게 족자를 거두어 잘 말아서 들고 나왔다. 그 길로 내가 살던 대조동 처갓집으로 가져갔다.

동지의 유품이 되어 돌아온 족자

나는 1974년 봄 노조 사태로 한 달 간 회사를 쫓겨난 적도 있었고, 백지광고 사태 후 이어진 해직으로 또다시 백수가 되었다. 사위가 실업자가 되자 처가에서는 다섯째 딸 식구들 걱정에 처갓집 지하 층에 우리를 들어와 살게 했다. 거기다 아내가 둘째 출산을 앞둔 때였으니 걱정도 됐을 터였다.

내가 족자를 들고 회사를 빠져나온 그날 새벽 동아일보사 정문 바로 앞마당에서는 전날부터 사태를 걱정해 나와 있던 수많은 독자

이영록(사진 가운데) 위원은 '이화여대생 동아일보 해직자 돕기 손수건 사건'과 관련해 1975년 6월 24일 긴급조치 9호 위반 혐의로 서대문경찰서에 연행돼 보름 넘게 조사를 받다가 풀려났다. 사진 왼쪽은 함께 연행된 이태호 동아투위 위원. 맨 앞은 마중 나온 임부섭 위원

와 시민, 그리고 명망 있는 민주인사들이 가는 비마저 뿌리는 3월의 새벽 찬바람 속에서 우리들을 열렬히 격려하고 응원해 주었다.

우리는 사태 당일 오전 신문회관에 모여 동아자유언론수호투쟁위원회를 결성하고 활동 방향을 모색했다. 우선 동아사태의 진상을 알리는데 주력했다. 사태가 진정되자 국제극장 옆 골목길에 있던 세종여관에 일단 임시 거점을 마련했다. 내 기억으로는 집으로 가져갔던 문제의 족자를 그 후 세종여관으로 다시 가져왔었던 것 같다. 당장 어디에 내걸만 한 자리도 없고 여건도 안 되었다. 그 후 족자의 행방에는 다들 관심을 갖지 않았던 것 같았다.

우리는 동아일보사를 나온 이후 6개월 동안 줄곧 신문사 앞에서 신문회관까지 도열 시위를 하면서 신문 제작에 참여하고 있는 동료 기자와 독자, 시민들을 상대로 동아투위가 제작한 동아사태의 진상을 알리는 유인물을 나눠준 다음 신문회관에 가서 정리 집회를 가지면서 그날 그날의 활동을 이어갔다.

6월 24일. 이날은 좀 특별한 날이었다. 동아투위 발족 100일째가 되는 날인 데다 동아투위가 미국의 A.D(Anno Domini)지로부터 러브조이 자유언론상을 받은 날이기도 했다. 이 상은 1837년 미국 일리노이주 엘튼에서 노예제도에 반대하는 기사를 썼다가 항의 군중의 신문사 습격 때 희생된 장로교 목사 엘라이자 패리쉬 러브조이를 기리기 위해 1973년부터 해마다 시상해왔는데 외국인이 이 상을 받게 된 것은 동아투위가 처음이었다. 동아일보사가 아닌 펜과 마이크를 빼앗긴 거리의 동아투위가 말이다.

　나는 시상식을 마치고 나오다 신문회관 근처에서 대기하고 있던 사복형사에 의해 서대문경찰서로 연행됐다. 다음 날에는 이태호 기자가 연행되었다. 처음엔 영문을 몰랐는데 경찰서에 잡혀가 알게 된 것은 우리가 대학생들을 배후에서 조종하고 선동했다는 혐의였다. 이화여대생들의 '동아돕기 손수건 사건'으로 명명된 이 일은 일부 이대생들이 동아일보사 해직 언론인들을 돕자는 취지로 손수건에 의미 있는 그림이나 글씨를 입혀서 그 판매 수익금으로 동아일보 해직자를 돕자는 것이었는데 중간에 문제가 된 것이다.

　나와 이 기자는 해직되기 전 각기 동아일보와 동아방송 기자로 이화여대를 출입했는데, 동아사태 후 진상을 알리는 차원에서 자체 제작한 유인물을 잘 아는 교수나 대학 학보사 등에 배포했다. 이 유인물이 학생들 손에 들어간 것이 빌미가 되어 당국이 우리 둘을 긴급조치 9호 위반으로 연행한 것이었다.

　경위야 어찌 되었건 우리는 영장 없는 구금 상태에서 보름 넘게 조사를 받은 후 7월 9일 기소유예로 풀려났다. 형무소 담장 위에서 이쪽저쪽을 오가다 구속은 면했지만 학생들 몇몇은 검찰에 송치되어 몇 달간 고생하기까지 했다. 우리만 먼저 풀려나서 학생들에게는 미안하고 면목이 없었다.

　내가 경찰서에 잡혀 들어간 직후 서대문경찰서에 함께 출입했던 다른 신문사의 기자가 대조동 집을 찾아와 혹시 경찰이 압수수색에 들어갈지 모르니 의심을 살만한 것들은 다 없애라고 귀띔을 해주고 갔다고 했다. 그 기자의 연통을 듣고 아내는 내가 써왔던 취재수첩은 물론 좀 불편한 책자, 자료, 그리고 집에 두었던 이대생들이 만든 동아돕기 손수건 등을 다 태워버렸다고 했다. 막스 웨버가 칼 막스(마르크스)와 발음이 비슷하다 해서 그의 책이 좌경 서적으로 몰리던 세월이었고, 걸면 걸리던 시절이었음에야. 나는 문제의 족자도 그때 없애지 않았을까 의구심이 들었으나 아내는 그런 것은 보지 못했다고 했다.

아무튼 찜찜한 채로 시간이 흘렀지만 족자의 행방은 알 길이 없었다. 투위 사무실을 압수수색한 경찰이나 중앙정보부 등 사찰기관 쪽에도 의심을 가져봤지만 그 시절에는 '언터처블(Untouchable)'이었다. 알아볼 도리가 없었다. 1990년대 말 민주정부가 들어서자 나는 이 족자의 행방을 알아보기로 했다. 마침 내가 잘 아는 한 언론인 출신 지인이 국가안전기획부의 요직을 맡게 돼서 그에게 안기부 내에서 그 족자의 행방을 찾아볼 수 없겠느냐고 부탁을 했다. 한참 뒤에 돌아온 대답은 '알 수 없다'는 것이었다.

그러다 세월이 한참 흐른 2018년 전혀 생각지 못한 곳에서 이 족자가 나왔다. 문제의 족자가 작고한 동아투위 동료의 집 서재에서 나온 것이다. 이사를 하면서 고인의 유품을 정리하다가 이 족자가 나왔다고 유족이 동아투위 쪽에 알려옴으로써 실물이 세상에 그 모습을 다시 드러내게 되었다. 아마 작고한 강정문 위원이 당국의

동아투위는 2018년 10월 17일 이 족자를 대한민국역사박물관에 기증했다.
족자 기증식에서 이영록 동아투위 위원이 족자 관련해 이야기하고 있다.

압수를 피하기 위해 자신의 서재에 깊숙이 보관해 두었던 모양인데, 후에 그가 취업한 직장 일로 바쁜 데다 득병까지 하는 바람에 오랫동안 종적을 몰랐던 것이다. 그동안 애꿎게 정보 기관의 소행으로 치부했던 것이 그쪽에는 약간 미안하지만 그것도 업보로 생각해야 되지 않을까?

동아투위는 40여 년 세월이 지나면서 원본 자체가 마손 위기에 이른 이 족자를 전문기관에 의뢰해 보존처리를 서둘렀다. 그리고 2018년 10월 17일에 '생환(生還)'(?)한 자유언론실천 족자를 43년 만에 처음 일반에 공개하면서, 이를 대한민국 역사박물관(당시 관장 주진오)에 기증해 영구 보존될 수 있도록 했다.

동지는 간 곳 없고 깃발만 나부껴

자유언론실천선언 깃발의 또 다른 버전은 쇠귀 신영복 선생(1941~2016)이 이른바 쇠귀체로 쓴 '자유언론실천' 6자 짜리 글씨이다. 동아투위의 한글 깃발 '자유언론실천' 글씨는 신영복 선생이 평소 가까이 지냈던 동아투위 요요회 김태진 회장의 부탁으로 써준 것이다. 요즘 말로 재능기부였던 셈이다.

이계익 선배가 쓴 한자로 된 자유언론실천선언(自由言論實踐宣言) 액자의 소재를 몰라 1990년대 초에는 신영복 선생이 쓴 이 한글

'자유언론실천선언' 깃발이 여러 군데 요긴하게 활용되었다. 주로 동아투위 등산 모임인 요요회 산행 때나 별세한 동지들의 장례식장에서 근조기로 쓰이는 등 동아투위의 크고 작은 행사에 주로 사용되었고, 2011년 이후에는 언론단체의 합동산행에도 자주 얼굴을 내보였다.

고 신영복. 경남 의령에서 태어난 그는 서울대에서 경제학 학사·석사 학위를 취득한 우리나라 진보학계를 대표해온 경제학자이자 문학가였다. 젊은 시절 통일혁명당 사건으로 20년간 징역살이를 했으며 수감 생활 당시 가족에게 보낸 편지를 책으로 엮어낸 『감옥으로부터의 사색』으로 문명을 날렸다.

1988년 8·15 특별 가석방으로 출소한 이후 성공회대 강사, 사회과학부 교수, 대학원장 등을 거친 다음 2006년 정년퇴임을 했다. 『감옥으로부터의 사색』은 물론『더불어 숲』,『나무야 나무야』,『변방을 찾아서』,『느티 아래 강의실』,『담론 - 신영복의 마지막 강의』 등 많은 저서를 남겼다.

그는 일반인들에게는 신영복체(쇠귀체)로 불리는 서예가로도 널리 알려졌었는데 조정래의 대하소설 『한강』, 두산에서 나온 소주 '처음처럼', 교보문고 신용호 회장의 어록인 '사람은 책을 만들고, 책은 사람을 만든다', 문재인 전 대통령의 '사람이 먼저다'의 글씨도 그가 쓴 것이다. '처음처럼'은 그의 작품이 술 이름에 쓰인 상업적인 사례인데 이 때문에 저작권료를 고집하지 않는 대신 사례비

신영복 선생이 쇠귀체로 쓴 '자유언론실천' 글씨.
평소 가까이 지내던 김태진 동아투위 위원 부탁을 받아
이 글씨를 썼다.

로 받은 1억 원을 성공회대에 장학금으로 기부한 것으로 알려졌다. 그의 글씨 때문에 일부 보수 우익진영 사람들은 이 소주 마시는 것을 금기시하기도 했다.

그의 사후 다소의 논란도 뒤따랐다. 보수정권이 들어서면서 그의 사상적 편력을 문제 삼아 국가정보원의 원훈석(院訓石)에 쓰인 글씨를 폐기하고 애초에 썼던 '음지에서 일하고, 양지를 지향한다'로 되돌려지기도 했다. 이는 작금에 논란이 되고 있는 육사 교정에 세워진 홍범도 장군의 동상을 둘러싼 시비와도 일맥상통하는 짓

거리다.

동지는 간 곳 없고 깃발만 나부껴…. 동아투위 위원들의 나이가 다들 팔순을 넘겼고 세상을 뜬 이들도 점점 늘어나고 있다. 비바람 몰아치던 지난 5월 15일(2024) 부처님 오신 날에는 나와 동아일보 12기 입사 동기 국홍주(鞠興柱) 씨가 갔다. 박학다식하고 여러 외국어에 능통해 동료 기자들 사이에서 천재라고 불렸던 그가 41번째로 세상을 떴다. 30년이 넘도록 투병했지만 끝내 말 한마디 못하고…

이제 누가 살아남아서 자유언론의 깃발을 들 것인가.

'언관'의 무게를 느껴야

—동아일보, 리비아, 문화일보

　동아투위 결성의 원인을 제공한 두 주역 중 하나인 박정희는 심복의 총탄에 맞아 오래전 사망했지만 또 다른 주역인 동아일보는 삼류 신문으로 턱걸이를 하며 오늘도 구차한 명줄을 이어가고 있다. 50년의 시간이 흘렀건만 단 한 번도 과오를 인정하거나 사과도 하지 않았다. 참으로 몰염치한 언론의 표본으로 역사에 기록될 것이라고 단언한다.

1967년, 동아일보에 모인 팔도 홍길동

　나의 유소년 시절은 순탄하지 않았다. 젖먹이 시절 친모를 여의

고 새 어머니 슬하에서 자라다가 중3 때 아버지마저 돌아가셨기 때문이다. 새 어머니는 이복동생들과 함께 분가하고 나는 인천에 살던 열 살 위의 형에게 맡겨졌다. 인천에서 서울로 통학하던 열차는 나의 놀이터고 공부방이었다.

고3이 되던 해 한 살 터울의 사촌 형이 학폭에 연루돼 등교하지 못하고 집에서 입시 공부를 하게 됐는데 친척들 사이에 공부 좀 한다고 소문난 나를 합방시키면 도움이 되겠다고 판단한 큰어머니 덕에 안국동으로 이주하게 됐다. 이듬해 나는 학비가 저렴하다는 이유로 서울사대 영어교육과에 지원해 합격했고 같이 공부하던 사촌 형도 서울대 음대에 진학했다. 형의 입시 성공에 다소 공이 있으니 얼마간은 같이 지낼 수 있을 것으로 기대했으나 눈치가 보여 도저히 견딜 수 없었다.

다행스럽게도 당시에는 입주 가정교사 제도가 있었다. 이때 동아일보와의 첫 인연이 맺어졌다. 처음엔 광고비가 상대적으로 싼 한국일보와 조선일보에 구직 광고를 냈는데 허탕이었다. 할 수 없이 가장 비싼 동아일보에 '서울사대 재 경험 다 입시지도 자신' 식의 1단 2줄 광고를 냈는데 문의 전화가 줄을 이었다. 동아일보 광고로 숙식과 학비를 일거에 해결할 수 있었다. 물론 입주 가정교사라는 것이 만능의 동아줄은 아니었다. 공부에 별로 생각이 없는 아이를 가르치는 게 쉽지도 않거니와 학생의 성적이 오르지 않으면 해고당하기 일쑤였다. 대학 생활의 풋풋한 낭만도 잊은 채 허덕이던 시절 새로운 기회가 왔다.

대학신문에 학생기자 모집 광고를 보게 됐다. 취재해 본 결과 월급을 주는데 하숙비보다 훨씬 많다는 것이었다. 학생기자는 11개 단과대학별로 1명씩인데 여학생이 많은 문리대와 사범대학은 여기자가 1명씩 추가돼 총 13명이었다. 편집국장은 문리대 민석홍 교수였다. 학생기자 생활을 하며 향후 진로를 언론인으로 정한 나는 도서관에서 매일 신문을 열독하는 등 나름 기자 시험을 염두에 두고 대학 후반전을 보냈다.

졸업을 앞둔 1967년 10월 동아일보에 수습기자 모집공고를 보고 군 미필자는 뽑지 않는다는 불문율을 알면서도 경험 삼아 응시했다. 시험은 이틀에 걸쳐 실시됐는데 첫날 필기 시험장인 중앙고등학교는 교정이 꽉 찰 정도로 응시생이 많았다. 받아쓰기 시험도 있었는데 가능한 한자를 많이 써냈다. 프레스센터에서 실기시험은 실제로 기자회견을 앞에서 연출하고 스트레이트와 박스기사를 쓰라는 것이었다.

군 미필자이기 때문에 별 기대를 안 했는데 의외로 김종철 남기재와 함께 ROTC생 3명이 합격했다. 동아일보 10기생의 면모는 화려했다. 어느 분의 표현대로 팔도에서 모인 홍길동들 같았다. 후일의 이야기지만 동아일보 10기생 중 5명의 중앙 일간지 발행인을 배출한 것은 우연히 아니라고 생각한다.

1975년 3월 동아일보에서 쫓겨날 무렵, 편집국에서 양한수 기자(사진 오른쪽)가
침통한 표정으로 고개를 숙이고 있다. 양한수 기자 옆은 김명걸 기자

권도홍 천관우… 동아일보의 전성기를 회상하다

　1970년 군 제대 후 동아일보 여성동아부에 복직했다. 한시라도 빨리 취재 일선에서 '사회의 목탁'이 되고 싶었던 나는 그해 중앙일보 수습기자 시험에 응시해 합격했다. 면접을 앞두고 먼저 중앙일보에 들어간 고교 동창생에게 전화로 자문을 구했다. 그의 대답은 확고했다. "야야, 동아일보는 최고의 신문이야! 좀 참고 기다려. 동아일보에서 수위를 할망정 중앙에는 오지 마"라고 응답했다. 나는 면접을 포기했다.

　여성동아부엔 동기생 최학래 정동익과 황의방 임채정 유영숙 등 뛰어난 기자들이 즐비했다. 특히 권도홍 부장은 편집 4대천왕의 일원으로 불리며 어떠한 안팎의 압력에도 굴하는 법이 없는 편집자로 명성이 자자했다. 그런 데스크를 모시고 수습을 한다는 것은 행운이었다. 동아일보가 권력의 횡포에 무릎을 꿇고 113명의 금쪽같은 기자 피디 아나운서를 자르는 만행을 저질렀지만 이 시기의 동아일보는 좀 달랐다.

　석간인 동아일보는 점심 시간만 되면 데스크 주도하에 넉넉하게 한 잔씩 걸치곤 했다. 어느 날 권도홍 부장은 거나하게 취해 오수를 즐기고 있었는데 한 구부정한 늙은이가 문을 열고 들어오더니 부장석 앞에 놓인 의자에 앉았다. 무언가 청탁할 게 있어 보였다. 그 사람은 바로 김상만 사장이었는데 기자들 아무도 부장을 깨우지 않았다. 한참 기다리던 김 사장은 권 부장이 기침할 기미가 없자 슬그머니 일어났다. 얼마 후 부장석 전화벨이 울리고 권 부장은 사장실로 향했다. 우린 모두 혼쭐이 날 거라 생각했지만 결과는 의외였다.

당시 여성동아 표지는 유명 화가들이 그린 반 추상 여성 초상화였는데 타지와의 차별화는 물론 화가들의 창작 의욕 고취와 경제적 지원에도 도움이 되었던 것이다. 김 사장이 동아일보 주최 국악 경연 대회 수상자를 표지모델로 천거했는데 권 부장은 '노'라고 답했다는 것이다. 우린 모두 권 부장의 무용담에 박수로 화답했다. 권 부장은 동아투위 사태가 발생하자 데스크로서는 이례적으로 뒤도 돌아보지 않고 사표를 던졌다. 기자로서의 자존심과 의기가 하늘을 찌르는 선배였다.

후석 천관우 선생은 동아일보 전성기를 이끈 편집국장, 주필이었다. 일찍이 소년 시절부터 천재로 불렸으며 서울대 사학과 졸업 논문인 '반계 유형원 연구'는 실학 연구의 새 지평을 연 것으로 평가된다. 군계일학의 사학자로서의 길이 탄탄한데 굳이 언론인의 길을 걸은 것은 혼탁한 시국 탓이었는지도 모른다. 『언관 사관』이란 선생의 저서가 상징하듯 신문기자는 사실의 기록자로서의 사관적 가치관을 가져야 한다고 생각했던 것이다.

천 선생은 신동아 '차관' 필화 사건으로 동아일보를 떠났다가 다음 해 상근이사로 복귀했는데 편집에 관여하지 않고 사사(社史)를

고 천관우 선생과 고 권도홍 동아일보 편집부장

담당했다. 이 시기 거구에 한복을 입고 두툼한 책보를 들고 출근하는 후석의 풍모는 그 자체로 든든한 버팀목이었다. 후석의 사무실은 출판국과 편집국을 잇는 구름다리 끝에 있어 오다가다 자주 뵙게 되었다. 한번은 점심시간이었는데 같이 식사를 가자고 해서 현재의 교보빌딩 근처에 있는 복어국집에 갔는데 예의 소주 세 병 반주에 장단을 맞추다 녹아떨어졌다. 짜장면이나 해장국이 주 메뉴였던 시절이라 천 선생의 점심 초청은 호강 그 자체였다.

천 선생은 1971년 함석헌 선생 등과 함께 민주수호국민협의회 대표로 반 박정희 운동에 앞장서기 시작했으며 그해 말 동아일보를 영원히 떠나게 된다. 천 선생이 동아일보를 떠나도 '죽은 시인의 사회'에서 학생들이 키팅 선생을 향해 "오, 캡틴, 나의 캡틴"을 외치듯 동아일보 젊은 기자들에겐 여전히 우상이었다.

1974년 말 천 선생은 민주회복국민회의 결성을 주도하고 유신헌법개정 청원운동을 벌였다. 이때 나는 천 선생의 지시로 여러 사람의 개헌 청원 서명을 받아 전달했다. 이 일로 악명 높은 남산 중앙정보부에 연행돼 조사를 받게 되었다. 수사관들은 공갈과 협박으로 공포를 조장하며 천 선생과의 관계를 추궁했다. '악법은 철폐돼야 한다는 게 내 평소 소신'이라며 버티던 새벽, 수사관이 뭔가를 들고 와 디밀었다. "짜샤, 니 두목이 다 불었으니 너도 빨리 쓰고 나가." 천 선생 글씨를 잘 알고 있던 나는 그게 페이크가 아니라는 걸 금방 알 수 있었다.

해직기자, 리비아의 산업 역군이 되다

1974년은 금기시되던 언론노조를 탄생시킨 의미 있는 해였다. 고준환 기자를 피디로 전보한 인사에 대한 반발로 시작된 우연처럼 보였으나 실상 그동안 여러 차례의 자유언론수호 운동을 강화하기 위한 필연의 단결투쟁으로 봐야 한다. 중앙정보부원이 신문사의 심장이라고 할 수 있는 편집국에 떡하니 자리 잡고 있는 상황이었으니 노조라는 합법적 기구를 통해 단결을 담보하는 것이 얼마나 효과적이었는지 우리 스스로도 놀랄 지경이었다.

조학래(지부장) 정영일(사무국장) 성유보(조직부장) 이부영(섭외부장) 등 노조 간부는 모두 향후 전개될 자유언론실천 운동의 핵심이었다. 나는 총무부장을 맡아 노조의 마당쇠 역할을 했다. 동아일보는 전가의 보도인 해임의 칼을 빼들었다. 노조 간부 11명과 진작 미운털이 박힌 박지동 선배와 심재택을 포함해 총 13명을 즉각 해임했다. 그러나 우습게도 회사 측은 한 달여 만에 기자들에 대한 노조 관련 징계를 '사면'한다며 후퇴했다. 이는 유신의 동토에서도 기자들이 단결만 한다면 어떤 권력과도 합법적으로 싸울 수 있다는 중대한 의미를 함축한 사건이었다. 우리의 노조 결성 경험을 한국일보 등 타 언론사에도 전수할 수 있었던 것은 큰 보람이었다.

노조의 성공 경험은 10·24 자유언론실천선언을 이전의 언론자유수호선언과 질이 다른 실천운동으로 격상시켰다고 평가한다. 왜냐하면 선언에 그치는 것이 아니라 제작 거부 등 기자들의 단결된 물리적 힘으로 맞서 유신 이후 신문지면에서 자취를 감췄던 학생운동과 종교계의 인권회복 기도회를 지면에 반영할 수 있는 동력을 확보했기 때문이다. 그야말로 실천에 무게가 실렸다. 동아일보가 한 발짝 나아가면 다른 신문들도 한 발짝 따라왔다.

박정희와 중앙정보부는 유신 이후 언론을 마음대로 주물러왔으나 10·24 이후 이게 마음대로 안 되자 꺼낸 카드가 바로 광고 탄압이었다. 동아일보 지면에서 광고가 사라지는 기괴한 현상이 벌어지자 시민들은 이것이 바로 박정희 정부의 언론탄압이라는 것을 즉각 알아차렸다. 동아일보의 백지광고 사태에 분노한 시민들은 격려광고로 응수했다. 이 기막힌 파쇼권력과 시민운동의 팽팽한 대립은 몇 달간 지속됐고 워싱턴포스트 등 세계 언론의 주목을 받았다. 무소불위의 유신권력도 통제할 수 없었던 자유언론의 불꽃은 김상만 사장의 배신으로 막을 내렸다.

1975년 3월 거리의 언론인이 된 우리는 즉각 동아자유언론수호투쟁위원회를 구성하고 맨몸 투쟁에 나섰다. 성유보와 나는 유인물 제작 담당이었다. 우리가 진짜 동아일보라며 이른바 가리방 유인물을 제작해 시민들에게 박정희와 김상만의 야합을 규탄했다.

이 시절 나는 불과 만 29세에 불과했으나 이미 여덟 식구의 가장이었다. 첫 딸을 낳은 2년 후 쌍둥이 아들을 얻었고 세 젖먹이의 육아를 위해 가정부와 함께 장인 장모도 같이 와 있었다. 동아일보에서 두 번째로 해임되고 수입이 끊어지자 아이들의 우유 값마저 위협받는 상황이었다. 그해 말 이계익 선배가 홍국통상이란 무역회사에 취직시켜줘 우유 값 걱정은 면할 수 있었다. 이 회사엔 재벌이자 민주화운동의 숨은 공로자 채현국 회장과 당대의 협객 박윤배 씨가 이사로 있었다. 일 년여 지나 동기생 고준환의 주선으로 좀 더 안온한 직장인 호남정유(현 GS칼텍스)에서 사사(社史)를 쓰게 됐다.

월급도 넉넉하고 근무환경도 좋았으나 마음이 편하지 않았다. 특히 땡전뉴스를 보는 것은 곤혹스러웠다. 문득 해외로 떠나고 싶다는 생각이 간절했다. 땡전뉴스를 보지 않을 수만 있으면 하는 생각이 뇌리에서 떠나질 않았다. 안 보면 될 거 아니냐고 했는데 그게 말처럼 되지 않았다.

그러다 우연히 대우의 해외 근무 사원 모집 광고를 보게 됐다. 대우가 리비아에서 10억 달러 상당의 대형 프로젝트를 수주해 현장에 근무할 경력사원을 뽑는다는 것이었다. 대우에 입사해 바로 리비아행 비행기를 탔다. 땡전뉴스를 보지 않는 것은 다행이었으나 가족과 동아투위 동지들, 그리고 죽마고우들과 멀리 떨어져 지내는 것이 즐겁지만은 않았다. 다행히 직속 상사인 현장 소장이 신문사 근무하다 들어온 관리과장이 신기했는지 해외 현장의 특성을 친절하게 설명해 주고 특별히 챙겨줘 잘 적응할 수 있었다. 그분과는 40년이 지난 지금까지도 왕래가 있을 정도로 정이 많이 들었다.

11년 가까운 대우 근무 기간 동안 7년을 해외에 근무해 본의 아니게 땀 흘리는 산업 역군이 되었다. 해외 건설 현장에서 근무하는 직원들은 6개월에 한 번씩 국내 휴가를 다녀올 수 있었다. 그러나 기능공으로 불렸던 우리 노동자들은 휴가 제도가 없었다. 몇 년씩 연속 근무하는 사람들이 많았는데 다 돈 많이 벌어 가족들에게 안락한 생활을 제공하고 싶은 열망 때문이었다. 어쩌다 계약 기간 도중에 중도 귀국을 신청하는 사람들이 있었는데 대부분 부인의 일

동아일보에서 강제 해직된 양한수 동아투위 위원은 1980년대 대우가 리비아에서
대형 프로젝트 공사를 할 때 7년 동안 리비아에서 일했다.

탈 때문이었다. 이들과 상담하는 것도 내 임무 중 하나였는데 상담하다 말고 같이 부여잡고 운 적도 있었다. 해외 건설 붐의 이면에는 이런 아픔도 있었다.

해외 근무 기간 동안 언론 지형도 많이 바뀌어 한겨레신문이 창간됐다. 귀국해 양평동 한겨레 사옥을 방문, 성유보 편집위원장을 만나봤으나 이미 자리가 꽉 차서 내가 비집고 들어갈 틈은 없어 보였다. 장윤환 선배 등 한겨레에 자리 잡은 동아투위 동지들이 한겨레 근처에 있는 주막에서 막걸리 한잔 사줘 잘 먹고 돌아온 기억이 아직도 생생하다.

"현역 언론인들이여, 언관의 무게를 느껴라"

1991년 말 문화일보가 창간되면서 나에게도 기회가 왔다. 권도홍 부장이 이규행 발행인한테 추천해 16년 만에 언론계에 복귀할 수 있었다. 대우에서 내 마지막 직책은 대우통신 홍보실장이었는데 갑자기 사표를 내자 경악과 분노의 표정을 짓던 사장의 모습이 눈에 선하다. 미안한 마음이 그지없었으나 신문사로 돌아가고 싶은 마음을 어찌하랴.

문화일보 논설위원실에는 우승용 선배, 박순철, 이종욱 등이 있었고 편집국에 국홍주와 내가 근무하게 됐다. 이규행 발행인도 동아일보 출신으로 동아일보가 좋은 기자들을 무 베듯 잘라낸 데 대한 안타까움이 있었으리라 짐작된다. 이미 한국경제 사장으로 언론사 경영에 탁월한 능력을 입증한 이규행 사장은 동아투위 위원들이 긴 언론계 공백에도 불구하고 중견 언론인으로서의 능력을 발휘할 수 있으리라는 혜안을 갖고 있었다. 특히 경제부 데스크를 맡고 있던 국홍주에 대한 애정이 각별했다. 누군들 국홍주의 천재성이 번득이는 글을 좋아하지 않으랴.

1967년 11월에 입사한 동아일보 공채 10기들이 2017년 11월 입사 50주년 기념 모임을 갖고 광화문 동아일보사 앞에서 기념 사진을 찍었다(사진 왼쪽부터 김종철 권근술 오봉환 정동익 이종욱 박종만 이종대 최학래 양한수 윤석봉).

문화일보는 특히 품격 높은 칼럼과 논설로 '낙양의 지가'를 올렸으나 정주영 씨가 정치적 목적을 가지고 출발한 태생적 한계와 현대그룹과의 특수 관계라는 약점을 갖고 있었다. 언론이 재벌에 종속되면 알게 모르게 제약이 오게 마련이다. 그래서 더욱 동아일보의 독자들에 대한 배신이 안타깝다. 광고탄압 사태 때 격려광고로 보여준 우리 국민들의 열화 같은 지지와 성원은 세계 어디에도 없는 창조적 저항운동이었다. 나는 개인적으로 후일 촛불운동에서 이런 감동을 맛볼 수 있었다고 고백한다. 유신시대에는 이런 국민적 지지를 받는 언론이 있었고 지금은 없다는 것이 불가사의하다.

최근의 우리 언론 상황은 가슴이 무너질 만큼 개탄스럽다. 얼마 전 '국경 없는 기자회'는 한국의 언론자유지수가 전년 47위에서 62위로 15계단 추락했다고 발표해 이를 증명하고 있다. 기레기라는 말은 얼굴이 뜨거워질 만큼 모욕적이다. 동아투위와 조선투위가 주축이 돼 창간한 한겨레신문마저 때로는 조중동 수구언론과 크게 다르지 않은 보도 행태를 보일 때 의아하기 짝이 없다.

현재 자유언론을 억누르는 윤석열 정권의 무도한 압력이 유신독재의 폭압보다 엄혹하다고는 보지 않는다. 물론 법치를 가장한 언론 탄압이 교묘하고 간특하긴 하다. 이런 시기에 현역 언론인들이 가슴에 새겨야할 것은 10·24 자유언론실천선언의 한 문장이다. "본질적으로 자유언론은 바로 우리 언론종사자들 자신의 실천과 제일 뿐 당국에서 허용 받거나 국민 대중이 찾아다 쥐여 주는 것이 아니다."

물론 어려운 환경에서 분투하는 다양한 매체의 현역 언론인들에게 존경과 격려의 박수를 보내고 싶다. 그래도 현역 언론인들에게 천관우 선생이 언급한 '언관'의 무게를 느껴보라고 감히 권고해 본다.

"언론이 바로 서야
나라가 바로 선다"

정동익 동아투위 위원

우리 동아투위는 1975년 동아일보사에서 강제 축출된 이래 줄곧 재야 민주인사들과 호흡을 함께 해왔다. 투위 위원들은 언론인으로서 평소 각계 인사와 폭넓은 관계를 맺고 있었기 때문에 자연히 재야 민주세력들을 이어주는 연결고리 역할을 했다.

재야 인사들의 '사랑방'이었던 동아투위 집회

1970년대와 1980년대 중반까지 독재정권의 탄압이 심해 재야 인사들의 공개적인 집회는 거의 없을 때였다. 그런 암흑의 시절 동아투위 모임이 유일한 민주인사들의 공개적인 집회였다. 긴급조치가 발동된 유신체제 아래서도 동아투위 행사는 거르지 않고 지속됐다. 재야 민주인사들은 우리 투위 모임에서 만나 서로의 안부를 묻고 동지적인 결속을 다짐하곤 했다. 동아투위는 매년 10·24 자유언론실천선언 기념식과 송년회, 3월 17일 투위 결성식을 함께 모여 기념하였다.

그때마다 문익환 계훈제 박형규 이해동 백기완 등 재야인사, 이돈명 한승헌 황인철 홍성우 조준희 등 민주 변호사들, 성래운 리영희 김병걸 이우정 변형윤 등 해직교수들, 고은 남정현 이호철 신경림 등 문인들, 조선투위 동지들, 김한림 여사 등 구속 학생 학부모들, 나병식 김병곤 등 제적 학생들이 장내를 가득 메웠다. 이른바 반체제 인사들 3백 명이 넘게 한자리에 모이니 공안 기관원들이 신경을 곤두세웠다.

동아투위는 모임 때마다 성명서를 발표하고 자유언론 실천과 민주 회복을 주창하였다. 모임의 전반부는 권력에 무릎 꿇은 제도언론을 비판하는 성토장이 됐고 후반부는 모두의 억눌린 마음을 달래주는 여흥과 화합의 자리로 이어졌다. 모임 때마다 사회는 내가 도맡아 보았다. 그래서 서울대에서 사회학을 전공하고 사회를 잘 본다고 '정동익은 사회주의자'란 별명을 얻기도 했다.

1985년 민주화운동의 구심체 역할을 한 민주통일민중운동연합이 결성될 때에도 재야 민주인사들의 사랑방 역할을 하던 동아투

정동익 동아투위 위원이 메가폰을 들고 시위를 이끌고 있다.

위 모임이 한몫을 하였다. 그 덕에 나는 민주통일민중운동연합 초대 감사, 서울 민통련 부의장 감투를 쓰고 재야인사의 길을 걷게 됐다.

1982년 서울 명동성당 문화관에서 가진 10·24 자유언론실천선언 기념식이 끝나고 뒤풀이 장소에서 전주고 후배라면서 권형택 윤석인 등 제적 학생들 몇이 인사를 청해왔다. 우리는 시국에 대해 얘기를 나누며 고향 전북의 민주인사들에 대한 지원과 관심이 조직적으로 이루어져야 한다는 데 뜻을 모았다. 지역을 기반으로 한 모임은 당국에서도 함부로 다루지 못할 것이라는 기대 아래 우리는 회원 규합에 나서기 시작하였다.

다음 해 5월 12일, 서울 혜화동에 있는 중국집 진아춘에서 한승헌 고은 시인 등 80여 명의 회원들이 모여 전북민주동우회 창립대회를 열고 초대회장에 정동익, 총무에 소병훈을 선임하였다. 창립 이후 매달 첫째 수요일에 월례모임을 갖기로 하였는데 40년이 넘도록 이어 오고 있다. 전민동 회원들은 6월 민주항쟁에서 최근의 촛불투쟁에 이르기까지 창립 때 초심을 잃지 않고 꾸준히 민주화운동에 참여해 오고 있다.

정보기관과의 악연, 내 발로 서장실에 찾아가다

나는 동아 해직 후 2년 가까이 놀다가 대한간호협회에서 창간하는 간협신보에 서권석 선배와 함께 입사하게 됐다. 그런데 중앙정보부에서 가만히 있질 않았다. 협회장에게 바로 해고하라고 압력이 들어왔다. 이에 분노한 나는 만나는 사람마다 붙들고 떠들어 댔다. "내가 단지 먹고살기 위해서 들어간 직장인데 그것도 못하게 한다면 광화문서 분신이라도 해야겠다." 얼마 후 중정 직원이 회사로 찾아왔다. 중간에 오해가 생겨서 그런 모양인데 없던 일로 하자고….

간협신보에서 5년 간 편하게 직장 생활을 했지만 진로에 답답함을 느끼기 시작했다. 그래서 언론을 대신할 수 있는 출판 쪽에서 활로를 찾기로 하였다. 김승균 씨의 일월서각 출판사 사무실에 책상 하나를 빌려 〈도서출판 아침〉을 차렸다. 첫 번째 낸 책이 송건호 임채정 김태홍 등 해직 언론인 10명이 쓴『민중과 자유언론』이었다. 언론통제 실상과 언론운동이 나아갈 방향 등을 제시한 최초의 언론운동 지침서였다. 이 책에서 전국의 해직 언론인 명단이 처음으로 공개됐다.

출판사를 시작한 지 1년도 안 됐는데 깜짝 놀랄만한 원고가 입수됐다. 전 중앙정보부장 김형욱이 목숨과 맞바꾼 문제의 회고록이 내 손에 들어온 것이다. 며칠 후 국가안전기획부(1981년 중앙정보부에서 개편) 6국에 근무하던 고교 동창이 난데없이 사무실로 찾아왔다. 정동익이 김형욱 회고록을 입수했는데 동창생인 자기 손에서 조용히 소리 안 나게 처리하라고 해서 왔다는 것이다. 나는 문제가 되면 법정투쟁을 하겠다고 말했다. 그러자 그 친구는 "우리 회사와 부딪쳐 좋을 거 없다. 제발 부딪치지 마라"라고 경고하고 갔다.

중앙정보부에서 출판사 전화를 도청할 게 분명한데 과연 출판이 가능할 것인지 고심하지 않을 수 없었다. 인쇄소 제본소 지업사 등 출판 관련 업소들이 많은데 한 군데만 회고록 관련 전화가 와도 들통 나는 거 아닌가. 나는 고민 끝에 친구에게 500만 원을 빌려 관련 업소들에 선금을 주며 회고록에 관한 이야기는 전화하지 말고 직접 만나 처리하기로 약속했다.

가슴을 졸이는 가운데 드디어 책이 완성됐다. 추석 이틀 전 전국 서점에 수천 부를 쫙 뿌리고 나는 줄행랑을 쳤다. 중정에서 경고까지 했는데도 책이 나왔으니, 괘씸죄까지 붙어 즉시 체포 전담반이 편성되고 현상수배령이 떨어졌다. 현상금이 20만 원이라 했다.

한번은 김장수란 친구 사무실에 숨어 있는데 경찰들이 덮쳐왔다. 마침 밖에 나갔다가 그날따라 기분이 묘해 바로 들어가지 않고 멀리서 지켜보니 검은 경찰차가 대기하고 있었다. 그 친구는 그날 잡혀가 엄청 두들겨 맞고 풀려났다.

1986년 봄이 되자 헌법 개정운동으로 정국이 요동쳤다. 공안당국은 시국에 대처하느라 김형욱 회고록 같은 건 안중에 없는 것 같았다. 나는 관할 마포서장에게 자수하겠노라고 직접 통고하고 내

정동익 동아투위 위원은 1988년 6월 민주언론운동협의회(언협) 2대 회장을 맡았다. 그는 "폐허에 깃발 하나 들고 선 기분이었다"고 했다.

발로 서장실로 찾아갔다. 그 시국에 김형욱 회고록이 사회 문제화되는 것을 꺼린 듯 즉결심판에 넘겨져 구류 열흘을 선고받고 유치장에 수감돼 있는데 나병식 등 운동권 출판사 사장 대여섯 명이 면회를 왔다. 모두 내가 나오기를 기다리고 있다는 것이다.

한국출판문화운동협의회 초대 회장으로

그 당시 전두환 정부는 출판 탄압을 한층 강화하고 있었다. 서울

시내 대학가 부근 서점 14곳을 압수수색, 도서 51종 1,200여 부를 압수하고 서점 주인 6명은 국가보안법 위반 혐의로 구류형을 선고하였다. 〈풀빛〉, 〈일월서각〉, 〈거름〉 등 많은 출판사가 압수수색을 당하고 출판인들 연행이 줄을 이었다. 이러한 출판 탄압에 대처할 투쟁조직 결성을 논의하면서 나를 면회 온 것이었다. 나는 출감하자마자 출판운동 조직 건설에 참여했다.

마침내 1986년 6월 21일 서울 광화문 한글학회 회관에서 한국출판문화운동협의회가 출범했다. 나와 〈석탑〉 출판사 최영희 대표가 공동회장으로 선출되고 사무국장으로 거름출판사 유대기 씨가 선임됐다. 한출협은 출판사에 압수수색이 들어오고 출판인이 연행될 때마다 항의 집회를 갖고 공동 대응에 나섰다.

1980년대 권력에 통제된 언론이 제 역할을 수행하지 못할 때 출판은 언론을 대신해 권력을 비판하고 비리를 들춰내며 학생 노동 농민운동에 필요한 이론적 자양분을 제공하였다. 그리고 해직교수, 제적 학생들에게 일시적 일자리와 활동자금을 제공하는 역할도 하고 있었다.

출판운동 과정에서 구속 기소된 출판인 수는 약 100여 명, 판금 서적 300만 권에 달한다. 단일 부문 운동 중 그 피해 정도가 가장 심했다. 나도 출판과 관련 두 번 구속돼 옥인동 대공분실과 홍제동 대공분실을 거쳐 서대문 구치소와 의왕 구치소 신세를 진 일이 있다. 1987년 6월 항쟁 때는 내가 출판 분야를 대표해서 민주쟁취국민운동본부 공동대표로 참여하였다.

1988년 5월 한겨레신문이 창간될 때 민주언론운동협의회 주력들은 모두 한겨레신문 창간 멤버로 떠나고 〈말〉지 실무자들만 일부 남아 언협을 지키고 있었다. 그 당시 언협은 말지 발간 업무가 본업이었고 지금의 시민언론운동이라는 개념은 아직 없을 때였다.

그해 6월께 한겨레에 가 있던 신홍범 씨로부터 언협 결정 사항이라며 언협을 맡아달라는 통고를 받았다. 나는 졸지에 송건호 선생님 뒤를 이어 언협 2대 의장을 맡게 됐다. 물론 취임식도 없었다. 폐허에 깃발 하나 들고 선 기분이었다. 우선 최장학 황헌식 노향기 정상모 심재택 조양진 씨와 실행위원회를 다시 꾸리고 공개채용 시험을 통해 〈말〉지 기자들을 보강하였다. 〈말〉지를 내 이름으로 출판 등록하여 서점에서 공개적으로 판매토록 했다. 말지는 5만 부를 인쇄하는 매체로 성장해 재정적으로도 여유가 생겼다.

대학신문 기자 출신들을 간사로 영입하면서 언협은 새로운 전기를 맞이하였다. 1991년 시민들에게 언론의 중요성을 교육할 언론학교를 개강한 것이다. 송건호 리영희 이상희 김중배 손석희 선생 등 막강한 강사진들이 흔쾌히 강의를 맡아주었다. 제도 언론의 왜곡 편파 보도에 분노한 시민 학생들이 언론학교를 매번 가득 메웠다. 나는 언론학교 교장으로서 수강생들에게 "언론이 바로 서야 나라가 바로 선다. 언론의 주인인 국민이 나서서 언론을 바로 세워야 한다"라고 역설하였다. 저녁 강의가 끝나면 꼭 뒤풀이를 하였는

정동익 동아투위 위원이 1997년 4월 22일 열린 제4회 언론학교 입학식에서 인사말을 하고 있다. 1988년 민주언론운동협의회(언협) 2대 회장을 맡은 그는 1991년 언론학교를 처음으로 열었다.

데 우리 간사들이 각 분반에 들어가 소주잔을 나누며 언협 회원 가입을 독려하였다.

나는 전국의 대학과 도시들에서 시국강연을 하며 국민 언론운동의 중요성과 언론운동 조직의 필요성을 역설하고 다녔다. 대학생들 앞에서 강연할 때는 왜 불쌍한 전경들에게 돌멩이를 던지느냐, 독재 정권을 떠받치고 있는 조선일보에 돌을 던지라고 힘주어 말하기도 하였다.

1993년 3월 5일 언협 제7차 총회에서 나는 언협이 해직언론인 단체에서 일반 시민들과 함께 하는 국민 언론운동 시대로 접어들었음을 선포하였다. 언협 최고 의결기구인 중앙위원회를 해직언론인과 〈말〉지 전현직 상근자, 시민 등으로 구성키로 결정한 것이다. 이 결정이 있었기에 오늘날 민주언론시민연합이 회비 내는 회원만 5,000명이 넘는 명실상부한 시민언론운동의 본산으로 자리 잡을 수 있게 된 것이다. 내가 팔십 평생을 살면서 이때처럼 열심히 뛰었던 적이 없는 것 같다.

'억강부약'을 남긴 아버지, 묵묵히 한 길을 걷다

나는 민통련에 참여한 이래 전민련, 전국연합, 그리고 지금의 한국진보연대에 이르기까지 한 번도 재야단체를 떠난 적이 없다. 크게 운동에 기여한 건 없지만 우리 민족의 숙원인 민주화와 통일을 위해 머릿수 하나라도 보태자는 심정으로 묵묵히 한길을 걷고 있다.

내가 지금까지 변절하지 않고 버틸 수 있었던 것은 나의 처 천양선 씨 덕이 크다. 어려운 고비를 많이 넘겼지만 한 번도 나의 기를 꺾은 적이 없다. 정말 고맙다. 그리고 매번 장학금을 받아 대학 등록금 걱정을 하지 않게 해준 유현 유미에게도 고마운 마음 전하고 싶다.

말이 나온 김에 선친이신 정희남 씨 얘기를 하고 싶다. 나는 부자가 해직기자라는 진기록을 갖고 있다. 부친은 박정희 정권이 1972년 언론을 장악하기 위해 언론통폐합 조치를 강행할 때 전북일보에서 강제 해직을 당하셨다. 부친께서는 강직한 분으로 소문난 전북 언론계의 최고 원로셨다. 언론인은 항상 약자의 편이 돼야 한다며 나에게 억강부약(抑强扶弱) 정신을 심어 주신 분이다. 자식이 언론인으로서는 성공하지 못했지만 구질구질하게 살지 않고 떳떳하게 살고 있는 모습을 보고 하늘에서 미소를 짓고 계시리라 믿는다.

'기묘한 축복의 날' 그 이후…

이종욱 동아투위 위원

    1975년 3월 17일은 '고달픈 삶'이 아니라 '축복된 삶'의 출발점이다. 그러니까 동아일보사 2층 공무국에서 농성 중이던 그때 회사 측에서 고용한 폭도들에 의해 거칠게 끌려 나온 그날은 반어적으로 표현하자면 '기묘한 축복의 날'이다. 무엇보다 이날이 없었더라면 나의 외동딸 '이가영'도 이 세상 빛을 보지 못했을 것이고, 해직 기자라는 사실이 결혼을 결심하게 된 결정적인 요인이라고 한참 지나서야 속내를 털어놓은 '이가영의 어머니 – 현일숙 여사'와의 인연도 맺어지지 못했을 것이다.

    세상살이는 오묘해서 역경과 고난이 행운과 복으로 변하기도 한다.

1975년 3월, 동아일보사에서 강제 해직되지 않았더라면 나는 아마 정년까지 한 곳에서 일했을 것이다. 그랬다면 해직된 뒤 동아자유언론수호투쟁위원회의 일원으로 살아가면서 한 신문, 두 월간지의 창간에 참여해 일간, 주간, 월간지뿐만 아니라 출판사에 이르기까지 활자 매체의 주요 영역을 두루 거치는 행운을 누리지는 못했을 것이다. 월간 〈마당〉과 〈한겨레신문〉으로 말미암은 행운은 각기 우리나라의 잡지사와 신문사에 남을 매체의 창간에 미력이나마 기여했다는 것이고, 복은 두 매체의 창간호에 매우 중요한 '사진 설명'을 쓴 것이다. 〈한겨레신문〉 창간호의 1면 중앙에는 그 당시로는 '과감한' 백두산 사진이 실렸으며, 문화부장이었던 나는 편집부 심채진 선배의 '지시'로 사진 설명을 쓰게 되었다.

한편 〈마당〉 창간호(1981. 9)의 표지 사진은 소설가 박경리 선생의 손이다. 마침 대하소설 『토지』 제4부를 연재하기로 한 터라, 글쓰기, 사진 찍기, 일하기 등 온갖 작업의 도구인 손의 노고를 기려 표지로 쓰기로 한 것이었다. "인간은 동물과 달리 손의 값어치를 일찍부터 깨닫고 있었다. 호모 파베르(Homo faber = 공작하는 인간)란 말도 그래서 나왔다. 그러나 손은 인간의 지혜가 발달함에 따라 인류의 역사에 가장 큰 몫을 담당해 왔으면서도 언제나 가장 쉽게 외면당해 왔다. 창간호의 표지로 '손'을 선보이는 까닭이 여기에 있다.

―'마당', 말하는 잡지에서 보여주는 잡지로(플랫폼, 2008. 1~2월)

그리고 당연히 1975년 3월 17일은 '동아투위'(동아자유언론수호투쟁위원회)의 시발점이다. 서울여대 이우정 교수, 이해동 목사, 영종도에서 오신 제임스 시노트(한국명 진필세 야고보, 2014년 선종) 신부를 비롯한 수많은 민주 인사들이 이 새벽의 폭거를 목격한 증인이다.

3월 17일, 전날이었는지 그 전날이었는지 어슴푸레하지만, 2층 공무국에서 제작거부 농성을 한다고 해서 참여하러 들렀다가 회사 측이 출입구를 봉쇄하는 바람에 꼼짝없이 갇히고 말았다. 당시에는 신문을 활판 인쇄로 제작하던 시절이었다. 우리들은 삼각대 모양의 목재 구조물에 쌓여 있는 조판용 납 활자를 보호하기 위해 신문지로 겹겹이 감쌌으며, 그 사이 통로에서 농성했다. 내가 있던 줄에는 이종덕 선배와 국홍주 위원이 있었고, 근처에 박종만 홍종민 위원이 있었다.

'기묘한 축복의 날' 그 후, 여러 매체를 거치며 누렸던 행운

해직 후 첫 직장은 중앙대학교에서 인수해 발행했던 〈주간시민〉이다. 수원대학교 총장도 지낸 이달순(李達淳) 발행인은 우리나라 최초의 여기자인 최은희 여사(1904~1984)의 맏아들이다. 이계익 선배가 〈주간시민〉에 입사한 것은 이달순 발행인과 양정고등학교 선후배 사이인 것이 계기가 되었을 것이다.

"중앙대에서 파견한 이달순 사장은 동아투위 이계익 위원을 편집부장(정확히는 '주간')으로 초빙하고, 이종덕 이기중 김언호 이종욱(신동아부 소속), 이영록 고 김성균 위원들로 편집 간부진을 구성했다. 개편 요청에 부담을 느낀 이계익 위원이 1976년 5월 사임하자, 이종욱(동아일보 편집국 소속) 위원이 편집부장을 맡아 잡지의 환골탈태를 이끌었다. 그는 박종만 이태호 유영숙 위원도 모으고 학생운동권 출신 오성숙(김세균 교수 부인) 이혜경(유인태 의원 부인) 김선숙 이상우 오세구 등도 채용했다.

〈주간시민〉은 '시민 시단'이라는 고정란을 만들어 매주 고은 신경림 정희성 박몽구 등 참여주의 작가들의 시를 싣고, '이달의 문제작'에는 기왕에 발표된 저항주의 작가들의 단편소설도 실었다. 예비군 훈련을 주제로 한 송기원의 단편 '집단'을 실었다가 국군 보안사의 수사를 받기도 했다. 그러자 서울시는 아예 잡지 구매를 끊어버렸다. 하지만 시사 정보에 굶주린 서울시민들 사이에 잡지의 인기가 높아져 발행부수가 3만 5000~4만부에 이른 덕분에 독자 운영이 가능했다."
― '주간 시민' 새 언론 위한 소중한 실험, 성유보(한겨레신문 2014.4.1)

시인들의 면면을 살펴보면 모두 '자유실천문인협의회'(현재의 '작가회의' 전신) 회원들이다. 이에 비추어볼 때 '시민 시단'은 내가 제안해 시작한 기획인 듯하고, 출판사(한길사)를 내기 위해 퇴사한 김언호 위원과 함께 동반 사직한 이후 시 청탁은 이종욱(李鍾旭) 선배(필자와 동명이인, 동아투위 위원)가 맡았던 듯하다. 이 선배가 이동순 시인에게 원고 청탁한 일을 두고 이 시인이 '동아일보 해직, 한겨레 창간 – 두 이종욱 기자와의 인연'이란 제목의 글로 남긴 것이 그 증거이다.

이 시인은 〈반시〉 동인 1집에 참여한 뒤 〈자유시〉 동인으로 활동했다. 나는 3집(1978년)부터 참여했다. 4집에는 아프리카 시인 5인의 시 18편을 번역 게재했다(이 작업의 확대판이 1983년 편역해 창작과비평사에서 출간된 『현대 아프리카 시선』이다). 이듬해 『창작과 비평』 1979년 가을호의 '특집 : 제3세계의 문학과 현실'에 '아프리카 문학의 사회적 기능'을 기고했다. 1988년 한국외국어대학교 대학원(아프리카지역연구학과)에서 석사과정을 이수한 것도 이러한 작업들의 연장선상에서 이루어진 것이다.

이듬해인 1977년 창작과비평사에 입사했다. 백낙청 발행인과 친분이 있던 황명걸 선배의 추천에 힘입었던 것 같다. 1978년 초, 발행인이 영남대 염무웅 교수(문학평론가)로 바뀌었고, 사무실도 종로구 수송동에서 서대문구 냉천동의 폐교로 옮겨졌다. 당시 편집부에는 나중에 대표를 지낸 정해렴 선생과 나, 둘뿐이었다. 지금의 창작과비평사 규모는 그때와 비교하면 그야말로 상전벽해(桑田碧海)라는 느낌이 든다.

1978년 7월에는 말콤 엑스의 자서전(The Autobiography of Malcolm X)을 『말콤 엑스』(1978)라는 제목으로 김종철 정연주 위원과

필자 이종욱의 저작들. 창작과비평사 홈페이지 갈무리

함께 번역 출간했다. 우리나라에서는 마틴 루터 킹에 비해 거의 알려지지 않았던 이 급진적인 흑인 민권운동가의 '혈서 같은' 저서를 우리말로 옮긴 것은 꽤 의미 있는 작업이었다. 원서는 1966년 그로브 출판사(Grove Press)에서 펴낸 것으로, 내가 소장하고 있는 책이다. 말콤 엑스의 구술을 받아 정리한 알렉스 헤일리는 『뿌리(Roots : The Saga of an American Family)』(1976)로 전 세계에서 인기 작가의 반열에 올랐다. 최초의 한국어판은 한진출판사 이문구 주간(소설가)의 부탁으로 1977년 '종각번역실'에서 번역해 펴낸 것이다.『말콤 엑스』번역 원고를 백 교수는 조판에 들어가기 전 원고 상태에서 꼼꼼히 교열을 보았다. 정해렴 선생에 따르면『말콤 엑스』는 당시 '창비'에서 펴낸 책 가운데 가장 잘 팔렸다고 한다.

'운명적'인 광주행, 5·18을 목격하다

1978년 12월 4일, 안종필 위원장, 홍종민 총무, 장윤환 안성열 박종만 김종철 정연주 위원이 긴급조치 9호 위반 혐의로 구속되었다. 뒤이어 이듬해 1월 15일에는 윤활식 위원장 직무대리와 이기중 총무대리, 성유보 위원이 구속되었다. 이른바 '10·24 민권일지 사건'이다. 총무대리(위원장대리 이병주)를 물려받은 나는 창작과비평사에서 사직할 수밖에 없었다. 한편으로는 섭섭하기도 하고 다른 한편으로는 걱정스럽기도 한 듯한 백낙청 발행인의 표정은 아직도 뇌리에 박혀 있다.

나는 1979년 1월 17일 자로 발행된 〈동아투위 소식〉부터 제작에 참여했다. 원고 내용을 '가리방'(등사판의 일본어)으로 긁은 뒤 등사기 위에서 둥그런 밀대로 밀어 인쇄했다. 사진식자로 모조지에 깔끔하게 인쇄한 투위 소식지는 충무로 인쇄 골목에 있었던 세진인쇄에서 제작했다. 사장 강은기 선생은 1970~80년대 한국 민주화운동 과정에서 쏟아져 나온 수많은 인쇄물 가운데 상당한 부분을 소화한 의인(義人)이며, 동아투위에도 크나큰 애정을 보였다. 이부영 선배와의 친분 때문만은 아니었다. 그는 1980년 '김재규 항소이유보충서'를 찍어낸 뒤 계엄법 위반으로 3년 형을 선고받았으며, 옥중에서 임채정 이해찬 장영달 등과 교분을 맺었다고 한다.

이때의 투위 사무실은 서울 당주동 수진빌딩 306호에 세 들어 있었다. 총무는 나였으나, 대외 업무는 이부영 선배가 도맡아 했으며, 이러한 일들로 구속되는 것도 이 선배 몫이었다. 이 무렵 오정환 이기중 선배가 자주 들렸고, 오 선배는 만일의 사태에 대비해 투위 사무실의 유인물과 집기 등을 안전한 곳으로 옮기기도 했다. 실제로 나중에 '그들'이 사무실에 들이닥쳐 나머지 물품들을 압수해 갔다.

1979년 7월 4일 워커힐호텔에서 '세계시인대회'가 열렸다. 나를 포함해 이문구 이시영 송기원 이진행 김영철 등 9명이 만찬회 석상에서 '세계 시인들에게 보내는 편지'를 배포하고 성명서를 낭독했다. 이어서 "한국의 시는 죽었다", "구속 문인 석방하라" 등의 구호를 외치며 시위를 벌였다. 우리는 성동경찰서로 연행되어 유치장에서 며칠 지낸 뒤 서울지법 성동지원에서 경범죄처벌법에 의거해 '구류 10일' 처분을 받았다. 이시영 시인은 이때의 경험을 '구류'라는 산문시로 남겼다.

신군부가 12·12 군사반란을 일으키자 대학생들은 이에 맞서 대

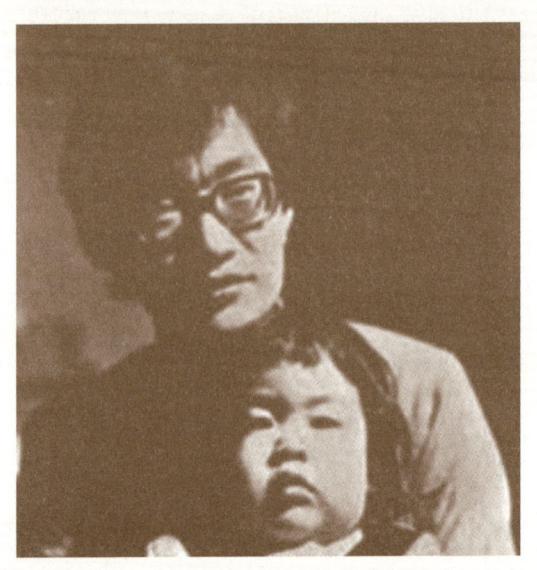

1981년 시집 『꽃샘추위』에 실린 필자 이종욱

규모 시위를 벌이기 시작했다. 당연히 문인, 언론인들도 이러저러한 반독재 투쟁에 가담했다. 1980년 5월 15일 '지식인 1백34인 시국선언'이 발표되었는데, 나는 임재경 선생의 권유로 서명에 동참했고 '남영동'(대공분실)에도 함께 끌려갔다.

5월 17일 새벽 0시를 기해 신군부가 비상계엄령을 전국으로 확대했다. 그 시간 투위 위원들은 수유리 '명상의 집'에서 '새 시대 새 언론'을 주제로 세미나를 하고 있었다. 철야토론을 하던 중 이화여대 학생들이 끌려갔다는 소식이 전해졌다. 상황이 긴박하게 돌아가고 있음을 직감한 우리는 토론을 중단하고 서둘러 하산했다. 동대문운동장 야구장에 갔더니 안성열 선배, 정연주 위원도 있었다.

나는 만일의 사태에 대비해 집으로 들어가지 않고 '동가식서가숙(東家食西家宿)'에 들어갔다. 친우 박병진이 할머니와 함께 지내던 집에서 여러 날 잤다. 그러던 중 한국기독교교회협의회(KNCC) 인권위원회 간사 윤수경 여사가 '안전하게 피하는 것이 좋을 것 같다'라는 전갈을 보내와, 처가가 있던 광주로 내려갔다. '운명적으로' 광주민중항쟁의 현장을 목도했다.

어느 날 금남로에서 시위 현장 주위를 맴돌다가 박몽구 시인을 만나 음료를 사주기도 했다. 장시 '아 광주여! 우리나라의 십자가여!'를 쓴 김준태 시인은 만나지 못했다. 소설가 김남일 씨는 소문의 출처가 궁금한 글 '소설가 김남일의 80년대 문학의 갈피를 들추며'(문화일보, 2003.9.24)에 다음과 같이 썼다.

"창작과비평사에 근무하던 시인 이종욱은 마침 처가가 있는 광주에 내려와 있었다. 5월 25일 그는 금남로에서 빨간 잠바를 입은 시인 박몽구를 본다. 긴급조치 제9호 위반 혐의로 구속되었다가 복학한 박몽구는 시민내회 사회도 보았기 때문에 스스로 '잡히면 총살형'이라고 생각했다. 항쟁 후 서울에 올라온 이종욱의 뇌리에는 박몽구의 빨간 잠바가 삼삼했다. 하지만 박몽구는 살아남았다. 그는 피눈물을 삼키며 도청 앞에서, 금남로에서, 그리고 아세아자동차 공장에서 자기가 보고 들은 항쟁의 과정을 꼼꼼히 기록했다. 그 기록은 일본으로 넘어가 진보적 잡지 『세계(世界)』지에도 실렸다. 박몽구는 서울로 달아났다가 이듬해 체포, 구속 수감된다."

5월 20일 밤에는 광주 MBC 건물이 불길에 휩싸이는 것을 옥상에 올라가 바라보았다. 그 다음날 광주 KBS 건물이 불타는 것은 보지 못했다. 시민과 상인들이 트럭을 타고 지나가는 시민군에게 주먹밥을 건네주는 광경도 지켜보았다. 금남로 가는 도중, 빌딩 옥상에서 쏜 총에 맞아 사망한 사람들의 시체를 거적에 감싸 리어카로 옮기는 광경도 목격했다.

5월 27일 새벽 3시 탱크를 앞세운 계엄군들이 시내로 진입하자, "계엄군이 쳐들어옵니다. 시민 여러분, 우리를 도와주십시오"라는 외침이 골목골목을 누볐다. 이불 속에서 엎드린 채 이 절규를 무력하게 듣고만 있던 나는 자괴감에 휩싸였다. 애절한 목소리로 가두

방송을 한 분은 전옥주 님이었다.

도청 앞 광장 맞은편 상무관 강당에 시신들이 안치되어 있다고 해서 가보았다. 2층에서 내려다보니 목관이 즐비했다. 시민들이 모금해 목관을 사서 거적에 싸인 시신을 입관하고 태극기를 덮어 놓은 것이었다. 휘장에 '전영진(시몬), 너의 뜻이 길이 빛나리'라고 적힌 관이 특히 눈에 띄었다. 오른쪽 머리에 총탄을 맞고 사망한 그가 박석무 선생의 대동고 제자였다는 사실은 나중에 글을 통해 알았다.

'3사하 7방 수번179', 구치소 마당에서 읊는 시

나는 7월 중순, 검은 천으로 눈을 가린 채 검은 승용차에 실려 '남영동'으로 끌려갔다. 거주지가 같은 지역이어서 임재경 선생과 함께 연행되었다. 수사관들은 지식인 시국선언을 추진하고 작성한 사람이 누구인지, 김태홍 기자협회 회장이 어디로 도피했는지, 동아투위 총무로서 김대중 선생 또는 이휘호 여사로부터 얼마를 받았는지 등을 집요하게 캐물었다.

이틀 가량 잠을 안 재우고, 진술서를 계속 쓰게 했다. 찢고 또 찢었다. 주로 만난 민주인사들은 누구이고, 읽은 책은 어떤 것이지도 적으라고 했다. 나는 더 이상 꼬투리를 잡지 말라는 속셈으로 밀로

반 질라스의 『새로운 계급』(공산 체제의 문제를 폭로·비판한 저작)을 슬쩍 끼워 넣었다.

나는 '끝물'에 끌려간 탓인지, 욕조에서 물고문조차 당하지 않았다. 방마다 돌아다니며 수사관을 거드는 자가 있었는데, 그가 '고문 기술자' 이근안이었다. 3층의 좁다랗게 경사진 창문 틈새로 남영역이 내려다보였다. 이때 투위 위원 여럿이 동시에 조사를 받았다. 성유보 선배는 다음과 같은 증언을 남겼다.

"사실 내가 끌려간 혐의는 이른바 '지식인 134인 시국선언'에 서명한 것밖에는 없었다. 박세경 이돈명 홍성우 황인철 이돈희 나석호 이범열 강대헌 박인제 안명기 김동정 정춘용 조승형 김제형 조준희 이세중 등 변호사, 임재경 장윤환 정태기 안성열 김명걸 박종만 이종욱 윤호미와 나를 포함한 언론인, 종교계에서는 조남기 강문규 김상근 김용복 목사, 문인으로는 신경림 구중서 윤흥길 박태순 조태일, 출판계 최옥자 등이 같은 이유로 조사를 받았다. 신군부는 선언을 주도했다는 이유로 임재경과 이종욱을 구속시켰다."
―〈아버지의 마지막 당부, 필명 '태림'에 담아 - 멈출 수 없는 언론 자유의 꿈〉, 성유보(한겨레신문 2014.4.16)

임재경 선생도 한겨레신문에 연재한 '길을 찾아서'(2008.6.29)에 비슷한 내용을 기록했다. 홍종민 위원이 언급된 점이 다르다. 실제

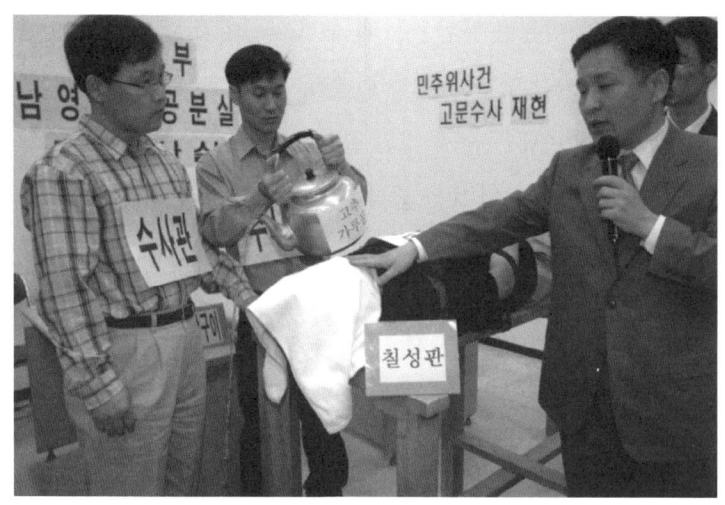

2004년 4월 13일, 의문사진상규명위원회 사무실에서 공안기관의 고문수사인 '칠성판 고문'을 재현하고 있다. ⓒ연합뉴스

로 홍 위원은 정보기관이 '투위 총무'로 잘못 알고 연행했던 것이다. 이들의 정보력은 거듭 혼선을 빚어 다음에는 동명이인 이종욱(李鍾旭) 선배를 연행했다. 홍 위원은 이때 당한 고문에 대해 일절 언급하지 않았다. 혹독한 고문을 당한 사람들의 공통된 반응이다. 경향신문 출신으로 문화일보에서 함께 근무했던 80년해직언론인협의회의 이경일 회장은 예외적으로 지하실의 '칠성판'(남영동 대공분실에서 사용된 고문기구) 위에서 당한 고문에 대해 들려주었다.

임재경 선생과 나는 남대문경찰서 유치장으로 옮겨졌다가 며칠 뒤 서울구치소로 넘겨졌다. 나는 '3사하 7방'(독방)에 수감되었다.

수번은 '179'. 이른바 양심수는 흰 수의(囚衣)에 노란 딱지를, 이른바 사상범은 빨간 딱지를 달았다. 빨간 딱지를 단 박 모 선생은 사형이 확정되었는데, 운동을 정말 열심히 했다. 하늘이 보이는 마당에서 땀나게 빙빙 돌던 때의 심정을 담은 시가 '운동시간'이다.

얼굴을 눈부신 하늘로 향해
천천히 빨리 천천히 빨리
20분간에 두 시간의 달음박질을 하니

고맙다
얼굴 가득 흘러내리는 땀
고맙다
골고루 비추는 햇살
아름답다
나무가 듬성듬성 박힌 건너편의 돌산

(…)
두 볼에 주르르 흘러내리는 땀방울
순간 눈물로 착각하다

—「운동시간」, 이종욱 시집 『꽃샘추위』

창비시선 28 『꽃샘추위』(1981)에 실린 '구린내' '굶주리던 사람은'도 같은 계열의 시들이다.

'3사하'에는 후일 경향신문 사장을 지낸 고영재 해직기자도 수감되어 있었다. 그는 접견 나갈 때 가끔 나와 몇 마디를 나누곤 했다. 이 무렵 광주 일대를 주름잡던 태촌이파의 김태촌, 양은이파의 조양은도 수감되어 있었는데, 이들은 교도관이 아예 감방 문을 따주어 마음대로 돌아다녔으며, 담배장사도 대놓고 했다. 김태촌은 내가 언론인이라는 것을 어떻게 알았는지 "김대중 선생이 집권할 수 있겠느냐?"고 묻기도 했다. 면회 가는 길에는 문학평론가 임헌영 선생과 남민전 사건으로 구속된 문단 후배 김남주 시인과 스치기도 했다.

나는 11월 8일 필동 수도경비사령부에서 열린 계엄보통군법회의에서 징역 1년 판결을 받고 13일 형 집행 면제로 석방되었다. 서울구치소에서 나온 이듬해, 계몽사 주간 이종욱 선배의 추천으로 1981년 〈월간 마당〉 창간에 참여해 기획부장으로 일했다. 유일한 부원은 영남일보 해직기자 조학송이었다. 주간은 〈월간 중앙〉 부장 허술, 취재부장은 〈국제신보〉에 근무하면서 먼 길을 돌고 돌아 광주로 잠입해 항쟁을 취재 보도했던 조갑제 기자였다.

조 부장 밑의 유일한 기자는 김도연(1952~1993)이었다. 그는 1981년 〈시와 경제〉 동인 결성을 주도하며 문학평론 활동을 시작했다. 동인은 김사인 김정환 나종영 박승옥 정규화 채광석 홍일선 황지

윗줄 왼쪽부터 김도연, 이부영 위원장, 시인 김정환, 김종철 위원.
그 옆이 김 위원의 절친이자 시집 『꽃샘추위』의 발문을 써준 정희성 시인,
한 사람 건너 신경림 시인, 앞줄 맨 오른쪽 성래운 교수

우 등이었다. 2집(박노해 시인 데뷔)까지 나왔는데, 두 권 모두 김동현 부위원장과 더불어 대학교 때부터의 벗인 박병진이 운영하던 육문사에서 간행되었다. 김도연은 1985년 6월 15일 창간호를 낸 말지의 초대 편집국장을 지냈다.

〈월간 마당〉의 사진부장은 동아일보 사진부에서 옮겨온 박상원 기자였고, 아트 디렉터는 나중에 독특한 한글 글꼴을 개발한 안상수 안그라픽스 대표였다. 동투위원 중에서는 이태호 위원이 시리

즈물 '생활 속의 한국 탐험'을 창간호(1회. 점)부터 연재했다. 국홍주 위원은 '위인들의 겉과 속'을 썼다. 소흥렬 이화여대 철학과 교수의 '우리말의 논리성-문화창조와 언어', 현기영 작가의 연재소설 '변방에 우짖는 새' 등도 내가 청탁한 글이다. 이때의 인연이 작용했는지 어떤지는 모르겠지만, 소흥렬 교수는 이화여자대학교출판부에서 『문화와 사상』(1985)을 펴내면서 『제3세계연구 1』(한길사, 1984)에 실었던 '새벽은 언제 오는가 : 니카라과의 신부시인 에르네스토 카르데날'을 'Ⅳ. 제3세계의 문화와 사상'의 한 꼭지로 재록했다.

1982년에는 직장을 옮겨 〈월간 한국인〉 편집장으로 일했다. 이 잡지는 사회발전연구소(회장 장덕진)에서 펴냈으며, 8월호가 창간호이다. 대한축구협회 회장을 지낸 장 회장은 서예와 영어 공부에 열심이었으며, 편집에 관해서는 전권을 맡기고 일절 관여하지 않았다. 편집부에는 나중에 한겨레신문 창간 멤버로 사회부장, 정치부장, 편집부국장을 지낸 이상현 씨, 역시 한겨레 창간 멤버로 교열부에서 일한 김상익 씨가 있었다. 김상익 씨는 시사저널에서 박순철 선배(편집국장, 주간)와 함께 근무했다. 박 선배는 문화일보 논설위원으로 옮긴 뒤, 우승용 양한수 국홍주 위원과 나를 비롯해 조선투위의 백기범, 80년해직언론인협의회의 이경일 등과 한솥밥을 먹었다.

한겨레 창간호 1면 사진 캡션

1987년 9월 1일, 종로구 안국빌딩에 한겨레신문 창간 사무국이 차려지고, 창간 기금 모금도 시작되었다. 얼마 후 창간 사무국으로 일터를 옮긴 나는 모금 일로 임재경 부사장과 함께 장덕진 회장(전 농림부 장관, 사회발전연구소 회장)을 만나기도 했다. 액수는 기억나지 않은데 기금 납입자로 임 부사장 명의를 빌리기로 했다. 이 모금 때 '창간 주주'인 김대중 평민당 총재는 5,000만 원을 직접 전달했다. 김영삼 신민당 총재의 기부금도 아마 비슷한 액수였을 것이다.

창간을 앞둔 어느 날 심채진 편집부장(조선투위)이 부르더니 창간호 1면에 실을 백두산 사진을 보여주며 캡션을 써달라고 했다. 1988년 5월 15일자 한겨레신문 창간호 1면에 실린 '6천만의 그리움 끝이자 희망의 시작 백두산 천지'라는 표제의 사진이다.

물론 곧바로 끙끙대며 썼다. 다시금 돌이켜보아도 가슴 벅차다. 사진 설명은 '백두산 천지, 그 넘쳐흐르는 맑은 가슴은 43년 넘어 삭이고 또 삭이는 우리들 그리움의 끝이자 희망의 시작이다. 한라산 백록담이 4천만의 것이 아니듯, 백두산 천지도 2천만의 것이어서는 안 된다. 6천만의 것이어야 한다. 한라와 함께 삼천리를 끌어안고 있는 백두는 우리더러 백두와 한라가 뜨거운 심장으로 용트림한 그날을 앞당기라고 몸부림치고 있다'로 말문을 열고, 신동엽 시인의 시구(詩句)를 슬쩍 비틀어 '이제 백두산 천지를 보되, 모오든

1988년 5월 15일자 한겨레신문 창간호 1면

껍데기와 쇠붙이가 없는 한반도를 한눈에 보아야 한다'로 마무리 지었다.

임재경 부사장 겸 논설주간이 논설위원실로 불러서 문화부장은 오래 하지 못했다. 난생 처음 쓰는 사설인데다가 노후한 인쇄기 탓에 마감 시간이 빨라 꽤 애를 먹었다. 한쪽 구석에 칸막이가 쳐진 책상 앞에서 줄담배를 피우며 썼다. 논설 간사 김종철 위원이 논설회의를 주재하고 나서도 자판을 두드리며 댓바람에 써내는 것을 보고 얼마나 부러워했는지 모른다.

논설위원실에는 이인철 권근술 선배도 있었다. 소설가 최일남 선생, 한국노동사회연구소장 김금수, 한국일보 출신의 한신대학교 교수 정운영, 박호성 서강대 교수, 그리고 창간사무국 고문 박원순 변호사가 비상임 논설위원으로 일했다. 논설 회의에 부지런히 참석한 '박변'에게는 적지 않은 도움을 받았다. 법률적인 접근이 필요한 꼭지가 걸리면 대놓고 전화를 걸어 자문을 구했다. 그는 언제나 '자동 구술'로 술술 풀이해 주었다. 열심히 메모한 뒤 약간의 살을 붙이면 '만사 해결'이었다. 다소 까다로운 주제를 쓸 때면 자주 도움을 받았다.

어느 단체, 어느 회사에나 파벌은 어김없이 존재한다. 한겨레도 예외는 아니었다. A파, B파로 나뉘었는데, A파는 DJ(김대중) 지지, B파는 YS(김영삼) 지지로 분류되었다. 영·호남 지역 감정에서 헤어나지 못한 셈이다. 이인철 김종철 선배는 A파, 권근술 성유보 선배는 B파로 간주되었다. 나는 경상도(경북) 출신인데도 A파에 속해, 애꿎은 오해를 사기도 했다. 우리는 공식적인 회식 외에는 식사나 술을 함께 하지 않았다.

이러한 사태를 견디지 못한 나는 결국 사직하기로 마음먹었다.

안국빌딩 창간사무국에서 1988년 1월 열린 새신문 편집회의.
왼쪽 셋째부터 시계 방향으로 임재경, 성유보, 박우정, 작은 이종욱, 권근술, 신홍범

속앓이가 심해 홍대입구역 인근의 내과에서 검사를 받았더니 위염이라고 했다. 대수롭지 않게 여기고 지내던 중 나중에 문화일보에 근무할 때 정기 건강검진에서 위암 초기임이 밝혀져 절반 이상 잘라내는 수술을 받았다.

내가 그만두자 이인철 선배와 김근 위원이 동반 사직했다. 우리는 사직서를 제출하기에 앞서 1991년 1월 5일 '다시 태어나야 할 겨레의 신문'이라는, 성명서 비슷한 글을 발표했다. '힘으로 몰아붙여 모든 것을 기정사실화 하면 그만이라는, 본질적으로 군사 문화

적 사고 행태가 어느 사이에 한겨레신문의 조직사회를 지배하고 있다. (…) 조직 분열을 계속할 경우 한겨레신문은 민주화와 통일의 바다를 향한 항해를 멈추고 머지않은 장래에 파선할지도 모른다. (…) 불합리한 인사안을 기획하고, 그 인사안을 고집하며 편집국의 분위기를 편집권 독립이라는 외피를 입혀 반지성적이고 반이성적으로 몰아간 그들이 창간 당시부터 존재했던 오래된 파벌이었다'라고 주장한 원고의 초안은 김근 위원이 작성했다. 셋이 머리를 맞대고 수정해 나갔다. 상근이사였던 조영호 위원도 가끔 합석했다.

우리가 느닷없이 사직하자, 편집국 기자들은 모임을 갖고 우리들의 복직을 요구했다. 그들의 뜻에 따라 복직을 하고 나서 나는 홀로 '초지일관' 재차 사직했다.

튀는 기자, 받아먹는 기자

이듬해 집에서 쉬고 있던 나에게 국홍주 위원이 전화를 걸어왔다. '자리가 났으니 빨리 오라'는 것이었다. 당시 문화일보 이규행 사장은 촌지 받는 기자와 기사 표절하는 기자는 발각 즉시 자른다고 공표했는데, 연예문화부장이 발각되어 자리가 생겼던 것이다. 나는 이력서도 쓰지 않고 그 자리를 물려받았다(나중에 미디어부장으로 옮겼다).

지난 5월 15일(2024) 부처님 오신 날, 입사 동기생 홍종민 김진홍 위원의 뒤를 따라 떠난 국홍주 위원의 장기 입원도 발단은 업무 과다였다. 이규행 사장은 서울대 상대 직계 후배인데다 다재다능하기까지 한 그에게 정경부장(편집부국장)의 업무 외에 국홍주 칼럼, 사설까지 쓰게 했다. 그는 '차붐'(차범근)의 딸에게는 하나, 아들에게는 두리, 세찌라는 한글 이름을 지어주기도 했으며 이것이 널리 회자되기도 했다.

나는 1993년 11월 종합문화부로, 이듬해 11월에는 한국일보 출신의 민병택 선배와 함께 논설위원실로 옮겼다. 1998년 문화일보를 그만둔 뒤, 2000년부터 2006년까지 언론중재위원회 중재위원으로 일했다. 언론중재 2004년 가을호에 실린 위원 칼럼 '튀는 기자가 없다'에 국홍주 위원을 언급한 대목을 다소 길게 인용한다.

"튀는 기자로 가장 기억에 남은 사람은 신문사 입사 동기인 국홍주 기자이다. 그는 동아일보 체육부 기자로 일할 때, 당시 인기 절정이던 고등학교 야구와 월드컵 축구에 관한 장기 기획기사를 박학함과 독특한 문체, 그리고 열의로 버무려 동아일보가 그야말로 '낙양의 지가'를 올리게 했다. 혹시나 해서 인터넷을 검색했더니, '동아사태' 이후에 동아일보사에 입사한 김기만 기자가 대통령 공보비서관 시절 월간 〈시민체육〉 2002년 6월호에 쓴 글이 있다. '고교 시절 동아일보에 국홍주 기자가 월드컵 열전을 연재할 때는 너무나 재미있어서 수업이 끝나기 무섭게 제일 먼저 도서관에 뛰어올라가 신문을 읽고 또 읽고 나중에는 노트에 기사를 베껴 집에 가 외우다시피 하곤 했다.' 일간지 지면이 8면 체제이던 시절인 1974년 1월부터 6월까지 무려 80회에 걸쳐 상낭히 튀는 연재몰 '월드컵 축구 발자취'를 게재했던 동아일보는 발행 부수를 대폭 늘려준 기자를 1975년 3월에 130여명의 동료 언론인과 함께 내쫓았으니…"

뒤이어 튀는 발행인으로 문화일보 이규행 사장을 언급한 뒤, '튀는 기사를 읽고 싶다. 튀는 기자를 만나고 싶다'라는 말로 마무리 지었다. 그런데 요즈음 튀는 기자는커녕 그야말로 '기레기 천지'다. 이를 입증하는 해프닝이 최근에 벌어졌다. 윤석열 대통령이 5월 24일 대통령실 출입 기자들을 용산 대통령실 잔디마당에 초청해 만찬을 했는데, 약 200여 명의 기자에게 직접 끓인 김치찌개를 국자로 퍼서 직접 나눠줬다. 이때 기자들의 표정이란?! 마침 똑같은 심정을 피력할 글이 있다. 〈세상을 바꾸는 시민언론 민들레〉에 김성재 에디터가 쓴 글이다.

"그러나 이 행사는 아무리 생각해도 이해하기 힘들다. 불편하다. 우선, 음식을 나눠준 쪽이 이 나라 최고 권력자요 국정운영 책임자인 대통령이고, 그 음식을 '더 주세요' '감사합니다, 잘 먹겠습니다'라며 받아먹은 쪽이 그를 감시해야 할 기자들이어서 그렇다. 최고 권력자가 자신을 감시하고 비판하는 기자들을 불러 야외 잔디밭에서 바비큐 파티를 열었고, 수많은 기자들이 이 파티에 우르르 참석해 최고권력자가 배식한 음식을 받아먹으며 박수를 치고 만찬을 즐겼다. 권력자와 권력 감시자의 관계가 정상적인가? 이게 권력을 감시하는 기자의 모습인가?"
― '김치찌개 더 주세요'라는 기자에 국민이 느낀 모욕감(2024. 05. 26. 시민언론 민들레)

2000년에는 김정환 사무국장의 권유로 민족문학작가회의(자유실천문인협의회의 후신, 현 한국작가회의의 전신)의 이사로 등재되어 2002년까지 이따금 회의에 참석했다. 김정환 시인은 내가 동부 이촌동 입구의 강변에 있는 복지아파트에 살 때, 김사인 시인과 함께 소주병을 들고 가끔 들렀다. 김정환 시인은 당시 서부 이촌동 아파트에 살고 있었다. 서울대학교 학생운동사에서 오늘날까지 회자되고 있는 '오둘둘 사건'(1975년 긴급조치 9호 철폐 시위) 집회 관련으로 쟁쟁한 명성을 떨친 후배들 앞에서 어설픈 '김수영론'을 펼쳤는데 돌이켜 보면 다소 쑥스럽다.

2005년 3월 31일 언론중재위원회는 정기총회를 열어 조준희 전 사법개혁위원장을 위원장으로 선출했다. 나는 부위원장으로 선출되었다. 조 위원장은 '민변' 출신으로 '보도되지 않은 민주인권사건일지' 사건의 변호인단 가운데 일원이었으며, 이부영 선배를 비롯

1988년 4월 13일, 민족문학작가회의(한국작가회의 전신) 주최로 열린
제1회 민족문학교실 행사장에서 수강생들과 기념촬영을 한 문인들.
앉아 있는 왼쪽부터 강은교, 조태일, 이종욱, 김명수, 이기형 시인.
뒷줄 오른쪽부터 강형철, 민병일 시인. 한 사람 건너 이흔복, 이재무 시인

한 투위 위원 여러 명과도 친분이 있었다. 그래선지 우리 두 사람은 합이 잘 맞았다.

대표적인 사례가 사무총장을 내부에서 발탁하자고 건의하자 조 위원장은 '그거 참 좋은 생각'이라고 즉각 받아들인 것이다. 그때까지 사무총장은 청와대에서 낙점해 낙하산으로 내려왔는데, 실제로 문화일보에서 함께 근무했던 후배가 이때의 '낙하산'이었다. 딱히 그 후배가 아니라 누구더라도 거부했을 것이다.

나중에 우연한 기회에 적지 않은 중재위원들 중에서 나를 부위원장으로 밀어올린 사람이 문화체육부 정동채 장관임을 알게 되었다. 그는 한겨레신문 창간 멤버로 정치부 차장, 여론매체부장, 논설위원을 지낸 '한겨레 후배'였다. 그러니까 나 역시 '낙하산'이었던 것이다.

'통일문학의 새벽', 장군봉 아래에 모인 남북 문인들

2005년 7월 20일부터 25일까지 평양, 백두산, 묘향산에서 6·15 공동선언 실천을 위한 민족작가대회가 열렸다. 대회 참석자들은 7월 20일 오전 인천공항에서 북측의 고려항공 전세기 직항편을 이용해 평양 순안비행장으로 출발했고, 25일 오후 고려항공 전세기 직항편으로 귀국했다.

남북작가대회에는 남측 문인 98명과 북측 문인 100여 명이 참가했다. 남측 대표들은 숙소인 고려호텔에서 '6·15공동선언실천을 위한 민족작가대회 환영연회에 초대합니다. 장소 인민문화궁전, 날짜 2005년 7월 20일 19시 조선작가동맹 중앙위원회'라는 내용의 초대장을 받았다. 인민문화궁전 대회의실의 만찬식장에서 백낙청 6·15 공동행사 준비위 남측 상임대표는 '분단의 엄중한 경계를 지우고 하나의 겨레말 작가가 한자리에 모였다. 이 대회는 분단

2005년 7월 20일 19시부터 인민문화궁전 대회의실에서 열린
'남북작가대회' 만찬식장에서 조선작가동맹 소속 문인들과 함께했다.

에 길들여졌던 문학적 상상력을 복원하고 민족의 상처를 치유하며 통일의 시대 우리 문학의 새로운 성취를 향한 중요한 자리'라고 역설해 열렬한 박수갈채를 받았다.

  남쪽 대표들은 21일 만경대와 쑥섬혁명사적지, 만경대학생소년궁전, 주체사상탑, 개선문, 평양 지하철 등 평양시내 주요 시설들을 둘러보았다. 22일에는 삼지연 및 백두산 지구를 둘러보았다. 7월 23일 새벽 5시 남과 북, 해외문인 150여 명이 백두산 장군봉 아래 개활지에 모여 '통일문학의 새벽'을 열었다. 우리는 삼지연 베개봉 여관에서 새벽 2시 30분에 버스를 타고 올라갔다. 흰 구름 아래로 흰 구름이 보였다. 천지에 도착하니 맵찬 바람이 몰아쳤다. 20일 인민문화궁전에서 채택한 공동선언문을 낭독하는 것으로 문을 열었다. 은희경 소설가(김상익 기자의 부인)가 진행을 맡았다. 고은 시인이 베개봉 여관에서 쓴 시 '다시 백두산에서'를 낭독했다. 온몸이 덜덜 떨릴 정도로 추워서 타고 왔던 버스로 돌아가고 싶었는데 마침 울산의 정일근 시인이 따뜻한 음료를 주어 고맙게 마시며 몸을 풀었다. 7월 24일 묘향산 보현사를 둘러보고 '폐막 연회'에 참석했다.

플라타너스 아래 헌책방 지기

언론중재위원회 회의에는 2006년까지 참여했다. 파주의 예술마을 헤이리에 입주한지 3년 지난 때였다. 강복영 서예가 다음인 두 번째로 입주했다. 막상 헤이리를 조성하는 데 주도적인 역할을 한 김언호 선배보다 먼저였다. 지금은 헤이리에 카페, 레스토랑을 비롯한 다양한 업소들이 번거로울 정도로 많아졌지만, 당시 북카페 반디 주변은 허허벌판이었다. 앞마당의 테이블들은 오래 전에 치워졌고, 플라타너스는 여전히 서 있다. 이 나무를 소재로 '마당의 플라타너스가 이순을 맞은 이종욱에게'(창작과비평 2005년 봄호)라는 시를 쓰기도 했다.

북카페 반디는 헌책방 카페라는 슬로건을 내건 덕분인지 책을 살펴보고, 가끔은 구입하는 손님들이 차를 마시는 손님보다 많다. 여러 해 전부터는 알라딘의 '온라인 중고' 사이트를 통해 주문이 들어오면 책을 찾아 보내는 '헌책방 지기'로 소일하고 있다. 내가 읽고 싶은 책들은 교하 도서관에서 빌려 본다. 2014년 7월에는 교하 도서관에서 마련한 '다섯 번째 파주 명사의 서재'에 선정되어, 포스터, 추천도서 등과 함께 전시되는 영광을 누렸다.

고은 시인의 『만인보(萬人譜)』에는 안종필, 안성열 위원에서 정연주 위원에 이르기까지 투위 위원이 다수 등장한다. 15권에는 윤수경 여사(동아투위 초대 총무 박종만 위원 부인)도 있다. 14권에 실린 '이종욱'의 전문은 아래와 같다.

    산양인가 하면 아니다
    옛 연금술사의 도제인가 하면 아니다
    막 시를 쓰기 시작했다
    기자 노릇 그만둔 뒤

    팔레스타인 시인들의 시 번역하고
    라틴 아메리카
    아프리카 시 번역했다

제3세계 문학으로 향한 그의 고즈넉한 눈

술자리에서
차츰
술꾼들의 소리 높아지는데
그는 가만히 처음 그대로였다

어쩌다가 웃을 일도 아닌데 싱긋 웃어 보이고
배꼽을 잡고 웃을 일이나
비분강개로 술상머리 내리칠 일에도
그는 가만히 처음 그대로였다

그렇다고 신선인가 하면 아니다
어디까지나
그는 구름 쓸어낸 하늘의 한쪽이었다
안개 걷힌 바다 복판의 파도 골짜기였다

―'이종욱', 고은『만인보』중

'개'라고 불린 기자들…
자유언론은 해방이었다

정연주 동아투위 위원

　세월이 이 만큼이나 흘렀구나. 54년 전 1971년 3월 25일, 동아일보사 출판국 기자 입사 넉 달 지난 수습 시절. 월간 〈신동아〉 말석이던 나는 본관 건물(지금의 일민미술관. 동아일보 편집국, 공무국, 동아방송이 있던 6층 건물) 2층에 자리한 공무국에 동판 제작 심부름을 도맡아 했다. 당시 출판국은 지금 동아일보 새 건물 자리에, 별관이라 부른 낡은 2층 목조 건물에 있었다. 별관에서 본관으로 가는 길에는 나무다리가 있었고, 그 너머에는 꽤 넓은 정방형 베란다가 있었다. 그 앞쪽이 광화문 광장.

언론 화형식과 '개와 기자는 접근금지' 팻말

그날은 봄 햇살이 조금은 도타워지던 이른 봄날, 2층 공무국에 동판 제작을 맡기고 별관으로 돌아가려는데 베란다 너머 광화문 쪽에서 구호 외치는 소리가 났다. '민중의 소리 외면한 죄 무엇으로 갚을 텐가'라는 플래카드를 펼쳐 든 대학생들이 동아일보 앞에서 시위를 벌이고 있었다. 그 엄혹하던 시절, 서울대 문리대생 50여 명은 '언론인에게 보내는 경고장'을 발표하고, 언론 화형식을 가졌다. 득달같이 달려온 경찰에 모두 잡혀갔다.

"나오라, 사이비 언론인들이여, 나오라, 이 민주의 광장으로 나와 국민과 선배들에게 사죄하라. 선배 투사들의 한 서린 해골 위에 눌러앉아 대중을 우민화하고, 오도하여 얻은 그 허울 좋은 대가로 안일과 축제를 일삼는 자들이여! 안타깝다… 민주투사는 간 곳 없고, 잡귀들만 들끓는가. 사자의 위용은 어디 가고 도적 앞에 꼬리 흔드는 강아지 꼴이 되었는가…"
—『자유언론 40년 – 실록 동아투위 1974-2014』, 75쪽

폭압적 독재 정권에 재갈 물리고, 자기 검열에 철저했던 언론을 향해 '잡귀들이 들끓는', '도적 앞에 꼬리 흔드는 강아지 꼴'이라는 질타와 분노를 쏟아내던 언론 화형식 현장을 목격한 그 봄 2년여

1971년 여름, 동아일보 본관 2층 바깥 베란다에서 찍은 모습.
본관 2층 공무국에서 월간 신동아 제작에 필요한 동판을 찾아 손에 들고 있는 모습.
이 사진을 찍기 몇 달 전인 3월 25일, 동아일보 앞에서 언론화형식을 했던
서울대생 시위를 목격한 곳도 이 베란다에서였다.

뒤, 나는 출판국 신동아부에서 편집국 사회부로 옮겨졌다. 그리고 어느 시점부터 유난히 대학들이 많이 모여 있던 동대문 경찰서 '나와바리'(영역을 일컫는 일본말 속어)를 맡게 되었다. 이 지역에는 서울대 문리대와 법대 등 동숭동 캠퍼스, 고려대, 성균관대, 한신대, 서울대 상대 등이 있었다.

사회부로 옮기기 전 2년여 사이 박정희 군부독재는 무지막지하게 치달았다. 1972년 10월 17일, 박정희는 영구집권을 위해 '유신 체제'를 선포하고, 국회 해산, 전국에 비상계엄 선포, 옥내외 집회 금지, 대학 휴교령, 언론 사전 검열, 정권 꼭두각시 집단인 '통일주체 국민회의'에서 대통령 간접선거(임기 6년) 실시, 대통령 중임·연임 제한 철폐 등을 골자로 한 박정희 '영구집권' 유신헌법을 통과시켰다. 그리고 첫 통일주체 국민회의(1972.12.23)에서 대의원 2,359명 투표, 2,357명 찬성, 무효 2명, 찬성 99.9%로 박정희가 8대 대통령에 당선되었고, 6년 뒤 제2대 통일주체 국민회의(1978.7.6)에서 대의원 2,578명 투표, 찬성 2,577명, 무효 1명, 찬성률 99.9%로 다시 9대 대통령으로 당선되었다.

그런 시절이었다. 터널 끝이 보이지 않던 칠흑 같은 암흑시대, 영구집권 체제를 굳힌 박정희 정권은 두려울 게 없었고, 공포 정치는 일상화되었다. 유신 체제 이듬해 1973년 8월 일본 도쿄에서 김대중 야당 지도자를 백주에 납치하여 현해탄에서 수장 살해하려 했고, 이듬해 1월에는 긴급조치 1, 2호를 발동, 개헌 논의를 금지시키고 비상군법회의를 설치했다. 뒤이어 4월에는 긴급조치 4호를 발동, 민청학련 사건과 그 배후 세력으로 혹독한 고문으로 조작한 인혁당 사건을 발표했다. (인혁당 관련자 8명은 이듬해 봄, 처형당했다. 사법 살인의 피해자인 이들은 한참 세월이 흐른 뒤 재심에서 모두 무죄 판결을 받았다.)

그 무도한 시절, 유신 체제 1년 동안 죽음 같은 공포가 지배하던 그때, 기적 같은 일이 일어났다. 1973년 10월 2일 서울대 문리대에서 데모가 터졌다. 그 시위가 촉발제가 되어 대학가에는 데모가 번지기 시작했다. '동대문 나와바리'는 대학가 데모 소식으로 바빴다. 데모 현장에서, 또는 대부분 경찰이 덮쳐 상황이 끝난 데모 현장에 뒤늦게 가서, 성명서 등을 챙기는 뒷북 취재에 바빴다. 그러나 기사는 나가지 않았다.

편집국에는 중앙정보부의 동아일보 담당 '방 중령'이 최고 편집자인 양 돌아다녔고, 그의 말 한마디, 아니 '여기 남산이다'라는 전화 한 통화에도 기사가 사라지던 그런 시절이었다. 이런 일이 있기 전, 나의 선배들은 정권의 마음에 들지 않는 기사를 썼다는 이유로 남산에 끌려가 치도곤 당했다. 자기 검열은 연탄가스처럼 우리 속에 스며들어 DNA가 되어 있었다.

그해 가을 어느 날, 내 모교인 서울대 상대에서도 데모가 있다는 소식이 들려왔다. 종암동에 위치한 캠퍼스에 가보니, 데모 상황은 끝나고 학생들은 도서관에서 농성 중이었다. 나는 데모 현장에서 나온 성명서라도 얻으려 도서관 입구에 접근했다. 경찰 접근을 막기 위해 의자들을 잔뜩 쌓아 놓았다. 그 위로 이런 팻말이 붙어 있었다. "개와 기자는 접근 금지!"

나는, 우리 기자들은 '개'였다. 단순한 발생 기사 하나도 제대로 전하지 못하는 기자가, 언론이 무슨 사회의 목탁(木鐸)이며, 말을 논하는 존재, 언론이란 말인가. 그 팻말 앞에서 나는 너무나 부끄러워 하늘을 쳐다볼 수가 없었다. 벼랑 끝까지 밀려 이제 더 이상 물러설 곳도 없었다. 그 깊은 좌절과 절망, 분노 그리고 무엇보다 그 큰 부끄러움은 나만 느낀 게 아니었다. 나의 동료들, 동아일보뿐 아니라 다른 언론사 기자들 상당수도 공유한 시대의 부끄러움, 아픔이었다.

1971년 3월 동아일보 앞에서 있었던 언론 화형식, 1973년 가을 모교 농성장 바리케이드 앞 팻말에 쓰인 '개와 기자는 접근 금지' - 이 두 개의 사건, 그때의 참담함과 부끄러움은 이후 자유 언론을 향한 저항의 불쏘시개가 되었다.

내가 동아투위 막내인 사연

입사한 지 몇 달 지나지 않아 입사 동기 한 명(사진기자)이 갑자기 해직되었다. '근무 태도가 불량하다'라는 게 해직 사유였다. 평소 가깝게 지내던 나와 동기 강정문(1975년 봄 해임 뒤 광고 쪽으로 가서 대홍

기획 사장 역임. 한겨레 창간 준비 때 나온 명카피 '민주화는 한판의 승부가 아닙니다' 가 그의 작품. 1999년 작고)이 분기탱천하여 함께 연판장을 썼고, 동기들 서명을 받아 김상만 사장실에 전달했다.

김상만 사장은 무진장 화를 냈다. 연판장 내용은 읽어보지도 않고, 감히 사장님한테 연판장을 전하는 그 맹랑한 행태에 그는 분노했다. 이제 갓 입사한 새파란 녀석들이 대학에서 데모하던 그 못된 버릇을 버리지 못하고 감히… 결국 강정문과 나는 징계를 받았다. 김상만 사장은 그때 하도 화가 나서 우리가 동아일보에서 쫓겨날 때까지 수습기자와 피디를 뽑지 않았으며, 그래서 나와 내 동기들은 동아일보 있을 때나 쫓겨난 이후에나 늘 끝자리였다. 지금부터 50년 전 10월 24일, 우리가 함께 높이 들어 올렸던 그 찬연한 횃불, '자유언론실천선언' 때도 나는 그 거룩한 싸움의 맨 뒷줄에 서 있던 막내였다.

그런데 이날의 '자유언론실천선언'은 이전에 있었던 몇 차례의 언론자유 선언과 여러 면에서 달랐다. 실천의 의미가 가장 강조되었고, 이를 구체적 행동으로 옮기기 위해 그날 발표된 실천 선언 내용과 자유 언론 투쟁의 결의를 그날 자 신문에 게재할 것을 요구하였다. 이런 우리의 주장이 받아들여지지 않을 경우 제작 거부에 들어간다는 결연한 의지도 밝혔다.

그 뜻이 반영되지 않자 마침내 우리는 제작 거부에 들어갔다. 유신독재의 공포 시대, 제작 거부라는 첫 단체행동에 들어갔던 때의 그 떨림과 감동, 그리고 일상으로 나를 지배했던 부끄러움과 무기력감, 분노와 절망을 순식간에 뛰어넘게 만든 해방감이 나를 압도하였다. 제작 거부로 신문이 발간되지 못하자 시민들의 격려 전화가 빗발쳤다. 50년 전, 10·24 운동은 그렇게 시작되었다.

가족까지 잡아간 공포 정치, 지금도 그들의 후예들이 있다

1973년 12월 1일, 동아일보 호남 기동취재반이 서울을 떠났다. 가장 중요한 정치 사회 경제 문제를 제대로 다루지 못하다 보니 8면 신문 제작에도 자주 기사 부족으로 허덕였다. 그래서 나온 아이디어가 지역 기사를 적극 발굴해, 본사 기동취재반이 지방을 돌면서 집중 취재를 하여 지역 기사를 제대로 다루자는 게 취지였다.

나는 호남 기동취재반 3진 막내로 참가했다. 그 호남 기동취재반의 마지막 취재 날인 12월 19일, 나는 전북 김제 만경 일대에서 '마당 흉년'(실제 수확을 해보니 예상 작황을 크게 밑도는 흉년. 농업 통계의 허위를 지적하기 위한 취재였다)을 취재하기 위해 각 면사무소를 찾아가 그 해 상부에 보고된 예상 작황과 실제 작황 자료를 모으고 있었다.

제법 굵은 눈발이 흩뿌리고 있었다. 회사에서 지원한 차량 앞좌석에는 나, 뒷좌석에는 전주 주재기자가 타고 있었다. 마지막 면사무소 취재 한 군데가 남아 있었다. 저만치 한 여인이 눈을 맞으며 우리 차를 향해 손을 흔들었다. 뒷좌석 전주 주재기자가 차를 세웠고, 잠시 멈칫하던 그녀가 뒷자리에 앉게 되었다. 만경고 영어교사였던 그녀와 나는 눈발 흩어지는 만경 들판에서 그렇게 만났다. 이듬해 6월 결혼했다.

결혼 넉 달 뒤 10·24 자유언론실천선언이 있었고, 이듬해 3월 17일 동아일보에서 쫓겨났다. 그리고 닷새 뒤 우리의 첫아들 영빈이 태어났다. 쫓겨나기 직전 2층 공무국에서 닷새 동안 단식을 했다고 하여 아이의 별명이 한때 '단식이'가 되기도 했다.

해직 이후, 특히나 1978년 가을 나를 비롯 열 명의 동지들이 긴급조치 9호 위반으로 투옥되어 1년여를 감옥에서 보내던 시절 동안, 그리고 1980년 서울의 봄, 5월 광주항쟁으로 피의 역사가 휘몰아치던 그 즈음, 김대중 내란음모 사건으로 엮이져 호되게 수배 당하던 1년 가까운 세월 동안, 아내도 참 힘든 세월을 보냈다. 힘들 때면 때로 한탄했다. "그날 눈발 흩어지던 만경 들판을 걷지만 않았어도…"

그녀는 버스를 타고 전주로 갔어야 했는데, 눈발이 흩어지자 마냥 들길을 거닐다 버스를 놓치고 지나가던 우리 차를 택시인 줄 알고 손을 들었다는 것이다. 운명이었다. 그 운명 속에서 특히나 힘들고, 고통스러웠던 일은 나의 수배 기간 중 경찰에 잡혀가 남편 있는 곳을 대라며 1주일 동안 경찰서 지하실에서 폭력과 욕설과 모욕에 시달렸을 때였다. 아내가 잡혀간 사실은 알았으나 거기서 어떤 취급을 받았는지는 한참 뒤 알게 되었다.

그들은 악마였다. 아내를 잡아다 취조한 지 얼마 지나지 않아 이번에는 칠순의 아버지가 경찰에 잡혀가 조사를 받고 있다는 소식이 수배 중인 내게 전해졌다. 내 생애에서 가장 길고도 고통스러웠던, 아무 생각도 아무런 판단도 할 수가 없었던 그 일주일… 놈들은 도대체 나를 어떻게 엮어 놓았기에 내 사랑하는 가족에게까지 그렇게도 모질게 했을까.

아니다, 어쩌면 그것은 악의 보편적 행태였을 게다. 잡아다 두들겨 패고, 고문하고, 조작하고, 사법살인하고. 수단 방법을 가리지 않는 악의 보편적 행태… 박정희 때, 전두환 때 일상적이고 보편적이었던 공포정치의 수단. (지금은 마구잡이로 자행되는 압수수색, 법 기술로 일방적 정치행위를 하는 정치검찰이 이들의 후예인 셈.)

내 수배의 실체를 알게 된 것은 이듬해 봄, 김대중 내란음모 사건이 매듭지어지고, 전두환이 대통령 취임하고 나서, 무작정 귀가했다가 잡혀가 한 달 조사를 받을 때 알게 되었다.

혈육의 정마저 끊어 놓은 서울의 봄, 그 잔혹한 군홧발

1979년 10월 27일 아침, 성동구치소. 정치범만 격리 수용하는 특별사동의 아침은 고요했다. 8·15 특사 때, 긴급조치 9호 위반 대학생들은 모두 석방되고 일반인 정치범 다섯만 남아 있었다. 2층 오른쪽 가장자리 방에 나와 김종철 선배, 고려대 제적생 유구영(1996년 작고), 옆방에는 안종필(동아투위 위원장, 1980년 작고), 홍종민(동아투위 총무, 1988년 작고) 두 선배가 있었다. 특별사동 앞쪽 구치소 담장 너머로 동사무소 깃봉 윗부분이 보였다. 늘 하늘 높이 걸려 있던 태극기가 그날 아침에는 낮게 걸려 있었다. 아침 점호 때 들린 담당 교도관은 전투복 차림, "간첩 나타났소?"라고 물어도 그냥 횡하니 가버렸다.

면회 소식이 있어 교도관 인솔 아래 면회실로 갔다. 1주일에 한 번, 3분만 허용되는 면회 시간에는 늘 아내가 왔다. 뜻밖에 부모님이 와 계셨다. (아내는 전날 저녁, 전주 친정에 내려갔다.) 1년 만에 뵙는 어머님은 줄곧 눈물만 흘리셨고, 아버님은 "몸은 어떠냐" 하시면서 오른쪽 엄지를 뒤집는 시늉을 되풀이하셨다. 왜 그러세요, 물었더니 "허 그놈 눈치도 없네" 하시며 혀를 끌끌 차셨다. 대통령이 총 맞아 죽었다는 말은 끝내 듣지 못했다. 구치소 쪽에서 단단히 겁박한 모양이었다.

사흘이 지난 일요일 아침. '지도'(교도관 업무를 보좌하는 기결수)가 사식 주문을 받으러 왔다. 우리를 보더니 의아한 표정으로 "왜 아직 이러고들 계세요?" 그랬다. 무슨 소리냐고 물었더니 툭 내뱉었다. "박정희 총 맞아 죽었잖아요?"

1979년 12월 초, 감옥에서 나온 나를 환영하는 동아투위 저녁 식사 자리에서 인사말 하는 정연주. 아래 보이는 분이 이병주 동아투위 위원장(2011년 작고), 한겨레 창간 주역이자, 초기 총괄상무를 지냈다.

"한마디로 X같은 재판"… 외상 징역의 사연

하늘을 날 것처럼 기뻤다. 주섬주섬 '빵살이' 1년 짐을 챙기기 시작했다. "성님, 나갈 준비합시다", 김종철 선배에게 말했다. 우리는 마음껏 웃으며 푸짐하게 사식을 시켰다. 두목이 죽었으니 유신 체제는 모래성처럼 허물어지고 새 세상이 올 것이며 이제 우리는 곧 동아일보로 돌아갈 것이다. 무엇보다 곧 석방되어 자유의 몸이 될 것이다. 온몸에 환희의 전율이 흘렀다.

그런데 바깥 세상은 달라지지 않았다. 박정희 장례는 국장으로 치러졌고, 이부영 선배는 동아투위 등 5개 단체 성명서 관련으로 계엄포고 1호 위반으로 구속되었다. 게다가 통일주체국민회의를 통해 후임 대통령을 선출하려는 신군부 의도를 막기 위해 서울 명동 YWCA 강당에서 '통대 선출 저지 국민대회'(속칭 명동 위장결혼 사건)가 열렸는데, 임채정 동아투위 위원(전 국회의장), 문학평론가 김병걸 선생, 백기완 선생 등 14명이 체포되어 혹독한 고문을 당했다는 소식도 전해졌다. 그런 가운데 우리 동아투위 열 명을 더 이상 가두어 놓을 명분도, 실익도 없었던지 세 군데 구치소에 분산 수용된 동지들 석방 소식이 들려오기 시작했다.

11월 20일 새벽, 교도관이 감방 앞에 와서 내 수감번호를 불렀다. 긴급조치 9호 위반의 형이 집행정지 되었다는 것이다. 그러면 이제 나가야지, 그리 생각하는데 교도관이 한마디 덧붙였다. '외상 징역' 12일은 마저 살고 나가야 한다는 것이었다.

징역살이에 외상이 생긴 이유는 이렇다. 긴급조치 9호 위반으로 투옥되기 몇 달 전인 1978년 여름, 당시 한국 양심범의 상징이었던 김지하 시인의 석방을 위한 기도회가 강원도 원주 원동성당에서 있었다. 서울에서 연대의 마음으로 몇몇이 기도회에 참석했다. 자유실천문인협의회 쪽에서 시인 고은, 소설가 이호철, 송기원(2024.7.31 작고), 동아투위에서 박지동(전 광주대 교수), 임채정, 이부영,

김종철, 정연주가 함께 갔다.

기도회 다음 날 우리 일행은 고속버스를 타고 서울로 향했다. 고속버스가 막 시내를 벗어나려 하는데, 옆자리 송기원이 '뿌리파' 노래를 부르기 시작했다. 그 시절 늘 그랬듯이, '박정희는 물러가라 좋다 좋아', '유신헌법 철폐하라 좋다 좋아'… 그렇게 우리들 합창으로 이어졌다. 톨게이트 진입 직전, 긴급 출동한 원주 경찰서 정보과 형사들에 잡혀갔다. 하루 뒤 긴급조치 9호 위반이 아닌 경범죄 위반으로 재판에 넘겨졌다.

경범죄 재판은 약식재판이 보통인데, 그날 재판은 우리만 불러다 놓고 정식재판처럼 진행되었다. 각자에게 최후진술 기회까지 주어졌다. 내 차례 때 나는 "이 재판은 한마디로 X같은 재판입니다" 한마디만 했다. 우리 모두에게 경범죄 최고형 구류 30일이 선고되었다. 우리는 구치소를 겸한 원주 경찰서 유치장에 수용되었고, 거기서 8일 지내고 석방되었다. 경범죄 판결 결과를 거부하고 정식 재판을 청구했기 때문이다. 정식 재판을 청구하면 바로 석방해야 한다. 그 뒤 정식 재판 결과 30일 구류에서 20일 구류로 감형되었다. 12일의 '외상 징역'이 생기게 된 것이다.

'외상 징역' 12일까지 다 살고, 12월 2일 마침내 감방에서 풀려났다. 아이들은 1년 사이 부쩍 커 있었다. 영빈이는 다섯 살 소년으로 성큼 커 있었고, 두 살 웅세는 깡충깡충 뛰어다니는 꼬마 개구쟁이가 되어 있었다. 그렇다. 아이들은 어떤 상황에서도 콩나물처럼 무럭무럭 자라고 있었다. 아이들에게 아빠는 '미국 가서 공부하고 이제 집에 돌아오는 길'이었다.

멀리서 바라봐야 했던 어머니의 마지막 모습

그런데 여섯 달 뒤, 아이들은 다시 아빠와 기약 없이 헤어지게 되었다. 서울의 봄, 5월 17일 새벽, 신군부는 계엄을 전국으로 확대하면서 전날 밤 사이 김대중 야당 지도자를 포함하여 이른바 반체제 인사 블랙리스트 인물 8백여 명 가운데 6백여 명을 잡아갔다.

동아투위 동지들은 전날 밤, 수유리 뒤쪽에 있는 '명상의 집'에 모여 밤늦게까지 '새 시대, 새 언론'을 얘기했는데, 그 덕에 계엄군의 긴급체포를 피할 수 있었다. 새벽에 박종만 선배가 다급한 목소리로 깨웠다. "정연주, 빨리 일어나. 밤새 다 잡혀가고 세상 뒤집어졌어." 재야인사들 대부분 잡혀가고 몇몇 동아투위 위원들 집에도 계엄군이 들이닥쳤다는 것이다.

김종철 선배와 나는 수유리 뒷산으로 튀었다. 산 위에서 잠시 숨을 돌리면서 우리는 연락처가 적혀 있는 수첩을 모두 찢었다. 산에서 내려와 공중전화로 아내에게 전화를 했다. "밤에 누가 왔지요?" 아내는 그렇다고 말했다. "당분간 연락하기 어려우니, 아이들 데리고 잘 지내소." 전화기 너머로 울음을 삼키는 아내의 떨리는 목소

2010년 5월 18일자 한겨레신문 '5월의 얼굴을 기억하십니까' 기사에 실린 사진.
수배자 사진 아래쪽에는 생년월일, 본적, 주소, 수배사유, 인상착의가 적혀 있었다.
나의 수배사유는 '국기문란'. '체포하면 1계급 특진, 포상금 2백만원' 문구도 있었다.

리가 전해 왔다. "집 걱정 마시고, 몸 잘 보살피세요. 아침에 미국 시숙이 뉴스 보고 동생 걱정된다며 전화하셨어요."

전날 밤 자정, 총을 찬 계엄군 12명이 군홧발로 20평짜리 아파트에 들이닥쳐 두 시간 동안 집안을 샅샅이 뒤지며 온갖 걸 물었다. 책 여러 권과 내 사진 한 장도 가져갔다. 그 사진이 들어간 수배 전단은 그 뒤 1년 가까이 전국 방방곡곡, 여관과 다방, 골목길 담벼락 등 참 많은 곳에 붙어 있었다. '수배 사유 국기문란. 체포하면 1계급 특진, 2백만 원 포상' 문구와 함께.

아내의 외사촌 오빠 오홍근 형님(당시 중앙일보 기자, 전 국정홍보처장. 육군정보사령부 요원에게 식칼 테러 당함. 2022년 작고) 편으로 아내 소식과 세상 돌아가는 얘기를 가끔씩 은밀하게 전해 들었다. 놈들이 나를 김대중 내란음모사건에 단단히 엮어 놓아 심하게 정 서방을 찾고 있으니 잡히지 말고 조심하라고 했다. 김대중 내란음모사건 조작을 위해 잡혀간 이들이 온갖 고문을 당한 이야기는 수없이 들었던 터다.

아내와 아버지를 차례로 잡아가서 나의 행방을 캐물은 그 야만적 행태, 나와 인연이 있는 거의 모든 이들, 학교 동기들은 물론 아주 어릴 때 헤어지고 연락이 두절 되다시피 한 먼 친척까지 찾아간 계엄군과 경찰들. 전북 부안 한적한 시골에서 양봉하는 큰 처형 집에 와서는 내 흔적 찾는다며 두엄더미까지 뒤졌다고 했다.

그해 11월, 어머니와 아버지가 미국 형님 초청으로 서울을 떠나시게 되었다. 그 소식을 전해 들은 나는 다급해졌다. 공항에 나가면 잡혀갈 게 뻔한 터여서, 떠나시기 전 얼굴이라도 뵈어야 했다. 아버지와는 동네 목욕탕 사우나에서 몰래 만나기로 연락해놓았다. 그

미국 텍사스주 휴스턴에 있는 추모공원의 부모님 묘비.
어머님이 먼저 돌아가시고 2주 뒤 아버님이 뒤를 따라가셨다.
온갖 우여곡절 끝에 부모님 세상 떠나시고 다섯 달 뒤,
우리 가족은 휴스턴에 도착하여 부모님께 절을 올렸다.

날 저녁, 아버지와 나는 벌거벗은 몸으로 사우나 안에서 만났다. 눈물이 그치지 않았다. 아버님이 우시는 모습을 처음 보았다. 그날 밤 나는 삼성동에서 그때 숨어 살던 철산리까지 하염없이 걸었다. 걷는 내내 눈물이 그치지 않았다.

어머니는 만날 방법이 없었다. 그래서 어머니가 큰아이 영빈이 어린이집 끝나고 함께 집으로 걸어가는 그 시간에 맞춰 그 앞길을 버스를 타고 수없이 오갔다. 어느 날 하늘이 도와 손자의 손을 잡

고 걸어가시는 어머니의 자그마한 모습을 뵐 수 있었다. 하늘도 무심하지, 손자 손잡고 귀가하시던 어머니의 그 모습, 목욕탕 사우나에서 만난 아버지의 벌거벗은 그 모습, 그 모습이 육신으로 뵌 마지막이 될 줄이야.

부모님이 미국으로 떠나시던 날, 경찰 여러 명이 공항에 나타나 나를 기다리고 있었다. 집을 떠나시기 전, 어머니는 막내 얼굴 못 보고 떠나는 것이 끝내 가슴 아파 아파트 문 손잡이를 부여잡고 발을 떼려 하지 않으셨다고 했다. 소리 내어 통곡하시면서.

고문으로 꾸며낸 '자백서'… 나를 지켜준 도움과 인연들

이듬해 전두환이 체육관 선거에서 대통령에 당선되어 취임한 3월 3일 나는 집으로 들어갔다. 귀가하고 얼마 뒤 강남서 정보과의 내 담당 최 형사가 집에 들렀다가 나를 보고는 바로 본서에 연락했다. 검은 지프차가 바로 왔다. 그날 밤 강남서 보호실에서 하룻밤을 보내고 다음 날 아침 나는 청량리 경찰서로 이송되었다. "아니, 왜 청량리서로 가요? 아무 연고도 없는데… 동아투위면 종로서가 관할이고, 내 집은 강남서 관할이 아니오?" 최 형사는 자기도 아는 게 없다고 했다.

청량리서에 도착해 조사를 받기 시작했다. 마침내 나는 그들이 왜 그토록 나를 잡으려 했는지, 무엇을 어떻게 조작하였는지, 왜 청량리서에서 조사를 받게 되었는지 알게 되었다. 서울의 봄, 내가 경희대 신문에 쓴 '70년대 한국 언론' 중 일부가 경희대생 3명이 주도한 시위 때 뿌린 성명서에 인용되었고, 이들이 계엄군에 잡혀가 온갖 고문을 당한 끝에 '김대중으로부터 수십만 원의 자금을 받은 정연주가 그 자금을 경희대생 3명에게 모월 모일 모시 모처에서 만나 전달, 이를 데모 자금으로 사용하고, 해직기자 정연주가 학생시위의 배후세력'이라는 것이었다.

경희대생 3명과 나는 생면부지, 서로 알 리 만무했으니 학생들은 놈들이 원하는 '자백서'에 날인할 때까지 얼마나 무지막지한 고문을 당했을까. 결국 그들은 자백서에 날인했다. 청량리서에서 조사받던 어느 날, 대학생 3명이 저만치 와서 정보과 형사와 이야기를 나누는 모습을 보았다. 모진 고문 끝에 거짓 자백을 했다는 확인서를 쓴 모양이었다. 경희대는 청량리서 관할이었다.

한 달 동안 청량리서 보호실에 장기 투숙자로 머물다 마침내 집으로 돌아왔다. 바깥에 나오니 봄이 제법 무르익어 가고 있었다. 바로 부모님께 전화드렸다. 연로하신 부모님은 나더러 하루 빨리 미국으로 오라고 하셨다. "네, 곧 갈게요. 건강하게 기다리고 계세요." 그 시절, '국기문란자'인 내가 미국 가는 일은 쉽지 않았다. '유학'이 유일한 길이고, 여권 받는 일은 하늘의 별 따기였다.

온갖 우여곡절을 겪으며 미국 가는 준비를 하는 도중, 나의 부모님은 1982년 6월, 2주 간격으로 세상을 떠나셨다. 휴스턴대 대학원 경제학과에 입학하고, 그 힘든 여권과 비자를 발급받고, 마침내 미국에 도착하여 부모님이 영면하고 계시는 공원묘지를 찾은 게 1982년 11월 말. 아내와 두 아들 우리 식구 넷이 부모님 묘소에 엎드려 절을 올렸다. 회한과 슬픔, 그리움이 봇물처럼 터져 나왔다. 하늘에서 어머님의 목소리가 들리는 듯했다. "연주, 식구들 데리고 잘 왔구나."

수배 중 나를 숨겨준 민주 교도관의 맏형 전병용 선생, 재야의 온갖 뒷일을 감당했던 김정남 선생(김영삼 대통령 시절, 청와대 교육문화사회 수석비서관), 친구 박기봉 등 많은 이들의 도움이 없었다면 나는 꼼짝없이 잡혀 모진 고문 끝에 조작된 자백서에 날인했을 터다. 그 고마움, 평생의 큰 빚을 지고 있다.

3

불명예스러웠던 적 없습니다

"누구야,
군사작전 중인데 어떻게 알고…
공비와 내통했나"

윤석봉 _동아투위 위원_

―흑산도 특종

지난 2월 3일자(2024) 조간신문 부음란에서 이균범 전 전라남도 도지사의 별세 기사를 보고 아침 일찍 서울대 병원 장례식장을 찾았다. 문상을 마치고 나오자 유족들이 "고인과 어떠한 인연으로 이른 아침 조문을 오셨냐"고 묻기에 "흑산도에 침입한 북한무장간첩 15명 소탕 작전 인연"이라고 간단히 대답했다. 그러나 고인은 내 기자 생활에서 가장 잊을 수 없는 고마운 사람이었기에 그분과 관련한 끈질긴 인연이 파노라마처럼 떠올랐다.

55년 전 특종의 기억

지금부터 꼭 55년 전인 1969년 6월 14일, 공수 특전사 부대원들이 엿장수와 고물장수로 변장하고 흑산도로 향했다는 연락을 동아일보 목포 주재 최건 기자로부터 받았다. 나는 회사의 출장 명령을 받고 황급히 밤 열차로 15일 아침 목포에 도착하여 다시 9시간이나 걸리는 여객선을 타고 흑산도에 들어갔다. 16일 아침 흑산도 중심지를 돌아봐도 군사작전 같은 긴박한 분위기가 전혀 느껴지지 않았다. 혹시나 하고 흑산도 지서로 가보았다. 목포경찰서 소속인 흑산도 지서는 분위기가 확 달랐다.

출입이 통제된 지서 안에는 작전 지휘부가 분주하게 움직이고 있었고 밖에서는 사복 차림 병사 2명이 무전기를 등에 메고 송수신에 여념이 없어 보였다. 나는 군사작전을 직감하고 상황 파악을 위해 지서 안으로 들어갔다.

나를 본 작전지휘관, 중앙정보부 3국장, 현역 육군 소장은 "너 누구야? 군사작전 중인데 어떻게 알고 왔냐? 공비와 내통한 것 같다"라며 "목포서장, 저놈을 잡아넣어!" 하고 소리쳤다. 내게 다가온 목포서장에게 기자 신분증을 제시하자 목포서장은 '조금 떨어진 곳으로 얼른 나가라'고 눈짓을 했다.

삼엄한 작전 지휘부 주위에서는 사실상 취재가 어려웠다. 특히 사진 취재는 더 불가능하다는 것을 직감하고 얼른 밖으로 나와 신

필자의 사진. 1969년 6월 흑산도 무장간첩 사건 당시 무장간첩과 교전 중 실탄이 떨어져 동굴 속에 피신한 한 전투경찰관을 공수특전단이 구출하는 장면

발 가게에서 운동화를 사 신고 비상 식량과 음료수를 준비해 흑산도에서 제일 높은 해발 272m 칠락산 정상으로 뛰었다. 여름철 칠락산은 나보다 더 크게 웃자란 억새가 바닷바람에 춤을 추고 있었

필자의 사진. 1987년 7월 2일 통일민주당 김영삼 총재 일행이
유성환 의원을 서울구치소에서 면회하고 있다.
유 의원은 1986년 10월 국회에서
"우리나라의 국시는 반공보다 통일이어야 한다"는 등의
발언을 했다가 국가보안법 위반 혐의로 구속됐다.

다. 무장 공비가 어디에서 나타날지 모르는 상황에서 홀로 산 정상으로 향하는 것은 사실 두렵기도 했다.

산 정상에 오르자 매복 작전 중이던 경찰관 2명이 경계의 눈초리로 다가오기에 나는 신분을 밝히고 갖고 온 먹거리를 나누었다. 이들과 환담하고 있을 때 해안가에서 여러 발의 총소리가 들렸다. 동굴에 숨어 있던 무장공비들이 해안가를 수색하는 군경 수색대원들에게 선제공격을 시작했다. 나는 해안가로 단숨에 뛰어 내려갔다. 몇 시간의 군경합동작전으로 북한 무장공비 15명은 일망타진되었다.

성공적인 군사작전과 취재는 끝났는데 아날로그 시대라, 외딴 섬에서 서울 본사로 필름을 신속하게 송고할 수 있는 방법이 없었다. 선박과 열차를 이용하면 약 2일이 소요되는 상황이었다. 흑산도 지서를 돌아보니 내일 아침 작전지휘부를 태우고 목포로 갈 13인승 공군 헬리콥터가 마침 대기하고 있었다. 조종사를 만나 상황을 설명하며 간곡한 협조를 부탁했고 겨우 탑승 승낙을 받았다. 뜬눈으로 밤을 새우고 아침 일찍 헬리콥터 제일 뒷좌석에 몸을 낮추고 앉아 이륙만을 기다리고 있었다.

작전 지휘부 13명이 탑승을 시작했는데 이균범 전남도경 경비과장이 서 있자 중앙정보부 3국장은 이균범 경비과장에게 탑승을 재촉했다. 나는 할 수 없이 밖으로 나와 "국장님 작전은 성공적으로 끝났고 제가 빨리 서울로 가서 승전보를 국민에게 알려야 합니다. 도와주세요"라고 동행을 애원했다.

작전 지휘관인 3국장은 "허허, 당신은 어지간히 속 썩이는군. 지독한 사람이야"라며 "경비과장, 양보하겠나?"하고 물어보자 이균범 경비과장은 나를 향해 웃으며 고개를 끄덕여주었다. 이균범 과장은 30분이면 갈 수 있는 헬기 탑승을 나에게 양보함으로써 9시간이나 걸리는 연락선을 택했고 나는 신속하게 귀사 할 수 있는 결정적인 협조를 받았다. 평생 잊을 수 없는 순간이었다.

광주 청문회에 등장한 흑산도 사진

목포까지 단숨에 날아와 데스크에 특종을 보고하자 동아일보사는 보물처럼 아기는 회사 전용 비행기인 세스나기를 목포로 띄웠다. 간혹 선배들이 회사 비행기로 항공 촬영할 때 뒷좌석에라도 한번 탑승해보기를 원했던 나는 그 선망의 세스나기를 혼자 타고 개선장군처럼 서울로 돌아왔고, 동아일보 지면에 대서특필 특종 사진들이 게재되었다.

1975년 3월 동아일보 자유언론실천 운동으로 강제 해직된 나는 1988년 12월 10일 집에서 5·18 광주민주화운동 진상규명 국회 청문회 생중계를 시청하고 있었다. 그런데 놀랍게도 TV 화면에 내가 특종한 흑산도 북한무장간첩 소탕작전 사진들이 등장했다. 평민당

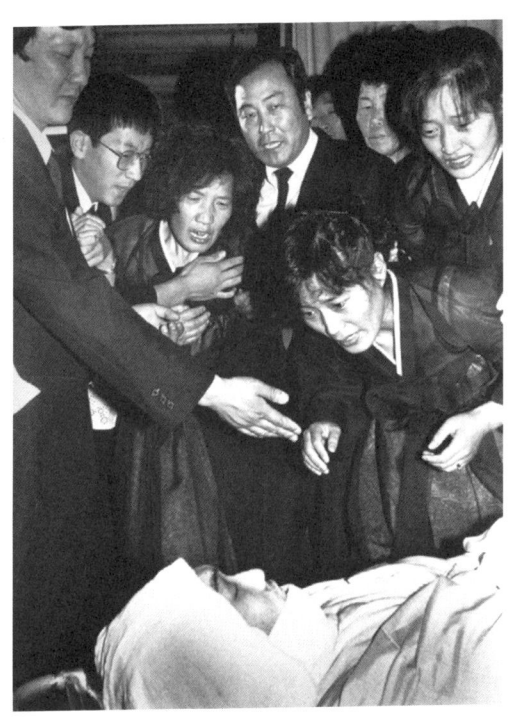

필자의 사진. 이한열군이 1987년 6월 9일 연세대 정문 앞에서 시위 도중 경찰이 쏜 최루탄에 맞아 병원으로 옮겨졌으나 7월 5일 사망했다. 입관 전 이한열군 시신 앞에서 어머니와 누이 등 유가족이 오열하고 있다.

이해찬 의원이 내가 촬영한 그 사진들을 제시하며 광주 시민 민주화 투쟁을 공수부대원들이 '양민들을 학살하고 환호하는 장면'이라며 당국을 맹공격하고 있었다.

필자의 사진. 1991년 4월 24일 노태우 정부 규탄 집회 중 한 학생이 서울대 정문에 설치한 바리케이드에 불을 지르고 뛰쳐나오고 있다.

　이해찬 의원은 "중앙일보가 발행하는 월간중앙 1988년 3월호에 이 사진들이 실렸다"며 전두환 정권의 만행이 이렇게 지독했노라고 매섭게 몰아부쳤다. 동아일보의 특종 사진이 어떻게 경쟁사인 중앙일보사 월간지에 게재되어 양민학살 사진으로 둔갑했는지 희한한 일이 발생한 것이다. 많은 억측이 나돌았고 나도 검찰청에 불려가 진상을 밝혀야 했다.

　뒤에 알고 보니 창설되자마자 큰 공을 세운 공수특전사는 이 작전을 특종 보도한 동아일보사를 찾아 김상만 사장에게 감사패를 증정했고 나에게도 명예 공수단원증을 수여했다. 그 자리에서 특전사는 흑산도 북한 무장간첩 소탕작전 사진을 특전사 본부에 전시할 수 있도록 요청했고 김상만 사장도 그 청을 받아들여 내가 찍은 사진들이 특전사에 제공되었다.

당국의 조사 결과 1988년 2월 중앙일보사가 광주민주화 운동 사진을 수집하자 공수특전사 공보실에 문관으로 근무하던 장○○가 특전사 본부에 전시되고 있던 그 사진들을 복사하여 넘긴 것으로 밝혀졌다. 이 소동은 결국 사진의 진실성 여부도 확인하지 않고 엉터리 제보에 놀아난 언론사의 웃지 못할 실수로 끝났지만 사진의 중요성을 일깨워주었고 동아일보사와 취재한 나는 물론이고 국회 청문회 명예를 훼손한 전대미문의 사건이었다.

강제해직 그 후, '안타까웠다'는 경찰의 고백

나는 1975년 동아일보 자유언론실천 운동으로 강제해직돼 직장을 구하는 것은 불가능했고 심지어 외출까지도 감시를 받고 있었다. 그러다 1988년 하계 서울 올림픽 개최를 계기로 강제해직 10여년 만에 국제 통신사인 로이터 한국 특파원 기자로 채용되어 언론사에 복귀했고 매년 망월동 국립묘지 취재를 위해 광주를 방문했다.

　1993년 여름 전남지사로 부임한 이균범 도지사를 도지사실로 예방했다. 20여년 만에 만나 반갑게 맞아준 이 지사는 본인이 종로경찰서장으로 재직할 때 1975년 동아일보 자유언론실천 운동으로 해직된 130여명 기자들이 매일 아침 신문사 앞에서 도열집회 하는 일일 보고를 받았다며 당시 훌륭한 언론인들이 강제 해직된 상황이 매우 안타까웠다고 회상했다. 고 이균범 도지사님, 고맙고 감사했습니다. 명복을 빕니다.

L형사가 법원 모퉁이에
쪼그려 앉아 입을 열었다

김학천 동아투위 위원

―악의 평범성과 부채의식

지금은 인간의 수명이 80을 넘었지만 얼마 전만 해도, 아니 지금도 50년은 한 인간의 수명에 해당한다. 유아기와 죽기 전 무기력한 시기를 빼면 그러하다. 그동안 10명이 넘는 대통령과 정권교체가 있었다. 참 많은 것이 변하고 진화했지만 어찌된 셈인지 우리가 견디다 못해 울부짖은 언론자유와 민주주의, 그리고 이를 실행하던 사람들에 대한 우악스럽거나 교묘한 탄압은 기대한 만큼 진화된 모습을 보이지 못하고 있다.

권력이 언론과 민주주의에 강요하는 욕망의 표시가 반세기 전이나 지금이나 그대로라는 뜻이다. 다만 언론의 조작이나 언론인의 인권이 밟힐 때마다 어처구니없게 자유라는 표현만 나타날 뿐이다. 예전에 우리는 언론의 자유라는 거대 담론을 주창할 때도 우리 형편에 맞게 "이젠 언론인을 막 잡아갈 수 없다"라고 주장했다.

그러나 세월이 지난 지금도 오히려 한나 아렌트의 '악의 평범성'을 상기하는 세태가 되었다. 독일 정치철학자 한나 아렌트는 홀로코스트 전범 루돌프 아이히만의 재판 과정을 지켜보고 『예루살렘의 아이히만』을 썼다. 아렌트는 책에서 아이히만의 악행이 특별한 경우가 아니라 언제 어디서나 있을 법한 현상이라고 지적했다. 언론과 민주주의와 보통사람의 인권을 대하는 권력의 횡포가 어쩌면 그토록 변하지 않고 긴 세월 유지하는가 하는 점에서 닮은꼴이란 뜻이다.

1970년대 이전에 언론인들이 무시로 짓밟히는 인권과 언론의 정체성에 대해서 한목숨 걸고 버티어보겠다고 나섰는데 막상 그 당사자 언론 사주는 태도를 바꾸어 민주주의 압제자 쪽에 서고 50여 년을 아무렇지도 않게 돈만 버는 현상은 어떻게 설명할 것인가. 사람 사는 게 다 그런 것 아니겠는가로 넘겨버릴 일인가. 하긴 이런 의문을 갖고 살아가는 사람도 이제는 많을 것 같지 않다.

우와 좌 양쪽으로 쫙 갈린 언론인이나 언론 소비자의 모습도 그러하다. 진화가 아닌 퇴행적 변화 과정은 우리에게 무거운 부채의식도 남겼다. 그때 동아일보와 동아방송에 크고 작은 액수 가리지 않고 짤막한 절규와 함께 광고, 광고비를 내준 시민들, 거리에서 학교에서 병원과 구치소에 이르기까지 찾아주고 격려해 준 시민들,

나름대로 성의를 담아 생활비 돈봉투를 건네준 분들, 오늘은 이 분들에게 어떤 면목으로 설명을 드릴 수 있겠는가. 언론과 언론인의 위상에 대해 무슨 말로 인사와 변명을 건네야 하는가. 한나 아렌트의 관찰처럼 이기주의와 탄압은 언제 어디나 있는 보편성이라고 변명을 해야 하는가.

L 형사의 고백

1974년 10월 24일 자유언론실천선언 이후 동아투위 위원 대부분은 '해직자로 찍힌 채' 살아왔지만 그래도 권력만으로 살아가는 정치 무뢰배나 이기주의에 찌든 언론 사주들보다는 번거로운 삶을 같이 살아가는 평범한 사람들 틈에서 민주주의와 인간성, 그리고 저항의 싹을 발견하곤 했다.

그런 점에서 내 삶에 작은 사연이지만 몇 가지 회상이 떠오른다. 해직 후 권력이 저지른 패악 중 하나는 해직 언론인들에게 언론 관련 취업을 막은 일이었다. 생각다 못해 몇몇이 사무실을 임대하여 식구들을 편집원으로 쓰면서 출판업(?)을 시작했다. 그 사무실에 아예 책상 하나를 들여놓고 근처 경찰서에서 출퇴근하는 감시원 형사를 배치하였다.

동아투위 간부(위원장, 총무)가 차례로 구속 기소돼 재판을 받는 날

1975년 3월 동아일보는 기구 축소, 제작 방해 등 이유로 기자 37명을 해임했다.
기자들은 대량 해직에 맞서 동아일보 2층 공무국, 3층 편집국, 4층 동아방송에서
3월 12일부터 농성에 들어갔고, 3월 17일 새벽 강제 해산을 당했다.
제작거부 당시 농성자들은 장기자랑을 하며 고단함을 달래기도 했다.
당시 동아방송 PD였던 김학천 위원이 노래를 하고 있다.

도 법원에 동석해 재판을 지켜보곤 했다. 어느 날 감시역 L형사는 재판이 시작되기 전에 할 얘기가 있으니 문밖으로 나가자고 했다. 햇빛이 내리쬐는 법원 모퉁이에 쪼그리고 앉아 형사가 입을 열었다.

"다른 게 아니고… 우리 아이가 이번에 대학에 들어갔어."

"어이고, 그거 잘됐군, 그래서요."

"그런데 그놈이 내 직업에 대해서… 아주 사람 취급을 안 한다고. 어떻게 해야 돼?"

"그것 참… 내가 지금 그럴싸한 조언은 하기 어렵구, 들으니 고향에 땅도 있다면서요, 내려가 보면 어때요?"

"아냐, 못 가. 고향에선 내가 크게 출세한 줄 안다고."

어느 날 시위하는 동아투위 위원들을 철망 두른 버스에 태워 구치소로 실어 갈 때 L형사는 투위 위원들 몇 명을 버스에 싣지 않고 수송동 술집 골목으로 밀어 넣었다.

'선생한 보람'과 동아방송 간부의 염치

또 1975년 3월 17일 회사에서 강제로 끌려 나올 때, 나는 몰려드는 폭력 속에서 실신하고 병원 신세를 지게 되었다. 퇴원 후 동아일보 앞에서 복직 시위를 하던 중 우리를 끌어내는데 앞장섰던 동아일보 직원 Y씨가 다가왔다. 조용히 할 말이 있다고 했다. 동아일보 건물 구석에서 그는 겸연쩍게 얘기했다. Y 아무개를 아느냐고 물었다. 모른다고 했더니 바로 자기 아들이란다. 지금 군대에 가 있는데 신문에 방송사 퇴출 과정에서 당신이 쓰러졌다고 보도되니까 그 녀석이 제대로 수속도 안 하고 집으로 와서 김학천 선생 때린 게 아버지냐고 추궁하더란다.

"당신 아들이 나를… 어떻게 알고…"라고 물었더니 내가 잠시 봉직했던 H고등학교에서 내가 담임을 했던 학생이라 했다. 그러니 잠시 한번 만나서 자기가 때린 게 아니라고 설명을 해달라는 거였다. 착잡하고, 고마운 거 같기도 하고 그랬다. 어쨌든 내가 쓰러진 것은 너의 아버지 때문은 아니라고 간곡히 전하고 귀대하도록 한 기억이 생생하다. 선생한 보람을 느꼈다.

그때 내가 실신하니까 우리를 끌어내던 사람들이 급하게 안암동 병원에 입원을 시켰는데 공교롭게도 옆방에 동아방송 간부가 입원했다. 그는 방송국 투위 위원을 끌어내는 날 앞장서 들어오다가 사무실에 엎드렸던 누군가가 얼떨결에 던진 잉크병에 머리를 맞고 다쳤다고 했다. 그런데 이튿날부터 위문을 온 사람들이 내 병실에만 몰려들었고 그 간부 방엔 아무도 얼씬하지 않았다. 대학강사였다는 그 간부의 부인은 며칠 후 다친 남편한테 말했다.

"당신 세상을 어떻게 살았길래 이 지경이 되었는데 들여다보는 사람 하나 없소. 우린 이젠 아무래도 여기서 살 수 없을 것 같아요."

1979년 12월 27일 '보도되지 않은 민주인권일지(민권일지)' 사건으로 옥고를 치른 동아투위 위원 10명의 출감 환영회겸 송년회에서 김학천 위원이 발언하고 있다.

그 가족들은 그 후 곧바로 미국으로 이민을 갔고, 나중에 들으니 그 간부는 동아 사태 이야기가 나올 때마다 눈물을 적셨고, 몇 해 전 귀국해서 세상을 떠났다고 했다. 그 잉크병을 던졌던 동아방송 PD도 투위에 참여하지 말라는 강압으로 타 방송에서 일하다 요절했다.

권력이 낸 민주주의의 구멍, 민초들의 인간성이 메웠다

나는 퇴원 후 퇴직 직전에 이사한 수유리에서 백수 생활을 하던 중 집을 살 때 진 빚을 감당할 수 없어 골목 입구 복덕방에 우리 집을 팔아달라고 했다.

"내가 당신 좀 아는데 살 집은 구해놓고 팔자는 거야?"

"그건 아직 못 구했는데, 영감님이 저를 어떻게 아시는지?"

"요 아래 경찰서에서 당신 들고 나는 걸 좀 지켜봐 달랬어. 무슨 큰 죄를 지은 사람인가 했는데 방송국 직원이었다며? 지켜보니 나쁜 사람 같진 않고, 하여튼 알려준다고 약속은 했으니까 집 팔아달랜다고 보고하지. 살 집 마련하지 않고서는 팔지 말라고 한 것도 보고하고… 허허… 앞으론 내가 적어 보내는 건 미리 알려줄게, 에이 참."

대체로 그런 내용인데 그 복덕방 영감님 덕에 집을 헐값에 파는 걸 면했다. 아주 작은 일들이지만 세월이 가면서 권력이 망가뜨려 놓은 민주주의의 구멍들을 이 민초들의 보편적인 인간성이 메꾸어 준다는 생각을 했다. 권력의 이기주의와 막가는 욕심들에도 불구하고 그래도 세상이 돌아가는 까닭이 이런데 있을 거라는 생각이 들었다. 그래도 아직 풀지 못한 의문과 부채의식은 그대로 남아 있다.

대중을 상대로 진실을 전한다고 주장하는 그 문제의 기득권 언론은 지금 무슨 생각을 하고 있는지. 세월이 지나서 모두 잊었으니까 없던 일이라고 하는 걸까!

부채의식이란 50년 전에, 그리고 지금까지 간단없이 바른 언론과 언론인 편을 들어주던 사람들에 대한 미안함이다.

1970년대 중반 동아일보가 언론자유 편에 서고 압제를 받기 시작하자 서울대생들은 무지스러운 탄압에 대한 비판, 풍자극을 하다 모두 정학처분을 받았다. 해직된 동아투위 위원들에게 일자리를 마련해주다 불려가 닦달을 받은 데도 있다. CBS가 그랬다. 가끔 만나는 지인은 아직도 동아일보에 냈던 격려광고의 쪽지를 지니고 있었다. 모두가 큰 빚이다.

그래도 그 와중에 나는 아주 기쁜 마음으로 빚을 갚은 일이 있다. 해직 후 6~7년이 지나 대학의 은사인 이영덕 선생이 만든 교육개발원의 교육방송 만드는 일에 참으로 어렵게 동참하게 되었다. 취직을 한 것이다. 출근하는 첫날 얼굴에 웃음을 띠고 찾아온 첫 번째 축하객이 있었다. 광화문 비각 옆에 있던 복취루라는 짜장면집 주인이었다. 정말 축하한다는 인사와 함께 7~8년은 되었음 직한 노랗게 된 짜장면 외상 쪽지를 내밀었다. 절대 이것 때문에 온 것은 아니라면서….

여전히 정권만 바뀌면 우수수 목이 떨어지는 방송사 간부들과 프로그램을 만들다, 기사를 쓰다가 일손을 놓는 사람들은 어떤 외상 쪽지를 남기고 있을까…. 빠르게 지나간 세월이었지만 긴 세월이었다.

"여보!! 나 내일부터 출근이야"

—나와 대우자동차

이종대 동아투위 위원

동아투위 위원들의 부음이 점점 잦아지고 있다. 빈소에 들어서는 조문객의 눈길이 멈추는 곳. 영정 속 고인의 표정. 고인은 검은 상복의 미망인에게 무언가를 말하려고 애쓰고 있다. 하지만 그 말은 입안에서 맴돌 뿐이다. 끝내 발음이 안 되는 그 말. "여보!! 나 내일부터 출근이야."

생전에 딱 한 번 이 말을 건네며 폼 잡고 싶었던 고인들, 그리고 생존자들. 그래서 그들은 해마다 3월이면 광화문 거리에 모여 목청껏 외친다. 그들을 쫓아낸 동아일보를 향해, 그리고 무도했던 공권력을 향해. 어언 반세기가 흘렀다.

해직기자가 노동자 대량 해고의 주역이 된 아이러니

젊은 날 권언 합작의 만행으로 해고의 아픔을 '만끽한' 내가 동가식서가숙 끝에 찾아든 자리가 하필이면 무자비한 대량 해고의 주역인 회사였을까. IMF 사태의 절정기에 대우자동차는 격랑의 한복판에서 위험하게 흔들리고 있었다. 이 회사의 경영 책임을 내가 덥석 떠안은 것은 아무리 생각해도 미련한 일이었다.

취임 직후 회사는 부도와 함께 존폐 위기에 빠져들었다. 밀린 임금이 두 달 치에 이르렀고 회사 제품에 대한 시장의 신뢰는 순식간에 무너졌다. 누가 퍼뜨렸는지 대우차 사면 AS를 못 받는다는 소문이 널리 퍼져나갔다. 심지어 일부 해외 딜러들은 재고로 보유 중인 대우차를 한국으로 도로 실어가라고 요구하기도 했다. 문 닫기 직전의 경영난에 몰린 부품 업체 사장들의 방문과 전화가 숨 가쁘게 이어졌다.

하나같이 극심한 자금난에 시달리고 있었다. 부품 대금을 제때에 갚지 못한 모기업 때문이었다. 오랜 기간 막대한 자금을 대출해 준 금융 기관들은 채무기업의 생사 여부를 가늠하며 떼일 돈이 몇 조 원일까 신경을 곤두세웠다. 경영의 혼란 상태가 장기화하면서 스스로 퇴사하는 사원들도 늘어났다. 일부는 택시 기사직 또는 자영업에 뛰어들었다.

회사 안팎에 몰아닥치는 위기의 징후들은 신속하고 과감한 회

동아일보 기자들이 철야 농성을 벌이던 1975년 3월 16일 시노트 신부(가운데)가 합류했다. 농성 중인 기자들은 시노트 신부에게 '회사로부터 쫓겨나도 우리는 자유언론을 위해 신명을 바친다'는 내용의 양심선언을 전달했다(맨 오른쪽이 당시 이종대 기자).

생 대책을 강요하고 있었다. 더구나 대우차 사태의 빠른 극복은 IMF 위기 극복이라는 국가적 과제에 맞닿아 있었다. 이 때문에 매스컴은 거의 매일 대우차 기사를 실었다.

법원 관리를 받으며 회사는 구조조정 계획을 빠르고 강력하게 실천해나갔다. 한순간도 머뭇거릴 여유가 없었다. 인력 감축도 예외가 아니었다. 부도난 지 석 달 만에 회사를 떠난 사원수는 8,500명, 전체 사원의 40%에 육박했다. 이중 1,750명은 정리해고를 당한 사람들이었다. 사상 최대 규모의 집단해고였다.

노동자들의 반발과 저항도 그만큼 치열했다. 민주노총을 중심으로 결성된 공동투쟁본부(공투본)는 부평공장에 진을 치고 '정리해고 분쇄' 투쟁을 격렬하게 전개했다. 한동안 회사 주변의 대로는 시위 노동자들과 진압 경찰 간의 충돌로 전쟁터를 방불케 했다.

나의 바지 주머니에도 늘 돌멩이가 들어 있었다

이 무렵 어느 날 점심 시간에 길거리에 나섰다가 불의의 봉변을 당한 적도 있었다. 식당 쪽으로 꺾어지는 길목을 지날 무렵 길 건너편에서 갑자기 돌멩이가 날아든 것. 함께 걷던 직원들이 잽싸게 나를 에워싸며 보호 장벽을 쳤다. 돌 세례는 2~3분 만에 저절로 멈췄고 다행히 다친 사람은 없었다. 돌을 던진 것은 10여 명의 해고자들이었다. 오후에 사무실을 찾아온 한 임원은 그들의 명단을 파악했다면서 경찰에 알릴까를 물었다. "그 사람들 지금 어떤 심정일까요?" 나는 고개를 저었다.

이 순간 '김상만'(전 동아일보 회장)이라는 이름 석 자가 뇌리를 스쳐갔다. 내 손안에 돌멩이가 쥐어져 있는 듯한 착각에 잠시 빠져들었다. 오랜 세월 내 바지 주머니에는 늘 돌멩이가 들어 있었다. 나는 얼마나 많은 '돌'을 저쪽을 향해 던지고 또 던졌던가.

공투본의 투쟁이 격화하면서 일부 노조 간부들이 구속되는 사태가 벌어졌다. 현장에서 투쟁을 지휘했던 민주노총 간부 한 사람도 구속자 명단에 올랐다. 자동차 안에서 라디오 뉴스를 듣다가 이 사실을 알게 된 나는 바로 차를 돌려 안양구치소로 달려갔다. 구멍 뚫린 유리벽을 사이에 두고 대화를 주고받는 7분짜리 일반 면회. 그는 면회실로 들어서는 나를 발견하자 흠칫 놀라는 눈치였다.

서로 안부를 묻고 잠깐 침묵이 흐른 다음 그는 내게 부탁할 말이 있다며 차근차근 설명을 이어갔다. 열흘 후에 재판이 열리는데 나의 도움이 필요하다는 것이었다. 내가 쓴 탄원서를 재판장에게 제출하면 집행유예 선고를 받을 수 있다는 것이 그의 판단이었다. 나는 바로 수락했고 그는 부인을 내 사무실로 보내겠다고 말했다.

그와 나는 서로 다른 쪽에서 각자의 직무를 열심히 수행했을 뿐인데 그는 담장 안쪽에, 나는 바깥쪽에 있었다. 예사롭지 않다는 느낌이 가슴을 스쳤다. 극단적 대치 관계 속에서 그와 나는 예리하게 충돌하는 위치에 있었지만, 다른 한편으로 그는 대우차 사태의 바람직한 결말을 위해 크게 기여할 수도 있는 인물이었다.

내가 퇴임한 후의 일이겠지만 인수합병 절차가 순조롭게 끝나고 경영이 호전되면 인력 수요도 늘어날 것이다. 모자라는 일손을 채우는 단계가 오면 누구보다 해고자들에게 최우선권을 부여해야 한다. 사태의 순차적이고 바람직한 진행 과정을 그려보면서 나는 제법 야무진 기대를 품고 있었다. 내가 면회한 노동운동가의 경륜은 그 같은 전개의 마지막 단계에서 큰 도움이 될 것으로 보였다.

우리 두 사람이 다시 만난 것은 2주일쯤이 지난 뒤였다. 여의도의 조그만 대중식당. 나는 그의 석방을 축하했고 그는 탄원서 덕분이라고 감사했다. 수천 명을 감원시킨 구조조정 기업의 경영자는 이날 저녁 뜻밖의 식사 대접에다 넥타이 선물까지 받았다. 그는 부인이 그리 시켰다고 귀띔했다. 이날 밤 귀가하는 발걸음은 가볍고 무거웠다.

해직 기자가 품은 한마디의 말, 절망을 희망으로 바꾸다

쟁쟁한 대기업들의 부도 행렬이 끝없이 이어지고 국가 경제 전체가 휘청거렸다. 고용불안은 극에 달했다. 해고된 노동자가 새 일자리를 얻는다는 것은 거의 불가능했다. 비록 부도난 기업일지라

2001년 대우자동차가 사생결단의 몸부림을 치고 있을 즈음
미국의 자동차전문지 〈오토모티브뉴스〉는 당시 이종대 회장의 사진과 함께
"대우차는 살아남을 수 있을까?"라는 화두를 던졌다.

도 무언가를 해야 한다는 압박감이 어깨를 짓눌렀다. 해고자들의 전직 창업과 궁극적으로 복직까지 내다보는 일련의 작업이 반드시 뒤따라야 했다. 이 난제는 한낱 부도기업 경영자의 업무 범위와 능력을 훌쩍 벗어나는 것이었다. 그렇다고 손을 놓고 있을 수가 없었다. 맨 먼저 할 일은 긴박한 회사 사정을 널리 투명하게 알리는 것. 이럴 땐 이실직고가 상책.

　4개의 일간지에 광고를 실었다. 광고 문안 한 자 한 자를 내가 직접 꼼꼼히 살폈다. 사과의 뜻을 첫 줄에 담았다. "대규모 인력 조정으로 국민 여러분께 심려를 끼쳐드린 점 깊이 사과드립니다. 퇴직 사원과 그 가족들께도 송구한 마음 금할 길 없습니다."

　병 주고 약 주는 격이긴 했지만 퇴직자들의 취업 알선과 직업훈련 사업을 대대적으로 추진했다. 경영 정상화 노력에만 쏟아 부어도 모자랄 경영 자원을 대량 해고의 사후 대책에 전용하는 사례는 퍽 드문 일이었다. 채권단의 눈치를 보면서 별도의 사무실을 회사 밖에 차리고 얼마간의 예산과 인원을 배치했다.

　나는 거기에 '희망센터'라는 간판을 달았고 해고 노동자들은 이곳을 '절망센터'라 불렀다. 출범 직후부터 그들은 사무실 앞거리에 모여 거친 항의 시위를 벌였다. 노동계의 명망 있는 지도자 한 분을 만나 이 신설 기구의 운영을 총 지휘해 줄 것을 부탁했다. 그동안 쌓아온 그의 명성에 누가 될지도 모를 자리를 그는 흔쾌히 수락했다.

　노동부와 산자부 장관실, 인천시장실을 찾아가 중앙정부와 지방정부의 도움을 청하고 경총과 전경련에도 대우차 퇴직자를 위한 업계의 일자리 나누기를 호소했다. 유사 직종의 2만여 개 업체에 호소문을 보내 사원 모집 때 대우차 해고자 1명만 뽑아달라고 간청했다. 채용 박람회, 창업교육을 비롯한 별의별 사업들이 펼쳐졌다. 운이 좋아 앞으로 복직이 된다 해도 제법 긴 시일이 걸릴 것이므로 그때까지 안 굶고 버티는 방안도 백방으로 찾아봐야 했다.

이토록 절박한 현실을 감안, 여성 중심의 별도 교육 프로그램도 마련했다. 반찬가게, 벽지 바르기, 제과 제빵 등 일곱 과목에 퇴직자 부인 200여 명이 참여했다. 한여름 10주 간의 연수가 끝나는 날 간소한 수료식이 열렸다. 이날 나는 그들 앞에 서서 죄송스러운 마음을 전하고 좋은 날이 분명 오고야 말테니까 그때까지 용기를 잃지 말고 견디자고 격려했다.

"여러분 절대 기죽으면 안 됩니다. 여러분들은 젊고 앞날은 창창합니다." 암울하던 시절 김수환 추기경이 동아투위 위원들을 성당에 불러 모아 들려주신 말씀, 평생 귀에 쟁쟁하다.

졸지에 직장을 잃고 살림살이가 절망적으로 궁색해지자 새 일터를 찾는 퇴직자들의 발걸음도 분주해졌다. '희망(절망)센터'의 이용자와 채용박람회 참가자 수가 눈에 띄게 늘어나고 있었다.

언제 무릎 꿇고 사죄하는 사주를 볼 수 있나

제1차 채용박람회가 열린 것은 대량 감원 두 달 뒤인 2001년 4월. 회사와 노동부 인천광역시의 공동 주최로 열린 이 행사에는 7천

대우자동차 퇴직자 재취업과 창업을 돕기 위해 2001년 2월 문을 연 '대우차 희망센터'가 펴낸 책. 1997년 국제통화기금 외환 위기로 법정관리에 돌입한 대우자동차는 2000년 11월 정리해고 1750여명을 포함해 사원 8500여명을 떠나보내야 했다.

여 명의 구직자가 모였고 그 중 1500명이 대우차 퇴직자였다. 사원 채용을 위해 나선 기업은 300개. 나는 인천시립체육관의 박람회 현장을 찾아가 전직 사원 한 사람을 만났다. 면접 순서를 기다리고 있던 그에게 다가가 어색한 인사를 나누고 몇 마디 사과와 격려의 말을 건넸다.

뜻밖에도 이 짧은 만남을 포착하여 기사화한 신문은 미국의 월스트리트저널이었다. 쫓겨난 자와 쫓아낸 자가 얼굴을 맞댄 사진이 1면에 크게 실려 있었다. 더욱 눈길을 끈 것은 큰 글씨의 사진 설명 제목. '자신이 해고한 노동자 앞에서 무릎 꿇고 사죄하는 최고경영자'. 의자에 앉은 사람과 눈높이를 맞추려고 몸을 약간 구부린 것인데 사진에는 정말 무릎을 꿇은 모습으로 바뀌어 있었다.

구직의 대열은 끝이 없었다. 한 편에서는, 단 한 사람이라도 건지자, 그들의 지옥 탈출을 하루라도 앞당기자는 손길이 이어졌지만 성과는 미미했다. 한강물을 바가지로 퍼내는 격이었다. 광풍의 한 해가 저물 무렵 '희망센터'는 300일의 활동을 정리한 보고서를 냈다.

취업과 창업의 성공 사례들은 그 수가 많지는 않아도 절망 속에서 부둥키는 사람들의 체온이 담겨 있었다. 무엇보다 훗날 유사한 위기에 빠진 기업과 노동자들에게 얼마간의 참고가 될 것 같았다. 260쪽 보고서의 제목을 정하는 데 꽤 공을 들였다.

"여보!! 내일부터 출근이야!"

펜을 줄 수 없는 기자, 교단에 설 수 없는 교수

김민남 _{동아투위위원}

―서울에서 해고 부산에서 해고

동아투위 김동현 부위원장으로부터 모처럼의 전화다. '김 선배도 자유언론실천선언 50주년 회고 글 하나 보내줬으면 좋겠다'라는 연락이다. 난감하기도 막막하기도 하다. 1980년 부마항쟁을 전후하여 아픈 기억들을 되살리기로 했다.

1974년 자유언론실천선언의 질풍노도가 언론계를 휩쓴 지 벌써 반세기가 흘렀다. 그 많은 동지들을 두고 나 혼자만 멀리 부산 외톨이로 지내왔다. 동아투위를 위해 특별히 기여한 바도 없고, 자유언론실천선언 50주년 회고 글을 '풍성하게' 할 자신은 더욱 없으니 정말 망설여진다. 그래도 우리 동지들 서로가 알만한 건 함께 나누는 것도 자그마한 도리일 것 같다. 그래서 50년 넘게 깎이고 무뎌

1975년 3월 동아일보에서 강제해직된 기자들은 매일 아침 동아일보 앞에서
침묵시위를 벌이고 신문회관으로 이동했다(맨 앞사람이 김민남 위원).

진 펜을 들기로 마음먹었다. 내 딴엔 조그만 용기다.

불의에 항거하는 법을 가르친 죄

1979년 당시 신군부가 권력을 잡고 정권 앞장에 서서 우리 사회를 호령하다시피 했다. 내가 국군 보안사 부산지부에 연행된 건 1980년 7월 16일이다. 보안사 요원 2명이 학교 수위실로 와서 호출했다. 연구실에서 수위실까지 200m 넘는 길을 내려왔다. 잠깐 가까운 찻집으로 가자고 해서 동아대 대신동 캠퍼스 부근 찻집을 찾았다. 그들은 앉자마자 '거두절미하고, 7월 16일 부산 보안사 분실로 출두하라'는 것이었다. 보안사 부산지부는 망미동 어디쯤에 있었다.

아내는 7월 염천에 보름 간 매일 아침 보안사 정문 앞 도로 건너편에 출근하다시피 했다. 아이들은 할머니가 돌봐주셨다. 아내는 당시 가슴만 탄 것이 아니라 얼굴까지 새까맣게 타서 기미가 내려앉았다. 아직도 그 흔적이 남아 있어 얼굴을 대할 때마다 미안한 맘이 든다. 나는 동아일보 재직 시절 서울대에서 석사과정을 마쳐 박사과정을 이수한다는 조건으로 모교인 동아대학에 운 좋게 자리를 잡을 수 있었다. 학업을 계속하라고 강력히 권유하고 뒷바라지를 해준 것도 아내였기에 평생 부양가족처럼 아내 신세를 지고 살아왔다.

보안사 수사 요원들이 수사에 들어가기 전에 신발과 입고 온 옷들을 모두 벗겨내고, 고무신과 병사들 군복으로 갈아입혔다. 그들은 육군 중령인가 하는 지부장실로 나를 데리고 갔다. 지부장은 물 한 방울 먹지 않은 고압적 말투고, 그런 자세였다. "당신은 대학교수니까 실무자들이 조사할 때 예우해 주도록 지시했소. 조사관이 묻는 대로 숨기지 말고 대답해 주기 바라오."

조사가 시작됐다. 긴장감이 돌았다. 옆방에서 고함소리가 들렸다. 첫째, 당신이 지금 수사 받는 건 지난 날 동아투위에 기여한 바가 적지 않다는 것이고 또 하나는 학생들을 선동해서 데모에 내몰았다는 것이다. 이것은 길게 설명할 필요도 없다. 그들도 알고 있었다. 우선 1974년 10·24 자유언론실천에 가담하고 선언서를 동기인 양한수와 함께 서울 불광동 천관우 주필 댁에 직접 전달했다는 것. 천 주필을 부산에 초청, 남포동 제일예식장에서 시국강연회를 했다는 것도 참고했을 것이다.

사실 천 주필 관련 건 때문에 나는 동아일보 기자 시절에도 출입처인 국회에서 남산으로 끌려갔었다. 내가 동료들과 점심 하려고 국회 문을 나서는데 건장한 요원 4명이 와서 다짜고짜 양 옆으로 팔을 끼고 건너편 프레스센터 뒤쪽 다방으로 끌고 갔다(당시 국회는 현재 서울시의회 건물 - 편집자 주). 상관으로 보이는 두 사람이 기다리고 있었다. 아무런 말도 없이 지프차에 구겨 넣고, 양 옆 두 팔을 앞으로 내밀게 하고 수갑을 채웠다. 곧장 남산으로 끌고 갔다.

거기엔 양한수와 거구의 천관우 주필이 먼저 끌려와 있었다. 천주필은 빨리 조사를 끝내고 돌려보내는 것 같았다. 예우를 한 셈이다. 양한수와 나는 하룻밤 내내 조사를 받고 그날인가 그 다음날 새벽에 '훈방 조치'됐다. 긴 시간 조사받을 내용이 별로 없었다.

두 번째는 내가 가르친 학생들 진술 '덕분'이었다. 보안사 요원들이 1980년 5월 광주 5·18 전후해서 부산 학생들을 대거 끌고 가 강제수사를 했다. 훗날 나한테 그런 얘기를 해줘서 알았다. 모질게 고문당했다는 것이다. 학생들 강제수사는 고문이 엄청 심했다는 말이다. 그런데 학생들을 위해 그때 내가 해줄 수 있는 게 없었다. 내가 학생들을 선동해서 데모에 나서게 했다면 학생들의 죄가 완화되어야 한다. 학생들을 고문할 줄 알았다면 내가 차라리 데모했을 것이다. 그런 증후를 조사관은 전혀 내비치지 않았다.

보안사 요원들은 학생들 진술을 근거로 내가 받고 있는 혐의를 꿰맞추고 있었다. 수사관이 내게 말한 내용을 요약하면 이렇다. 첫째, 강의 시간에 신군부 정권을 비판하고, 학생들 3천여 명이 학교 운동장에 모여 시위에 나서도록 선동했다는 것. 그들 학생 3천여 명이 남포동, 광복동, 국제시장, 부산역을 거쳐 서면까지 휩쓸었다는 것이다. 이건 사실이다.

1975년 동아일보, 1980년 동아대…두 번의 해직

　망미동 보안사 분실에서 석방된 그날 밤 자정 경, 범일동에서 서면에 이르기까지 다시 중앙대로를 둘러봤다. 시위 과정에서 혹시 부상한 학생과 연행된 학생들이 있을까 염려됐다. 자갈 모래가 널려 있고 모래가 흩날려 눈물이 났다.
　이튿날 학교에 나갔다. 남포동, 광복동 일대에서 경찰과 군인들, 학생들과 일부 시민들 간의 충돌을 둘러싼 흉흉한 소문들이 돌았었다. 나는 학생들과 교직원을 통해서 대강의 사태를 알 수 있었다. 가슴 아픈 사연들을 또 한 번 마음속에 안아야 하나 되물었다. 뒤늦게 회한 아닌 회한을 곱씹어야 했다.
　많은 시민들과 학생들이 적지 않게 연행됐고 일부 피를 흘리는 부상당한 학생들은 영도 경찰서 유치장에 있었다. 다른 학생들은 중부서와 서부서 등에 갇혀 있었다. 계엄 상황이지만 그들을 찾아보지 않을 수 없었다. 대부분 동아대 학생들이라는 소문을 듣고 교수로서 앉아 있기가 힘들었다. 동료 교수 한 분과 함께 영도 경찰서로 갔다. 그는 기독교 장로였으니 마음이 허락했을 것이다. 대부분 교수들은 접근을 꺼리고 심지어 두려워하는 분위기였다.
　피를 흘리는 학생들을 비롯해서 많은 학생들과 시민들이 마음을 아프게 했다. 동료 교수와 둘이서 영도 경찰서 문을 빠져나와 말없이 부산지방경찰청 앞을 걸었다. 겁이 없었던 건 아니지만 정면

부마민주항쟁에 참여한 학생들을 배후 조종했다는 이유로 불법 구금된 뒤 학교에서 해직 당한 김민남 동아대 명예교수가 국가를 상대로 낸 손해배상청구 소송에서 원고 일부 승소 판결을 받았다. 관련 소식을 전한 부산MBC 2022년 4월 27일 보도

돌파할 수밖에 없는 상황이었다. 그는 대연동 집으로 가는 길이고 나는 서면으로 가는 길이다. 그 동료 교수는 지금 생각해도 대단한 용기다. 나는 혼자서 다시 폐허 같은 부산일보 - 남포동 - 광복동-자갈치시장에 이르는 중앙대로를 걸었다.

며칠 후 데모한 모교 학생들 몇 명이 연구실을 찾아왔다. 그와 함께 기관원들의 전화가 자주 걸려왔다. 나는 서울로 가볼까 고심했다. 학생들을 구할 길이 있을까 싶어서였다. 지인 교수가 당시 교육부 장관으로 있었던 것 같다. 하지만 서울로 가는 그 길이 너무 막막해서 일단 발길을 돌려 남천동 집으로 왔다. 우리 아파트 경비

실은 지난 번 1964년 6·3 시위 때 기관원들 2명이 진을 치고 있었기 때문이다. 아이들과 가족 걱정을 안 할 수 없었다.

나는 불행하게도 강제 해직됐다. 재단 결의를 거쳤으니까 더 이상 무엇을 기대할 처지도 못되었다. 7월 31일 아침에 소속 박성균 사회대학 학장이 일러준 대로 서대신동 총장 자택을 방문했다. 총장 사모님이 객실로 안내했다. 그러나 총장은 커피가 다 식도록 말없이 창밖을 내다보고 있었다. 나는 대충 마음을 정리하고 있었다. 내 생애에 다시 밥자리를 뺏기는 지점에 도달했다. 이 시대 다른 아버지의 고통에 비하면 별것도 아닐 수 있다.

사표를 써서 학교에 제출하고 연구실로 돌아와 짐을 쌌다. 뒤늦게 사실을 파악한 학생들이 짐 싸는 걸 도왔다. 학생들 몇 명이 눈물을 쏟았다. 나도 눈시울이 뜨거워졌다. 총장실로 찾아가 인사하고 나오는데 손현수 학생처장을 보고 가라는 비서실장 전갈이다.

손 처장은 자기 방으로 나를 데리고 갔다. 그는 한참 뜸을 들였다. "김 교수는 앞으로 학교 근처에도 오지 말고 동료 교수나 학생들은 만날 수 없소. 보안사가 총장실을 거쳐 지시했소."

그 후 4년 6개월 동안 나는 학교 근처에 얼씬도 못하고 사랑하는 재학생 제자들도 만날 수 없었다. 뭣보다 힘든 건 급여가 없어졌다는 것. 아내는 저 아이들 데리고 어떻게 살림을 꾸릴까. 그날 저녁부터 비상이었다. 내가 무슨 천형(天刑)을 받은 것도 아닌데….

중학교와 초등학생 작은 아들에게 또 한 번 설명을 해줘야 한다.

2019년 5월 25일 열린 '동행 : 서로에게 스며들다' 출판기념회에서
김민남 동아대학교 명예교수(왼쪽에서 두번째)가 제자인 윤준호 국회의원과
기념사진을 찍고 있다.

아버지가 집에서 빈둥거리는 모습을 매일 보아야 하니까. 더구나 이번에는 다른 사연으로 '강제 해직'되었다. 그 이유를 알아듣도록 설명하는 일이 만만치 않았다. 그것도 이 시대 아버지의 길이기도 하다면 감수해야지 어쩌겠는가.

그 시절의 엄혹함, 다음 세대에 물려줘선 안 된다

강제 해직(強制解職). 숙명으로 받아들이기엔 아이들과 아내, 내가 가르친 학생들한테 너무 미안하고 가슴 아프다. 특히 학생들에겐 엄청 큰 아픔을 줬을 것이다. 사회학과와 행정학과 학생들이 더욱 그렇다. 등 두드려 그들 미래를 격려해 주어야 한다. 보안사 지부장 말대로, 나는 동료 교수와 학생들은 일절 볼 수 없었다. 동료 교수들은 내가 떠날 때도 볼 수 없었다. 물론 원망하지 않는다. 딱 한 사람, 훗날 총장을 역임한 사회학과 한석정 교수 한 분은 그때도 만났고 지금도 만난다.

나는 1980년대 후반 다시 학교로 돌아가서 부총장도 역임하면서 교직을 이어오다가 정년 한지도 벌써 20년이 되었다. 퇴직 후 건강이 좋지 않아 홀로 바닷가를 찾거나 간혹 기원에 출입하는 낭인(浪人) 김삿갓 신세로 지내고 있다.

과거 엄혹한 시절에는 누가 혹시 밥이나 한번 먹자고 해도 내가 피해줘야 하는 세상이었다. 이런 세상은 내 아이와 학생들 세대에게는 절대로 물려줘선 안 된다고 혼자 다짐해 본다. 끝으로 한마디 적지 않을 수 없다. 동아일보 기자 공채 10기 동료들에게 뭐라고 말해야 할지 또 한 번 가슴 먹먹하다. 이참에 사과도 해야 한다. 너무도 오래 만나지 못했다.

"명예 회복?
난 불명예스러웠던 적 없습니다"

맹경순 동아투위 위원

자유언론실천선언 50주년이라니! 한 생명이 태어나 50년이 지났다면 중년도 한참 지났을 시간인데 이렇게 빨리 지나갔나 하는 생각이, 아니, 한탄이! 자유언론실천선언의 역사적 소명, 언론의 책임 등은 앞서 여러 선배들이 많이 쓰셨으니 나까지 보탤 필요가 없겠다.

그렇게 쫓겨나와 동아일보사 건너편 국제극장(현 동화면세점) 골목 깊숙한 곳 여관에 동아투위 사무실이 생겼다. 칠판에 '서로 연락할 것', '지침' 등이 적혀 있는데 하루는 '배 차장님, ○시에 여관에서 만나재요'라는 글이 쓰여 있어 폭소를 자아냈던 기억이 있다. 배 차장은 라디오 파트의 배동순 차장님이었다.

강제 해직 후 몇 달은 생활지원비 명목으로 돈이 지급됐으나 오래갈 수가 없었다. 그리고 선배들이 하는 독려의 말처럼 곧 다시 귀사해 일을 할 수 있을 것만 같았던 때였다. 그렇게 몇 달이 지나자 이제 생활이라는 삶의 현실이 다급하고 절실하게 다가왔다.

내가 소속된 동아방송 아나운서부의 전영우 실장과 김인권 차장께서 밤에 우리 집을 방문해 딸이 하는 자유언론 운동이 뭔지 잘 모르는 모친을 설득하고 갔다. 집에서는 난리도 아니었다. "아나운서라는 좋은 직업을 가진 애가 차분히 일을 하고 좋은 급여를 받으며 살 일을 왜 이리 시끄럽게 만드냐"라는 이야기였다. 집안 식구들은 그럴 수밖에 없었다.

동아방송 아나운서실의 추억

사실 나의 동아방송 입사 과정부터 좀 시끄럽긴 했다. 첫 직장이었던 기독교방송에 대학 졸업 전에 합격해서 신입 아나운서로 지냈는데, 몇몇 선배를 중심으로 경영진의 부당한 업무 지시와 개인 취향의 단체 육성 등에 항의하여 투쟁이 시작되었으나 전력 약화와 전투력 부족으로 흐지부지 주저앉았다. 사내 분위기는 다음 달 봉급이 제대로 나올 지가 관건이라 아주 좋지 않은 상황이었다. 방송인으로서 자부심을 갖기 어려운 상황이었다.

내가 기독교방송에 입사한 해에는 신입사원을 뽑지 않았던 동아방송이 이듬해 신입사원 채용 공고를 냈다. 운이 좋게도 실기시험과 필기시험, 면접 등 모든 과정이 공휴일에 있었다. 최종 면접 때 심사위원들은 "기독교방송 퇴사에 아무 문제가 없겠는가? 1년 경력이 있어도 신입사원으로 모든 교육을 받는 것에 이의가 없겠는가" 등을 물었다.

최종 면접을 보고 기독교방송에 출근을 하니 난리가 났다. 동아방송에서 기독교방송에 전화해 "이 사람이 응시했고 우리는 이 사람을 선택한다"라고 통보했다고 한다. 전 직장에서 겪은 합당하지 않은 대우와 근무 환경, 그리고 내 근무 시간에 저촉되지 않는 상황에서 타사에 응시 지원한 것은 비윤리적인 것이 아니라고 스스로 생각했다.

동아방송 입사 후의 교육은 재미있고도 우울했다. 당시 명 MC였던 고려진, 임국희 씨 등 다양한 외부 강사들의 체험과 조언을 듣는 것은 재미 있었지만 사내 강사들이 들어오면 여지없이 "전 직장에서 1년 경력이 있는데 왜 신입사원으로 다시 시작하려 하는가" 물었다. 구질구질하게 과거를 까발리는 것이 싫었다.

동아방송 아나운서실의 여자 선배는 강영희, 이경자, 이선미, 임수진, 홍명진, 한현수, 최남경 씨 등이었다. 남자 선배들은 거의 동아투위에 없었기 때문에 생략한다. 여자 선배들은 내 눈에 마치 파리의 예술인 같았다. 늘 책을 읽고 음악을 들으며 연애를 했다. 집

동아방송 피디와 아나운서들로 구성된 동아방송 자유언론실행위원회 위원들이 1975년 3월 17일 새벽 폭도들에 의해 축출당한 직후 회사 정문 앞에서 임시 총회를 열었다. 김창수 위원장이 성명서를 낭독하는 동안 일부 위원들은 울분에 겨워 눈물을 흘리고 있다.

안 어르신 같은 간부 사원들이 있긴 했지만, 비교적 다양함과 특별함을 존중하는 분위기여서 동아방송의 생활은 재미가 있었다.

하지만 물리적 환경은 그리 좋지 못했다. 부장, 차장을 비롯해 몇 사람만 개인 나무 책상이 있고 나머지는 책상 몇 개를 공유해 긴 의자에 둘러앉아 책을 보거나 방송 원고를 준비했다. 깔깔거리고 웃고 얘기하다가 담당 피디가 문을 열고 녹음하자는 사인을 보내면 스튜디오로 따라가는 것도 웃기는 풍경이었다. 아나운서실은 매일매일 새로운 이야기로 가득 차 있었고, 일하는 것이 재미있고 중요하게 여겨졌다.

자유언론실천 투쟁이 시작되면서 아나운서실의 분위기는 더 이상 하하호호 할 수 없게 됐다. 우리는 호소문을 갖고 시내 곳곳을 방문하는 2인 1조 팀을 만들었는데, 나는 현재 한길사 대표인 김언호 선배와 같이 다녔다. 당시 소신이 별로 없었던 나와 달리, 철두철미 자유언론 정신으로 무장된 분이었다.

그러는 사이 배신자도 생기고, 이탈자도 생기고, 직장을 새로 구해 출근해야 하는 사람도 생겼다. 간간이 투위 사무실을 통해 들어오는 외부 녹음도 있었지만 그걸로 생활하기는 불가능했다. 나는 그 무렵 중앙일보사의 동양방송(TBC)에서 신입사원 모집이 있어서 응시해 봤다. 가능성은 별로 없었지만, 최종 면접에서 떨어졌다. 집안의 누가 '비선'으로 알아보니 최종 심사에서 '굳이 높은 데의 비위를 거스를 필요가 없다'라고 결론을 냈다고 한다. 그 시절 분위기를 보면 무리가 아니었다. 게다가 TBC는 동아방송과 청취율 싸움이 치열했던 곳이었다.

그때 동기 아나운서였던 황윤미가 무역회사에 들어가 근무하고 있다가 관련 업체인 한 수입 대행업을 알선해 접수 담당자로 근무하게 되었다. 그 회사의 사장은 과거에 동아일보 기자 입사 시험에 응시했다 실패한 사람이었다. 나는 그의 '프라이드'였다. "동아방송 아나운서가 우리 직원이야."

'일인 무사'가 된 아나운서

하느님은 한쪽 문을 닫으실 때 반대편 문을 열어두신다는 서양 속담이 있는데 실감하는 일이 생겼다. 숫자 맞추기에 진저리를 치고 있는데 전화가 왔다. "저는 문화방송 라디오의 장명호 피디입니다. 맹경순 씨와 라디오 프로그램을 하고 싶은데 의사가 있으신지요?" 가까운 커피숍에서 만났는데 나는 이미 TBC 일을 겪은지라 기대 없이 말했다. "저희랑 일을 같이 하고 싶으셔도 아마 안 될 거예요."

지금도 내가 '저희'라는 단어를 쓴 게 신기하다. 우리는 공동 운명체임을 깊이 깨닫고 있기 때문이 아니었을까. '아마 안 될 것'이라고 말한 것은 우리가 이미 크고도 무겁고도 무서운 공권력의 맛

맹경순 아나운서가 진행하는 맹 모닝 상담소(오른쪽은 홍성남 신부).

을 봤기 때문이었을 것이다. 하지만 해사한 모습의 장 PD는 밝게 말했다. "그게 아니더라고요. 저희도 알아볼 만큼 알아봤는데 일하는데 아무 문제가 없더라고요. 저희도 사전에 다 점검해 봤습니다."

그래서 나는 TBC 때의 일을 꺼냈다. 장명호 PD은 "아마도 방송사 측에서 미리 포기한 걸 겁니다"라고 말했다. 세상에, 내 입장에서는 해직이라는 무거운 체험을 하고 많은 것을 걸고서 응시한 것인데 방송사는 그저 권력에 알아서 기었다니. 그럴 수밖에 없었겠다고 이해는 한다.

나를 무직의 어두운 시간에서 구해준 수입 대행업체 대표님께 심심한 사과를 드리고, MBC 라디오의 프리랜서로 방송을 다시 시작했다. 그런데 이상했다. 동아방송에 있을 때 그렇게 신명 나게 일했던 방송이 벤치의 운동선수처럼 영 몸이 안 풀리고 잘 되지 않았다. 동아방송 때 이규만 선배(PD)는 늘 나에게 적극적 참여를 요구했다. 실제 생방송 전 나는 광화문 거리에 나가 오프닝 멘트를 생각하고 만들었다. 그렇게 내가 진행했던 교통 프로그램은 화제가 되었고 주간지의 취재 요청으로 '행운의 엽서'를 뽑는 사진을 찍기도 했다.

어린 나이에 동아방송 아나운서부라는 소속이 있을 때는 편안했는데, 갑자기 '닌자' 같은 일인 무사가 되어 방송과 사교를 능란하게 처리하려니 일이 영 서툴렀다. 더구나 새 일터의 PD들은 프리랜서란 인사성 밝고 싹싹하고 많은 일들을 능숙하게 해주는 사람으로 여기는 것 같았다. 이미 공권력에 뺨따귀를 맞고 한없이 작아진 나는 낯가리고 인사 잘 못하고 사교적이지 않았다. 그래도 일 년 반 정도를 견뎌준 PD들에게 감사하다.

그 무렵 큰 아이를 임신하게 되어 서로 편안한 작별을 하게 됐다. 나는 1976년 결혼을 했는데 남편은 유일한 투위 소속 남자 아나운서다. 신혼집을 이사 갈 때마다 이른바 '담당'이 인사를 왔다. 인사라는 것은 '우리가 너희들이 이곳에 산다는 것을 알고 있다'라는 의미였을 것이다. 나쁘지 않은, 오히려 매우 정중한 사람들이었지만 돌아가면 소름이 끼치곤 했다. 우리는 저 사람들의 감시와 감독을 받고 사는구나 실감했다.

출산으로 6개월을 쉰 다음, MBC 라디오 부장이셨던 아나운서 선배 한현수 씨의 부군이 어린이 프로그램을 맡겨주셔서 재미있게 일했다. 또 동아방송에서 TBC로 이직한 김정일 선배가 새벽 생방송을 함께 하자는 제의를 하셨다. 이전에 MBC 프로그램을 할 때 TBC 프로그램으로 옮겨오면 출연료를 더 주겠다는 제의도 있었는데, 그 지겨운 수입 대행업의 숫자 놀음을 끝내게 해 준 MBC를 배신할 수는 없었다.

TBC 라디오의 새벽 6시 5분 생방송은 재미있게 진행했다. 일반적으로 녹음 방송이 나가는 시간에 시도한 새벽 시간대의 생방송은 반응이 좋았다. 생방을 마치고 드물게 새벽에 문 여는 서소문의 찻집이 있어서 자주 찾았다. 처음에는 30분 편성으로 시작된 프로그램이 나중에는 한 시간으로 연장 편성됐다. 낯가리고 사교에 능하지 못한 젊은 여성을 따뜻이 감싸주신 동양방송의 이기재 차장, 유성화 차장님께 감사드린다.

묻고 싶다, 자유언론 운동 당시 당신들은 어디에 있었나

1980년 신군부 주도로 언론 통폐합이 일어났다. 신문사 11개, 방송사 27개, 통신사 6개 등 44개 언론 매체가 통폐합됐다. 1,000여

명의 언론인들이 해직되는 사태였다. 날이면 날마다 비분강개의 회식을 하며 슬퍼하고 분개하는 사람들을 보며 한편으론 '우리는 몇 년 전 더 참담하고 참담하게 당했답니다'하고 중얼거렸다. 5년 전 자유언론 운동 당시 당신들은 어떤 생각이었는가 묻고 싶었다.

상당수 민영 방송사의 인원은 KBS의 보직과 급여가 보장되어 수평 이동을 했다. 대한민국의 이른바 방송인들은 하루아침에 다 여의도로 운집하게 된 셈이었다. TBC가 그렇게 자랑스러워했던 여의도 별관도 KBS가 접수했다. 물론 직장이 거대 권력에 접수되어 인질 내지는 포로로 잡혀가는 심정이라 참담했을 것이다.

그래도 그들은 낯설고 불안한 환경에서 일하더라도 급여에는 큰 지장 없이 생업을 이어갈 수 있지 않았는가. 동아투위의 많은 희생을 생각한다. 스트레스로 신병을 얻어 삶을 마감한 선배들, 해보지 않던 일을 생계로 하면서 힘들게 살았던 선배들, 자부심과 자존심으로 버티기에 삶은 너무 가혹했다.

TBC에서 진행하던 내 프로그램도 KBS로 옮겨갔다. '아침의 로터리'란 이름으로 TBC PD와 동아방송 PD와 같이 재미나게 일을 했다. 이 무렵부터는 동아투위에 대한 공권력의 적개심이나 보호 관찰도 좀 느슨해진 게 아닌가 싶기도 했다. KBS도 좌불안석이었을 것이다. 포로로 잡아온 듯한 타 방송사 직원들을 정중히 대하고 언론 통폐합이라는 신군부의 거대한 프로젝트에 누가 되지 않으려고 애쓰는 것이 역력했다.

동아방송 선배 아나운서였던 남편은 매형의 소개로 접착 윤활제 수입을 하는 회사에 근무하다가 그 아이템을 인수해서 사업을 시작했다. 다른 남자 아나운서들은 한 명도 투위에 합류하지 않았다. 동아투위의 정신이 어딜 가겠나. 남편은 구매 담당에게 업계의 관행인 리베이트를 주지 않았다. 자신이 취급하는 물건이 품질도 훨씬 뛰어나고 가격 면에서도 월등히 싸기 때문에 문제없다는 생각이었다. 다른 회사의 가격이 비싼 것은 리베이트 관행의 비용이 반영됐기 때문이겠지.

구매 담당 직원들은 제품의 장점에는 관심을 두지 않았다. 자신과 상사들에게 떨어질 리베이트 액수가 관건이었을 것이다. 동아투위, 자유언론 운동의 정신으로 우리나라에서 사업을 하겠다는 사람, 참으로 이 땅에서 살아가기가 힘들었다. 물론 좋은 날도 있었다. 살림이 피어서 풍족하게 산 날도 있었다. 남편은 그렇게 사는 게 참으로 힘들었을 것이다. 60세 생일을 맞기 몇 달 전 폐암 통보를 받고 두 달 후 세상을 떠났다.

우리가 동아에서 해직될 때만 해도 다시 직장으로 돌아간다는 희망이 있었다. 물론 불안도 있었지만. 회사의 회유에도 안락한 자리로 돌아가지 못한 것은 남은 선배들과 동료 때문이었다. 자유언론이고 나발이고 그것은 뒷날의 영광이었다. 당장의 판단을 좌우한 것은 '과연 그들을 남겨두고 내가 안락을 택할 수 있는가'였다. 그것은 차마 못 할 일이었다.

국민TV 라디오 프로그램 '맹경순의 아름다운 세상'을
진행하던 시절(사진 왼쪽이 맹경순).

나는 MBC, TBC, KBS, 그리고 다시 MBC 라디오에서 프리랜서로 일하다가 1990년 개국한 평화방송의 개국 멤버로 입사했다. 다시 프리랜서가 아닌 소속원으로 방송을 한다는 벅참이 있었다. 평화방송도 개국 다음 해 사측과 노조의 충돌이 시작됐다. 가톨릭 신자로 간부 사원인 나로서는 무척 난감한 상황이었다. 지금도 자신 있게 말할 수 있는 것은 '교회는 언론을 몰랐고 언론은 교회를 몰랐다.' 교회는 언론의 노동조합 운동에 너무 겁을 먹고 있었고 언론은 교회를 무시했다. 불행한 시간이었다.

이런 선택이 다시는 없기를 소망

얼마 전 구청에서 국가유공자로 월 10만 원을 지급하고 명예 회복을 해주겠다고 알려왔다. 담당 공무원에게 말했다. "나는 한 번도 내가 불명예스러운 사람이라고 생각한 일이 없습니다." 성유보 선배의 사모님께서는 "나는 다시 태어나도 이거(자유언론운동) 할란다" 하셨지만, 솔직히 나는 그럴 자신이 없다. 내 양심으로, 내 판단으로 그렇게 했지만 너무도 크고 무거운 고통이었다. 이런 선택이 다시는 없기를 소망했다. 그러나 그 고통으로 지금 누리는 평범한 일상이 부끄럽지 않다고 생각한다.

다만 50년이 흘렀는데도 우리의 언론 환경이 발전하지 못했다는 것에 한탄한다. 우리가 바쳤던 희생과 고통이 아무런 보탬이 되지 못했던가. 앞서 세상을 떠나신 선배들께 장하게 성장한 언론을 보여드리고 싶었다.

4

자유언론실천의 길

고단한 시대에 희망을 말했던 대기자, 송건호

김언호 동아투위 위원

―선생과 한길사와 나

송건호 선생 댁은 서울 은평구 역촌동이었고 우리 집은 불광동의 산동네 독바위골이었다. 나는 시내에 나갔다가 집으로 가는 길이면 으레 댁으로 가서 선생을 뵙곤 했다.

1978년 추석 전날이었다. 선생은 그날 대문을 나서는 나의 손에 5만 원을 쥐여 주셨다. 그땐 한길사가 펴낸 리영희 선생의 『우상과 이성』, 박현채 선생의 『민족경제론』 등이 잇따라 판금 되면서 신간을 내는 것은 물론이고 생활을 꾸려나가는 것도 힘든 시절이었다. 시내에 조그만 사무실을 운영하기가 힘들어서 그걸 철수하고 우리 집 작은 거실을 편집실로 쓰던 때였다. 그날 선생은 아이들에게 과자라도 사주라는 말씀으로 나의 등을 밀었다. 그땐 선생의 생활도 퍽 어려운 시절이었다.

선생은 나를 늘 '김형'이라고 불렀다. 다른 그 무엇보다도 책 만드는 일이 중요하다는 말씀으로 격려해 주셨다. 1970년대 말부터 1980년대에 송건호 선생과 진행한 이런저런 일들을 되돌아보면 나는 목이 멘다. 고단한 시대였지만 선생은 나에게 늘 희망을 말씀했다.

나는 선생에게 우리 현대사에 대해서 물었고 선생은 자신의 경험과 공부와 생각을 이야기했다. 선생의 글과 책은 이 민족 성원들에게 민주주의와 통일에 대한 희망과 신념을 고무시키는 정신이었다.

나는 젊은 기자들의 목을 칠 수 없다

1974년 10월 24일 동아일보사 기자들은 역사적인 '10·24 자유언론실천'을 선언한다. 자유언론의 '선언'에 그치지 않고 '실천'에 조직적으로 나선다. 보도가 일정 부분 개선된다. 이에 박정희 유신권력은 광고주에게 압력을 가해 광고 없는 신문이 발행된다. '백지광고'가 그것이다. 그러나 독자들의 격려 광고가 줄을 잇는다. 거대한 광고 민중운동으로 진전된다.

박정희 정권은 동아일보사의 신문 방송 잡지 출판 언론인들의 자유언론실천 운동에 본격적으로 대응한다. 회사에 압력을 가한

1975년 3월 15일 동아일보 편집국장을 사임하면서 송건호 선생은 "자유언론운동에 나선 젊은 기자들 해고는 역사의 심판을 받을 것"이라고 했다.

다. 회사는 젊은 기자들의 자유언론운동이 회사의 위계 질서를 무너뜨리고 경영난을 불러온다며 앞장선 기자들을 해직시킨다. 기자들은 제작 거부 농성에 들어간다. 각계의 민주인사들이 격려차 방문한다. 그러나 1975년 3월 17일 새벽, 회사는 폭도들을 동원해 언론인들을 강제 축출한다. 결국 130여 명이 해직된다. 해직 언론인들은 동아자유언론수호투쟁위원회를 조직하고 긴 여정의 자유언론운동에 나선다.

1974년 가을부터 75년 봄까지 동아일보사 언론인들의 자유언론실천 운동의 중심에 언론인 송건호가 있었다. 1974년 5월 편집국장에 취임하여 젊은 기자들과 호흡을 맞춘다. 금기시되던 사건들을 보도하기 시작하면서 동아일보는 자유언론실천의 새로운 장을 연다. 독재자 박정희는 자유언론을 두려워하고 사갈시(뱀이나 전갈을 보듯) 했다. 자유언론과 권위주의 권력은 충돌할 수밖에 없었다. 편집국장 송건호는 회사의 젊은 기자들 해고에 동의할 수 없었다. 75년 3월 15일 스스로 편집국장직을 던진다.

"부하 기자들의 목을 치면서 더 이상 자리를 지킬 수 없다. 자유언론 운동에 나선 젊은 기자들 해고는 역사의 심판을 받을 것이다."

편집국장 사직은 아직 학교에 다니는 여섯 자녀를 둔 송건호 그 개인에겐 고단한 삶의 시작이었지만, 언론인으로서 뿐만 아니라 재야운동가 역사저술가로서 역사적인 과제들이 그에게 주어졌고 그것을 해내게 된다.

"언론은 그 어떤 정치적인 개인이나 세력, 어떤 기업으로부터 영향 받지 않는 독립된 자세로 보도하고 비판해야 한다. 나는 언제나 기자다. 어떤 권력과도 관련 맺지 않는다. 언론인이 어느 한편에 들면 그 생명은 그날로 끝장난다."

'대기자' 송건호

　한길사는 1977년 9월 송건호 선생의 『한국민족주의의 탐구』를 '오늘의 사상신서' 제1권으로 펴내면서 출판을 시작했다. 한길사는 1990년대 초까지 192권의 '오늘의 사상신서'를 펴내게 되는데, '언론인 송건호'와 『한국민족주의의 탐구』는 한길사의 지향과 성격을 상징적으로 보여주는 한 권의 책이었다.

　1976년 12월 24일 출판 등록을 한 한길사는 우리의 민족문제와 민주주의 운동, 민족사를 중요한 주제로 삼았다. 『여론』이란 고전적인 책을 저술한 미국의 언론인 월터 리프먼의 칼럼 '오늘과 내일'이 있었지만, 나는 오늘과 오늘의 사상을 중시하는 출판을 하고 싶었다. 우리 국가와 사회가 어디로 지향해야 하는가를 책을 통해 전망해 보고 싶었다.

　한 지식인의 인식 체계란 그가 살아가는 그 시대의 역사적 삶의 실천 과정에서 거듭 태어날 것이다. 지식인이란 그가 살아가는 그의 공동체적 상황에 가혹하게 내던져짐으로써 그 시대와 상황의 현실과 구조를 더 분명히 인식하게 되고, 그 상황과 현실을 극복하는 사상과 논리를 체득하게 될 것이다. 그해 동아일보사를 스스로 퇴사한 이후 일련의 역사적 실천 과정 속에서 언론인 송건호의 논리와 지성은 한층 심화 발전하는 것이었다.

　언론사의 현직에 몸담고 있지 않으면서도 송건호는 '대기자' 또

김언호 동아투위 위원은 1975년 동아일보에서 쫓겨난 이듬해 한길사를 창립했다.
한길사는 1977년 9월 송건호 선생의 『한국민족주의의 탐구』를 오늘의 사상신서 1권으로 펴내면서 출판을 시작해 『해방전후사의 인식』, 『함석헌 전집』, 『이이화의 한국사 이야기』, 『로마인이야기』, 『혼불』 등을 출간했다.

는 '참언론인'으로서 언론 일을 하게 된다. 1975년 현직을 떠남으로써 오히려 더 본격적이고 왕성한 저술 활동을 펴게 되고, 민족과 현실의 문제를 구조적이고 치열하게 인식하려는 독자들에게 주목받는다. 1970년대와 1980년대라는 역사적 상황은 문제 저작을 써내는 '저자 송건호'를 탄생하게 했다. 한 권의 책이란 어느 날 느닷없이 존재하는 것이 아니라, 한 사회의 역사적 산물이라는 사실을 우리는 그에게서 다시 확인하게 된다.

1978년 나는 15인의 에세이집 『어떻게 살 것인가』를 기획했다. '어떻게 살 것인가'는 그 시대 우리들의 화두였다. 나는 김수환 추기경, 법정스님, 송건호 선생, 박경리 선생, 고은 선생, 신경림 선생 등에게 '어떻게 살 것인가'를 물었다. 송건호 선생은 '상식의 길 : 한 언론인의 비망록'이라고 제목 붙인 글에서 분단시대를 사는 언론인으로서 스스로의 삶의 자세를 말했다.

"민족언론은 민족의 자주 자립을 주장하며 강한 민족적 긍지와 자존심에 불타 있어야 한다. 민족언론은 사회과학적 이론이 바탕이 되어야 한다. 사회과학이 바탕이 된 언론만이 민족의 현실을 옳게 인식할 수 있고 옳은 길을 걸어갈 수 있다. 이런 의미에서 언론인은 사상가가 되어야 한다. 신문기자라고 해서 한낱 재능인으로서, 어느 때는 이런 글을 어느 때는 저런 글을 쓰는 대서소 서기와 같은 사람이라고 생각해서는 안 된다."

선생은 분단시대의 민족언론은 통일을 위한 르네상스에 앞장서야 한다고 주창했다. 민족정신을 각성시키는 민족언론이 선생의 언론관이었다.

"이 땅의 언론은 국제 냉전의 하수인으로서가 아니라 자기 민족의 생존을 위하고 민족의 이익을 옹호해야 한다. 이데올로기가 다르고 체제가 달라도 우리는 같은 민족이며, 동질성은 본질적이고 이질화는 일시적이며 표면적이고 부분적이라는 민족 본래의 자각을 불어넣어야 한다. 같은 동족끼리 외세의 하수인이 되어 무엇 때문에 언제까지 반목하고 경원시해야 하는가."

'지금 이곳'의 역사에 대한 관심

한 언론인으로서 자신에게 요구되는 당위를 성찰하고 실천하는 과정에서 송건호는 이 땅의 현대사를 읽고 연구한다. 그의 언론관에 일관되게 흐르는 바가 바로 '언론의 역사성'이다. 현실과 유리되어 있는 박제된 역사가 아니라 오늘에 살아 있는 역사다.

"언론인이 주어진 사실의 그 전모와 의미를 보도하려면, 뚜렷한 역사의식에 입각하지 않으면 안 된다. 자기의 주체적 입장, 민족적 입장에서 보도해야 한다. 역사의식에 투철한 사람일수록 민족의식이 뚜렷하며 후퇴 아닌 전진적 자세를 취한다. 뚜렷한 역사의식은 지금 생성하는 오늘의 사실에 대한 해석 평가의 기준이 될 뿐만 아니라 지나간 사실들에 대한 해석 평가를 찾는 가치 기준이 되고, 시대에 대한 전망에 있어서도 하나의 방향을 제시한다."

'지금 이곳'에 대한 관심이 그를 현대사 연구 및 저술에 나서게 했다. 그는 언론인이라는 자유분방함으로 학계의 금기 구역에 뛰어들었다. 일제강점기의 민족사와 민족운동사를 다룬 『한국현대사론』의 저작은 그 일환이었다. 1930년대와 1940년대의 일제 통치사에 대한 서술조차도 하나의 금기에 속했던 것이 해방된 이 땅의 현실이었다. 그러나 그는 '민중을 주체로 하는 역사'로서, 이 시기의 민족사와 민중항쟁사를 과감하게 써낸다. 한국신학연구소 안병무 선생의 요청과 지원으로 저술한 이 책의 서론에서 선생은 현대사 연구의 당위성을 천명한다.

"신생국 사학계는 국사 연구의 첫 과제가 자기 민족이 어찌하여 이웃 나라의 식민지로 전락했으며, 식민지로서 어떠한 통치를 받아왔으며, 자기 민족이 외세통치에 어떤 저항을 했고, 또 한편 민족 속에서 누가 동족을 배반해 식민 종주국에 충성을 바쳤으며, 그들이 왜 민족 구성원으로서의 구실을 못하고 외세에 영합하게 되었는가, 신생국으로서 낡은 식민주의 잔재를 청산하는 길은 무엇이며, 식민주의 잔재가 오래도록 남아 있다면 그 이유는 무엇이며, 그 잔재와 싸우는 길은 무엇인가 등이 연구되지 않으면 안 된다. 신생국으로서 진정 자주의식에 불타 있으면 근현대사 연구의 필요성을 더욱 느끼게 된다."

우리 민족의 현대사 또는 민족운동사는 해방이 되었지만 민족과 국토의 분단과 이데올로기의 갈등으로 그것에 대한 정당한 인식과 타당한 서술을 어렵게 했다. 분단의 비극은 우리의 현대사 서술에 그대로 반영되었다. 이러한 제약 조건에도 불구하고 1970년대 초중반부터 그것에 대한 정당한 인식 작업이 이 땅의 뜻있는 지식인들과 젊은 연구자들에 의해 시도되었다. 정치적 상황의 악화 속에서 오히려 더 진지하게 연구되기 시작했고 일정한 성과를 거두고 있었다. 일제 강점기의 역사뿐만 아니라 해방 전후의 역사인식으로 진전하고 있었다.

『한국민족주의의 탐구』를 출간한 이후 나는 송건호 선생을 거의 매일 만났다. 선생과의 만남은 곧 어떤 책을 펴낼 것인가를 토론하는 것이었다. 유신 권력이란 궁극적으로는 몰락할 수밖에 없다는 이야기를 나누기도 했다.

나는 1978년부터 한 시대를 뒤흔드는 한 권의 책, 『해방전후사의 인식』을 기획하게 된다. 1979년 10월 15일, 대통령 박정희가 부하 김재규에 의해 시해되는 10·26정변이 일어나기 11일 전에 '역사적인 한 권의 책' 『해방전후사의 인식』 제1권이 탄생한다. 8·15 해방이 되었지만 통일된 민족국가로 자주독립하지 못하고 남과 북으로 분단되어 전쟁까지 하게 되는 비극의 역사를 겪는 우리 현대사에 대해 나는 묻고 싶었다. 왜 분단되었을까? 외세에 의해 분단되었다고 하는데, 과연 그랬을까? 분단되지 않고 자주독립할 수 없었을까?

나는 동시대의 지식인들에게 이런 문제를 함께 규명해 보자는 주제를 던졌다. 송건호 선생에게 말씀드렸고 선생도 정말 좋은 구상이라면서 직접 한 편을 쓰겠다고 했다. 선생의 '해방의 민족사적 인식'은 이렇게 해서 집필되는데, 1979년 7월 초 선생의 글을 받아 읽고 나는 이런 수준과 내용의 글들이라면 책이 자신 있다고 생각했다. 나는 송건호 선생의 많은 논설 논문 가운데 '해방의 민족사적 인식'이 대표적인 한 편이라고 생각한다.

> "제국주의 일본의 식민통치에서 해방된 것은 틀림없었으나 해방의 날이라고 하는 바로 8월 15일을 계기로 남에는 미군이, 북에는 소련군이 진주하여 국토와 민족의 분열이 시작되었다. 이 분열로 6·25라는 동족상잔을 겪고 그 후 30년간 남북 간의 대립은 날로 심화되어 엄청난 파괴력을 가진 막강한 군사력으로 상호 대립하여, 언제 또 6·25보다 더 파괴적인 동족상잔이 빚어질지 모르는 불안하고 긴장

1980년대 『함석헌 전집』을 만들면서 나는 늘 쌍문동 자택으로 선생님을 찾아뵙고 선생님의 말씀을 듣곤 했다. 선생님은 서재에서 책을 읽거나 정원에서 꽃과 나무를 손질하고 계셨다.

된 상태가 지속되고 있다. 이 통에 민주주의가 시련을 겪고 민족의 에너지는 그 대부분이 동족상잔을 위한 새로운 군사력을 위해 소모되고 있는 암담한 하루하루를 보내고 있는 것이 이른바 '해방된' 이 민족의 현실이다."

민족의 가능성을 압살한 이승만과 친일파

민족의 해방과 통일은 송건호의 주제였다. 민족의 자주적인 힘에 의해 해방되지 못함으로써 그 이후의 민족사가 왜곡되고, 민족주의와 민주주의도 시련을 겪고 있다는 것이 그의 실천적 역사인식이었다. 선생이 발표한 글 대부분이 민족의 자주와 해방과 통일을 주제로 삼고 있다. 해방 전후사와 해방 이후사에 대한 논술에 그는 민족주의 사관을 철저하게 적용시키고 있다. 그의 역사논술은 따라서 과학으로서의 역사라기보다 가치로서의 역사라고 할 수 있다.

"지난날이나 오늘날이나 자주적이 못 되는 민족은 반드시 사대주의자들의 득세를 가져와 민족윤리와 민족양심을 타락시키고, 민족 내분을 격화시키고 빈부격차를 확대시키며 부패와 독재를 자행하여 민중을 고난의 구렁으로 몰아넣게 된다. 민족의 참된 자주성은 광범한 민중이 주체로서 역사에 참여할 때에만 실현되며, 바로 이러한 여건 하에서 민주주의는 꽃피는 것이다. 이런 관점에서 이미 30년이 지난 8·15의 재조명은 바로 오늘을 위한 연구라고 하지 않을 수 없다."

8·15 직후에는 분단이 고정된 것도 아니고 어떤 주의가 지배적인 것도 아니었다는 것이 선생의 역사인식이었다. 우리 민족은 무

한한 가능성 앞에 놓여 있었다. 이 민족의 가능성을 무산시킨 가장 큰 요인을 언론인 송건호는 냉전에 편승한 이승만 노선과 친일 지주세력으로 이루어진 한민당 노선에서 찾고 있다.

"외세를 배경으로 한 냉전 편승 세력은 민족 일부에서 싹트기 시작한 민족주의 운동을 궁지로 몰아넣어 설 땅을 잃게 하고 1948년 8월 마침내 단독정부를 세워 이들 자주세력을 남북으로 흩어지게 하고 혹은 좌절시키기도 했으며, 그 후에는 존재조차 사라지고 만다. 냉전에 편승하여, 친일 지주세력의 엄호 하에 권력을 잡은 이승만과 그 추종자들은 '민족의 자주 통일정부 수립'이라는 위대한 명분을 내걸고 몸으로 실천하는 김구를 1949년 6월 26일 한 현역 군인을 시켜 숨지게 했다. 김구의 비극은 냉전파에 의해 무참히 쓰러지는 민족 자주세력의 비극을 상징하는 것이기도 했다."

송건호 선생은 한국의 민족주의에 대해 그 누구보다 많은 글을 썼다. 그의 책과 글 어디에든 '민족' 또는 '민족주의'가 주제어로 등장한다. 그의 민족주의는 철저하게 가치지향적이다. 1986년 한길사가 펴낸 『민족 통일을 위하여』에 수록한 긴 글 '한국민족주의의 탐구'는 저간의 선생의 개인적 삶과 사회적 삶으로부터 이루어진 생각을 종합하는 것으로 보인다.

1950년대와 1960년대 초까지 송건호는 서구의 것들을 열심히 읽고 또 이야기했다. 그러나 4월 혁명을 지나면서 생각을 달리하게 된다. 1967년 '한국 지식인론'을 발표함으로써 거센 찬반양론을 불러일으켰다. '한 사회과학도로서의 반성'이라는 부제를 달고 있는 이 장문의 에세이에서 선생은 미국 등지에서 연구하고 돌아온 학자들의 민족 현실에 대한 반 역사성과 몰 역사성을 신랄하게 비판하고 있다. 사회과학적 가치 및 역사적 전통과 가치를 배제하는 미국의 학문 태도를 비판하면서, 기계적인 지식인이 아니라 한 시대의 역사적 현실에 대한 지성을 겸비한 실천성을 요구한다.

> "학문 세계가 현실을 무시하고 초연하게 따로 있는 것처럼 생각하고 막연히 선진 외국 학설을 소개 나열하는 것으로 자기의 권위를 찾고, 기껏 현실 분석이라고 해야 외국 이론으로써 우리의 현실을 보는 것을 유일한 현실 인식인 것처럼 말한다면, 이 땅의 위기 상황은 객관적으로 분석될 수 없다."
> ―송건호, '한 사회과학도로서의 반성' 중에서

1960년대 초부터 한국의 지식인들은 박정희의 5·16군사정권에 대거 참여하기 시작했다. 송건호 선생은 "이 땅의 지식인이 사회참여에만 열중하고 문제의 핵심인 지성의 사회 참여에 대해선 너무 등한시한 감이 많았다"면서, "기능적 지식인으로서가 아니라 현실의 역사적 본질을 꿰뚫는 지성적 자세가 필요하다"라고 했다.

선생은 지식인 또는 지성인의 지조를 매우 중시한다. "지조와 논리를 파는 이른바 참여 지향적 지성 또는 현실을 은폐하고 합리화시키는 사이비 지성"을 크게 비판한다. 그에게도 좋은 자리로 갈 수 있는 기회와 요청이 여러 차례 있었지만, 그는 스스로 한 언론인으로서 한 지식인으로서의 자리를 결코 떠나지 않으면서 글 쓰는 행위를 삶의 당연한 도덕적 윤리적 질서로 고수해왔다. 그의 이러한 삶과 삶의 철학은 그를 권위주의 정치체제 또는 유신체제를 거부하는 민주주의 운동, 민족주의 운동의 현장에 서게 했고 글과 행동으로 말하고 실천하게 했다.

고문을 이겨내고, 실천적 지식인의 삶으로

1980년 봄날 송건호 유인호 선생이 그해 5월 15일에 발표하는 '지식인 134인 시국선언' 원고를 갖고 우리 출판사에 들렀다. 그때 한길사는 서대문 네거리 근처의 기독교장로회 선교교육원 창고 공간을 빌려 쓰고 있었다. 나는 그 원고를 우리 사무실에서 필경하고, 해직 교수이자 민중 신학자인 서남동 선생이 원장으로 있는 선교교육원 사무실에 가서 선생들이 등사하는 일을 도왔다.

비상계엄령은 즉각 해제되어야 한다. 학원은 병영적 성격을 청산하고 학문의 연구와 발표의 자유는 보장되어야 한다. 언론의 독립과 자유는 절대 보장되어야 한다. 부당하게 해직된 동아일보와 조선일보의 기자들은 지체 없이 복직되어야 한다. 민주인사에 대한 석방 복권 복직 조치는 지체 없이 이루어져야 한다. 우리 국군은 정치적으로 중립을 지켜야 한다. 한 사람이 국군보안사령관과 중앙정보부장직을 겸직하는 것은 명백한 불법이므로 시정되어야 한다.

―'지식인 134인 시국선언' 중

이 시국선언은 언론인 송건호의 행로에 큰 사건이 된다. 1980년 5월 20일 남영동 대공분실로 연행됐다가 다시 남산 중앙정보부 지하 감방으로 끌려간다. 두 달 동안 혹독한 고문을 당한다. 허위 자백을 하고 허위 자술서를 써야 했다. 체포되어 고문 받는 연유도 몰랐다. 재판정에서 '김대중 내란 음모의 공범'이라는 것을 알게 된다.

"아아! 생각하면 기가 막혔다. 내가 무슨 죄를 지었단 말인가. 민주주의 하자는 죄밖에 더 있나? 한 민족으로서 떳떳하게 자주적으로 살아보자면서 민족주의를 주장한 죄밖에 더 있나? 파리 한 마리 죽이지 못하는 심약한 내가 무슨 죄를 지었단 말인가?"

―송건호, '이 땅의 신문기자, 고행의 12년'

1986년 선생은 회갑 때 쓴 '이 땅의 신문기자, 고행의 12년'에서 이렇게 탄식했다. 1심에서 징역 3년 6월, 2심에서 징역 2년을 선고 받았고, 1980년 11월 6일 석방되었다. 그러나 몸은 고문으로 심하게 상해 있었다. 2001년 선생이 서거하는 원인이 되었다.

참으로 어처구니없게도 혹독한 감옥살이를 겪었지만 1980년대 언론인 지식인으로서의 송건호의 정신과 실천적인 삶은 실로 눈부셨다. 민주주의 세력은 그의 정신과 이론을 요구했고, 그는 나라와 민족과 사회의 민주주의와 민족 정신의 고양을 위해 온몸을 던졌다.

선생은 월간 〈마당〉 1981년 9월호부터 김구 여운형 김창숙 안재홍 함석헌 등 민족 지도자들의 인물론을 연재했다. 일제의 고문으로 앉은뱅이가 된 심산 김창숙 선생의 『심산유고』를 읽다가는 감격했다. 눈물이 떨어져 원고를 적셨다. 도봉산 자락 심산의 묘소를 찾아가 엎드려 울었다. 이 연재는 정리되어 1984년 한길사에 의해 『한국현대인물사론』으로 출간되었고, 이 저술로 선생은 1986년 제1회 심산상을 수상했다.

선생은 동아일보사 퇴직 후 박정희로부터 장관 자리를 제의받았지만 그런 정치적인 자리는 한사코 거부했다. 전두환 시기에도 서울시장 고문 등 10여 차례의 제의가 있었지만 역시 거절했다.

"역사의 길이란 형극의 길이자 수난의 길이다. 온갖 세속적 가치로부터 소외되는 길이다. 따라서 사람들은 역사의 길을 택하지 않고, 그것이 옳다는 것을 알면서도 현실의 길을 걷는다. 현실의 길은 안락

언론인 송건호 선생은 '언론의 독립'이 가장 중요하다고 생각했다.
권력이 언론을 탄압해 올 때 선생은 젊은 동지들과 손잡고 권력과 투쟁했다.
왼쪽에서 네 번째 안경쓴 이가 송건호 선생이다.

의 길이자 세속적 영화의 길이다. 현실의 길을 택한 사람들은 갖가지 명분을 내세운다. 그 길이 민족을 위하는 길이고 독립을 위하는 길이며 통일을 위하는 길이라고 강변한다."

―송건호 선생 평전, 『나는 역사의 길을 걷고 싶다』(한길사) 중에서

선생은 '나의 좌우명'이란 짤막한 글에서 스스로의 글 쓰는 자세

를 말했다.

> "나는 글을 쓸 때마다 30년 40년 후에 과연 이 글이 어떤 평가를 받을 것인가를 생각한다. 먼 훗날에도 욕먹지 않는 글을 쓰겠다고 다짐하곤 한다. 호랑이는 죽어서 가죽을 남기지만 사람은 죽어서 이름을 남긴다는 옛사람의 말대로, 크게는 이 민족을 위해서, 작게는 내 자식들을 위해서, 어찌 더러운 이름을 남길 수 있겠느냐는 생각을 하게 된다."
>
> —송건호, '나의 좌우명'

1984년 12월 장충동 베네딕트 수도원에서 민주언론운동협의회가 창립되고 송건호 선생은 의장에 취임한다. 〈말〉지가 창립된다. 1987년 동아 조선 해직 기자들이 중심이 되어 '새언론창설 연구위원회'가 활동을 시작하고, 9월 23일 '새신문 창간 발의자 대회'에서 선생은 새신문 창간위원회 위원장을 맡는다. 이어 10월 30일 명동 YWCA 대강당에서 '한겨레신문 창간 발기선언대회'가 열린다. 11월 2일부터 국민모금운동에 들어갔고 드디어 1988년 5월 15일 한겨레가 창간된다.

불가능하다던 국민신문 한겨레의 탄생에는 '독립 언론인 송건호'가 결정적인 역할을 한다. 송건호에 대한 국민들의 신뢰와 신망이 그것을 가능하게 만들었다. 창간호가 발행되던 그날 발행인으로서 선생은 편집국 기자들에게 "무슨 문제든지 여러분이 쓰고 싶고 말하고 싶은 것 다 쓰십시오"라고 선언했다.

1980년대 한국인과 한국사회가 구현해낸 탁월한 걸작품 한겨레신문! 자유언론 독립언론에의 간절한 국민적 소망이 조직화되어 창간된 한겨레는 한국 사회운동의 가장 빛나는 성과였다. 나는 한겨레신문의 탄생을 이끈 송건호 선생의 '실천적 육성'을 기록해야 한다고 생각했다. 한길사가 펴내던 월간 〈사회와 사상〉 1989년 11월호에 나는 선생을 특별 인터뷰해서 실었다.

'20세기 최고의 언론인'

국민들의 참여에 의한 새 언론 한겨레신문의 창간과 함께 송건호 선생은 신문사의 대표이사로 일하게 되었지만, 선생은 대표이사를 맡아 하면서부터 고뇌도 많았다. 나는 선생이 한겨레신문의 대표이사가 되면서 자주 뵐 수 없게 되었지만, 이따금씩 뵐 때 선생의 얼굴에는 우수가 서려 있는 듯했다. 책도 제대로 읽지 못하고 본격적인 글을 쓸 수가 없어 안타깝다는 말씀도 했다.

1980년대 한길사가 펴내던 무크지 〈한국사회연구〉와 계간 〈오늘의 책〉에 선생은 우리 현대사에 관한 큰 글들을 잇따라 발표했다. 나는 해방 이후의 한국현대사를 크게 한번 써보시라고 계속 말씀드린 바도 있었다. 우리가 펴내고 있던 잡지 등에 연재를 시도했지만, 한겨레신문 창간 일로 제대로 진전되지 못했다. 선생은 그 일을 늘 마음의 부채로 생각했다.

송건호 선생은 1999년 〈기자협회보〉가 전국에 있는 신문 방송 통신사의 편집 보도국장과 언론학 교수를 상대로 설문 조사한 결과 '20세기 한국의 최고 언론인'으로 위암 장지연 선생과 함께 선정된 바 있다. 그러나 1980년 신군부에 의한 고문의 후유증으로 선생은 8년간 투병 생활을 해야 했다.

송건호 선생의 정신과 실천을 기리기 위해 '청암언론문화재단'이 2002년 1월에 창립되었다. 선생의 아호 청암(靑巖)을 따서 그 이름을 지었다. 이어 같은 해 청암언론문화재단은 한겨레신문사와 공동으로 송건호언론상을 제정했다. 장남 송준용 씨가 이를 위해 헌신하고 있다. 선생이 서거한 12월에 시상된다.

2002년 12월 선생의 서거 1주년을 맞아 나는 『송건호 전집』 전 20권을 펴냈다. 강만길 김태진 리영희 방정배 백낙청 성유보 이문영 이상희 이해동 정연주 한승헌 김언호가 편집위원으로 참여했다. 나는 간행사를 초했다.

반민주적이고 반민족적인 엄혹한 상황에서, 그 상황을 극복하면서 개진해낸 선생의 치열한 정신과 사상과 논리는 오늘 새롭게 진전되고 있는 국가 사회적 상황과 통일 지향적 민족공동체 운동의 역사적 전개와 더불어 한층 새롭게 우리들 가슴에 다가온다. 우리는 선생이 남긴 수다한 저술을 통해, 민족언론인 민주언론인 독립언론인 송건호의 참모습을 새롭게 인식하게 된다.

우리는 선생이 남긴 저술을 통해 언론인으로서뿐 아니라 시대정신을 구현하는 지식인으로서의 송건호를 새롭게 발견하게 된다. 선생은 현실과 결코 타협하지 않는 지식인의 진정한 정신과 행동을 몸소 보여주었다.

"한 시대에 지식인이란 무엇이어야 하는가를, 특히 분단된 조국의 현실 속에서 진정한 민족 지성이란 무엇인가를, 선생이 남긴 저술들을 통해 우리는 가슴 벅차게 체험하게 된다."
— 김언호, 『송건호 전집』 간행사 중

"출판인은 책 만드는 일에 매진해야"

1987년 5월 16일 토요일 오후 송건호 선생은 동숭동 흥사단 강당에서 '미국을 어떻게 볼 것인가'라는 주제로 강연했다. 나는 그날 강연을 끝낸 선생을 모시고 저녁을 같이했다. 이 자리에서 선생은 나에게 진지하게 말씀했다. "출판인은 좋은 책 만드는 일에 매진해야 합니다. 그것이 출판인의 본분입니다. 출판인의 의무이자 권리입니다."

김진균 교수는 언제나 편안한 큰형 같은 선생님이었다.
해직 시절 우리 출판사에 들러 편집회의를 하고는 직원들과 함께 종로2가나 이태원의
고고클럽에 가곤 했다. 나는 저 80년대에 저자들과 함께 야유회·답사행을 기획했다.
1982년의 야유회. 뒤쪽 왼쪽부터 송건호 안병직 정창렬 변형윤 강만길 박현채
이호철 선생님. 가운데가 김진균 교수이고 앞줄 오른쪽부터 신경림 선생,
한길사 김언호 대표와 곽명호 이사

직선제 개헌 서명운동에 관한 이야기가 나오자 선생은 그렇게
강조했다. 송건호 선생은 나에게 개헌을 위한 서명 같은 데 참여할

것 없다고 단호하게 말씀했다. 2008년 12월 한길사는 '참언론인 송건호의 생각과 실천'을 이야기하는 책 『나는 역사의 길을 걷고 싶다』를 펴냈다. 소설가 정지아 씨가 취재해 썼는데 선생의 7주기에 맞추었다. 언론인이자 역사 저술가인 송건호의 인간적인 이야기들을 담아냈다.

선생은 책을 늘 손에 들고 있었다. 선생과 만날 때 선생은 가난한 언론인이었지만 늘 책을 구입했다. 그 1970년대와 1980년대에, 책 사는 것이 사모님께 미안해서 귀가할 때 사들고 온 책을 마당 한 구석이나 나무 밑에 놓아두었다가 나중에 집 안으로 슬쩍 갖고 들어온다는 말씀을 사모님 이정순 여사로부터 들었다. 그렇게 사모아 읽은 책이 1만 5000권이나 되었다. 이 장서는 1996년 한겨레신문에 기증되었다. 한겨레신문은 '청암문고'로 이름 지어 이용하고 있다.

선생과 만남의 장소는 거의 인사동 통문관이었다. 고서들을 살펴보다가 어디로 옮겨 차를 마시거나 식사를 했다. 선생과 책을 이야기하거나 우리 현대사 이야기를 듣던 그 70년대 80년대! 고단한 시대였지만 즐거웠다.

송건호 선생의 고향 옥천은 정지용(鄭芝溶, 1902-1950) 시인의 고향으로도 널리 알려져 있다. 그러나 옥천에 주간〈옥천신문〉이 발행되고 있다는 사실에 나는 주목한다. 한겨레신문보다 한 해 뒤인 1989년에 지역 주민들의 모금으로 창간한 '작은 신문'〈옥천신문〉

은 지역 시민들에 의한 지역을 위한 참신문이다. 중앙의 거대 신문에 대응하여 풀뿌리 신문으로서 지역 공동체와 지역 문화운동을 펼치고 있다. 송건호 선생의 언론정신과 더불어 옥천신문을 우리는 새롭게 보게 된다.

나는 산과 들에 꽃이 피는 봄날이면 1980년 그 '서울의 봄'이 나의 머리에 선연히 떠오른다. 나라와 국민이 하나가 되어 민주주의를 향해 행진하던 그 봄날의 풍경은 아름다웠다. 꽃향기가 진동하는 화창한 5월의 그 봄날, 나는 송건호 선생과 희망을 이야기했다. 서대문 충정로의 기독교장로회 선교교육원에서 민주주의를 외치던 지식인 134인의 시국선언을 주도하던 송건호 선생을 도와 그 선언문을 등사해 내던 그 봄날이 그리워진다.

그해 서울의 봄은 새로운 역사가 꽃 피던 계절이었다. 전두환 신군부에 의해 그 봄날의 꽃들은 무참하게 짓밟혔지만, 민주주의와 자유의 정신은 결코 좌절할 수 없는 우리 모두의 희망이고 정신이었다. 우리의 희망과 정신은 고난을 이기는 힘이었다. 새로운 역사를 일으켜 세우는 운동이고 사상이었다.

'나는 역사의 길을 걷겠다'던 송건호 선생의 신념에 찬 말씀이 내 가슴에 각인되어 있다. 우리의 정신을 일깨우는 말씀이다. 온화하고 자상하던 송건호 선생!

"우리나라의 겨울은 춥다. 흰 눈이 하늘을 덮고 영하 10도 15도까지 내려가는 날은 정말 견디기 어렵게 춥다. 아무리 추위가 맹위를 떨쳐도 봄은 결코 멀지 않다는 것을 우리는 알고 있다. 미래를 내다볼 줄 알고 인내와 용기가 우리에게 요구된다. 겨울이 아무리 추워도 봄은 어김없이 오게 마련이다."

―『송건호 평전』중에서

"선언 백 번 하면 뭐 하나, 실천을 해야지"

장윤환 동아투위 위원

나는 동아일보 창간 41주년 기념일인 1961년 4월 1일 동아일보 공채 3기로 입사했다. 외신부에서 수습기자 6개월 만인 9월에 공군에 입대했지만 서울 근교의 공군 본부에 근무한 덕분에 입사 동기생들은 물론 신문사 선배들과도 가끔씩 어울렸다. 군 복무를 마치고 4년 만에 신문사에 복직했을 때는 동아방송국이 개설되고 여성동아가 창간되어 동아 식구들이 대폭 늘어 있었다.

나는 다시 외신부로 복귀해 2년 남짓 지내다가 1967년 초부터 문화부로 자리를 옮겨 연극 영화 음악 무용 등 공연예술 분야 전문기자로 줄곧 이어왔다. 그러나 1960년대 후반부터 기관원들이 신문사에 무상 출입하면서 제작에 간섭하기 시작했다. 박정희 정권은 3선 개헌을 앞두고 우리나라 대표 언론인 동아일보를 꺾는데 주력했다. 마침내 1968년 12월 '신동아 필화 사건'으로 홍승면 주간과 손세일 부장이 구속되고 천관우 주필을 비롯한 3명의 간부가 해직됨으로써 동아는 독재 정권에 굴복하고 말았다.

이 무렵 독재 정권에 대한 항의뿐만 아니라 변질되어 가는 동아일보를 규탄하는 학생들의 데모가 대학가에서 일기 시작했다. 1971년 3월 26일 후배인 서울대생 50여 명이 동아일보사 앞에 몰려와서 '민중에게 지은 죄 무엇으로 갚을 텐가'라는 플래카드를 앞세우고 언론 화형식을 벌였다. 뒤늦게 달려온 경찰들에게 뭇매를 맞으며 끌려가는 학생들을 편집국에서 내려다보면서 참담함과 부끄러움을 느꼈다.

자책감을 벗고 실천의 길로

1972년의 10월 유신과 반 헌법적인 긴급조치로 숨이 막힌 동아일보 젊은 기자들은 몇 차례 언론자유 선언과 언론노조 설립 등으로 발버둥을 치기 시작했다. 그러던 중 1974년 가을 기자협회 집행부와 동아일보분회의 개편 기회가 왔다. 언론운동을 주도한 후배들이 기협회장에는 같은 문화부의 김병익 기자, 동아일보 분회장에는 나를 추대한다는 말을 듣고 거절할 수가 없었다. 지금까지 견

1989년 4월 20일 한겨레신문사의 '방북취재계획' 관련 안기부의 언론 탄압에 맞서 강제구인장을 받고 정태기(왼쪽) 개발본부장과 함께 서울 영등포구 양평동 사옥을 나서는 장윤환 편집위원장

며온 무거운 자책감에서 벗어나 구체적인 행동을 해야 할 상황이 온 것이다.

나는 후배들에게 "선언만 백 번 하면 뭐 하냐? 실천을 해야지!"라고 속마음을 내비쳤다. 나의 강성 발언에 후배들도 놀라는 모습이었다. 또한 그동안 진부하게 써오던 '언론자유' 대신 보다 역동적인 '자유언론(free press)'으로 용어를 바꾸고 이를 행동으로 실천하는데 주력하기로 했다. 당시에는 10월 24일이 '유엔 데이'로 공휴일이라 외근 기자들이 함께 동참할 수 있어 거사일로 잡은 것이다.

1975년 새해 접어들면서 동아일보 광고 탄압에 따른 민주 시민들의 격려 광고가 쏟아져 들어오고 한동안 언론이 정상적인 길을 걷게 되자 여당인 공화당 박준규 정책위 의장은 "동아일보는 기자들의 손에 장악되어 있다"라고 주장하면서 "동아일보가 광고를 되돌려 받고 싶으면 자유언론 실천에 앞장서는 기자들을 쫓아내라"라고 노골적으로 회사 경영진과 사원들을 이간시키기 시작했다.

자유언론 정신을 구체적으로 지면이나 방송에 실천하는 과정에서 데스크와 마찰이 빈번히 일어나므로 차장급을 자유언론실천 대열에 적극 참여시키는 일이 무엇보다 절실하다는 것을 느끼고 분회장을 차장급으로 격상하자는 의견이 대두되었다. 내가 수습 3기로 입사하기는 했지만 군 복무 4년의 공백 때문에 동기생들과는 달리 평기자였다. 동아분회 집행부는 그동안 노조 운동과 자유언론실천 운동에 적극적으로 동참해온 문화부 권영자 차장을 분회장으로 추대하기로 의견을 모았다. 권 차장은 당시 상황에서 분회장직이 엄청난 가시밭길임을 잘 알면서도 후배들의 간청을 기꺼이 수락했다.

기자협회 동아일보 분회장 선출을 위한 총회가 열리기로 했던 3월 8일 오후 회사 측은 갑자기 '경영난에 따른 기구 축소로 기획부, 과학부, 출판부를 없애고 소속 사원 18명을 전원 해임한다'라는 공고문을 붙였다. 이에 충격을 받은 기자들은 7시 총회에서 예정대로 권영자 차장을 분회장으로 선출하고 모든 사원들의 봉급을 삭감해서라도 해임된 18명 기자를 복직시키도록 회사에 건의하기로 결의했다.

또한 새 집행부에서 실천특위 상임간사로 임명된 나는 다음 날 분회원들에게 돌리는 소식지 〈알림〉을 통해 '경비 절감을 위해 사원들을 집단 해직할 것이 아니라 전 사원의 임금을 인하함으로써 함께 나아가자'라고 회사에 건의했다. 이에 대해 회사 측은 불법 유인물을 제작 배포했다는 이유로 3월 10일 나와 박지동 기자를 해임했다. 나는 유인물 제작 책임자로 징계를 받았지만, 박 기자는 총회에서 기구 축소로 집단 해직을 주도한 이동욱 주필을 비난하는 불손한 언어를 사용했다는 이유였다. 그동안 기자협회 동아일보 분회의 공식 회보로 제작해오던 〈알림〉을 갑자기 불법 유인물로 규정하는 것도 어처구니가 없는 일이었다.

'10월 27일'의 조기, 권력은 바뀌어도 세상은 바뀌지 않았다

나는 3월 12일부터 시작된 농성에 참가했다가 17일 새벽 회사가 동원한 폭도들에 의해 3층 편집국에서 길바닥으로 끌려 나왔다. 농성 사원들은 이날 동아일보 앞에서 항의 시위를 한 다음 신문회관으로 옮겨 동아자유언론수호투쟁위원회를 발족했다. 권영자 기협 분회장을 위원장으로, 안종필 차장을 기자협회 동아 분회장으로, 방송국 이규만 PD를 동아방송자유실행총회 위원장으로 선임했다. 나는 다시 유인물 〈동아투위소식〉의 제작 책임을 맡아, 일요일을 제외하고는 날마다 우리의 주장과 활동 사항을 프린트하여 야당과 종교계, 법조계 등에 돌렸다. 항의 도열시위 6개월 후부터는 투위 소식지도 매월 17일에 발간했다.

내가 39살로 실직되었을 당시 첫째 딸이 초등학교 3학년, 아들이 1학년, 둘째 딸이 유치원에 다니고 있었다. 졸지에 실업자가 되었지만 뾰족한 해결책이 보이지 않았다. 11월에 들어서자 주변의 지인이 영문 번역 일거리를 갖다 주었다. 내용이 좀 어려운 편이라 번역료는 200자 원고지 1매에 100원 남짓 되었다. 그 이후 심심찮게 번역 일이 들어와 이듬해 4월에는 외신부 이인철 차장 주도로 합동번역실을 열었다. 종각 건너편의 영풍문고 부근이라 '종각 번역실'로 통했다. 이 번역실에는 이인철 실장을 중심으로 나를 비롯해 동아투위 10명 가까이가 상근하다시피 했다. 우리는 당시 히틀

러에 저항하다가 처형당한 본회퍼 목사의 『죽음 앞에서』를 비롯하여 『말콤 엑스』 『뿌리』 『마치니 평전』 등 많은 책을 번역했다.

번역 일을 하면서도 매달 발간되는 〈동아투위소식〉은 나의 몫이었다. 번역 일 1년쯤 되던 1977년 봄 어느 날, 우리 동아투위를 담당했던 치안본부 정보 경위가 나를 찾아왔다. 근처 다방으로 자리를 옮겨 앉자마자 그는 볼펜과 백지 몇 장을 꺼내더니 '한민주'를 쓰라고 했다. 필적 감정을 확인한다면서 가로 세로 등 열 번 이상 같은 것을 쓰게 했다. 후에 알고 보니 '한 민주시민'이라는 이름으로 제작된 반정부 유인물이 서울 일원에 대량으로 살포되고 있어서 경찰은 그 제작자를 찾는데 혈안이 되어 있었다. 내가 동아투위 유인물 제작 책임자라서 나를 조사하기는 했지만 사실 당시 나는 원고만 썼을 뿐 필경과 프린트는 총무가 했다. 나는 동아일보에서 유인물 제작 유포죄로 목이 잘렸는데 결국 유인물 제작 사건으로 엄청난 곤욕을 치러야 했다.

10·24자유언론실천선언 4주년이 되던 1978년 10월 나는 '동아투위 민주·민권일지' 사건과 관련해서 동료위원 9명과 함께 긴급조치 9호 위반으로 구속되었다. 동아일보가 1975년 3월 독재권력에 백기를 든 후 한국 언론은 민중의 소리를 외면하고 권력의 소리만 확대하여 역사와 진실을 왜곡하기 시작했다. 이를 더 이상 묵과할 수 없었던 동아투위는 1977년 10월부터 1978년 10월까지 1년 동안 보도되지 않은 125건의 민주화운동 관련 기사를 취합하

여 〈동아투위소식〉 특집호를 제작해 배포했다. 10·24행사 이틀 뒤인 26일 경찰이 안종필 위원장과 홍종민 총무, 안성열, 박종만을 연행해가자 나는 동아투위 위원장 대리가 되어 부당한 억압을 성토하는 성명서를 발표했다. 나는 불법 유인물 배포와 유신헌법 철폐 주장 혐의로 10월 30일 연행되어 12월 4일 구속 기소되었으며 1978년 5월 9일 1심에서 징역과 자격정지 1년 6월을 선고받았다. 다음은 1979년 7월 25일 이 사건 항소심 법정에서 했던 최후진술 녹취록이다.

"본인은 신문기자다. 본인은 상식을 주장하다가 감옥에 왔다. 우리나라는 민주공화국이고 자유민주주의 국가이다. 본인은 언론인으로서 자유언론을 주장하다가 황당하게도 감옥에 왔다. 언론인이 자유언론을 주장하는 것은 누에가 뽕잎을 먹는 것처럼 당연하다. 그런데 지금 언론 상황은 그것이 아니다. 잠자코 박수만 치라고 하니 그게 될 말이냐?

강포한 자의 목소리만 크고 약한 자는 신음소리도 안 들린다. 감옥에 갇힌 펜과 마이크는 이 땅 언론의 현주소다. 어떤 자유도 하늘에서 그냥 떨어지는 것이 아니다. 자유언론도 마찬가지다. 마치니의 고전적인 명제처럼 자유언론이라는 나무는 언론인의 피로써 길러지고, 펜과 마이크로 수호되어야 한다. 우리는 언론자유가 상식이 되기 위해 투쟁하고 있다. 이 나라가 독재국가가 아니라는 것을 밝히기 위해 온몸으로 투쟁하는 것이다. 마지막으로 김지하 시인의 시구(詩句)를 빌어 본인의 소회를 밝히겠다. 타는 목소리로, 타는 목소리로, 민주주의여 만세!"

―장윤환, '동아투위 민주·민권일지' 사건 최후진술(1979.7.25)

감방 생활 1년이 가까워질 무렵인 1979년 10월 26일 박정희 대통령이 궁정동 안가에서 피살된 것을 알 수는 없었지만 27일부터 분위기가 이상했다. 권력 최상층부에 변고가 생긴 것은 충분히 짐작할 수 있었다. 이제 새로운 세상이 찾아와 곧 출옥할 것 같은 기대감에 들떠서 잠자리에 들 수가 없었다. 그 다음 날 새벽 어둠이 걷히자마자 바깥을 내다보고 너무나 큰 충격을 받았다. 태극기가 반쯤 내려진 조기로 걸려 있었던 것이다. 독재자 박정희의 죽음을 애도하는 것은 집권 세력이 바뀌지 않았다는 뜻이기 때문이다.

어쨌든 1979년 12월 10일 대통령긴급조치 9호가 해제됨으로써 법적 근거가 사라져 12월 27일 우리 동아투위 동지들은 면소 판결을 받았다. 유신헌법을 부정하거나 폐지를 청원하는 집회나 시위를 금지한 긴급조치 9호는 긴급조치 1, 2호와 함께 2013년 3월 헌법재판소 전원 일치로 위헌결정이 내려졌다. 나의 행동이 잘못된 것이 아니라는 역사적 판단을 30여 년 후에 받은 것이다.

1988년 8월 한겨레신문 편집위원장인 장윤환을 비롯한 편집위원들이 편집회의를 열고 있다.

일평생 자유언론을 향한 몸부림으로 살다

나는 동아일보에서 쫓겨난 지 13년 만인 1988년 한겨레신문 창간과 함께 다시 언론 일선에 복귀했다. 나는 한국 언론사상 최초로 한겨레의 직선 편집위원장으로 선출되어 못다 한 자유언론의 열정을 불태웠다. 편집위원장 초기인 1989년 4월 20일에는 한겨레의 '방북 취재' 사건과 관련 강제구인의 고초도 겪었으며 그 후 논설주간을 거쳐 2003년 정년퇴임했다.

나는 젊은 시절부터 작가가 되고 싶은 꿈을 갖고 있었다. 그러나

한겨레신문 초대 편집위원장을 인터뷰한 기자협회보 1988년 8월 5일자

장편소설을 쓸 정도의 끈기가 없다는 것을 알고 희곡을 쓰기 시작했다. 허장성세의 한국적 세태를 풍자한 희곡 〈색시공〉은 중앙대

김정옥 교수 연출로 좋은 평가를 받았다. 은퇴한 후 쓴 〈여시아문〉은 아직 무대에 오르지 못한 채 기다리고 있다.

　나는 팔순을 맞이하는 2018년 지난 삶을 반추해 보는 자서전 『글로 남은 한 평생』을 출간했다. 역사의 격랑 속에 자유언론을 향한 몸부림으로 치열하게 살아왔지만, 나의 이같은 신산한 삶이 의미 없는 것도 아니라는 생각이 든다.

나의 별, 독립운동가 선친 앞에도 떳떳하다

고윤활식 동아투위 위원

김학천 동아투위 위원이 편집

한겨레신문사 전무를 역임했던 동아투위 윤활식 위원은 1929년 1월 8일 평북 의주 출생으로, 2021년 1월 2일 별세했다. 동아방송 제작부의 윤활식 차장은 동아방송 전 직원 70명 중 언론자유를 향한 투쟁 대열에 섰던 51명 중 가장 연장자였다. 40대 중반을 넘어섰고, 4명의 자녀와 노모까지 계셨다. 그는 6·25 전쟁 직전 평안도에서 월남하여 고려대 영문학과를 졸업하고 춘천교대의 교수로 재직 중 동아방송 제작진으로 합류했다.

방송에 입사하기 전 최창봉 등과 연극그룹 제작극회에서 활동했다. 이를 기초로 '여명 80년' 등 동아방송의 인기 다큐멘터리 드라마 파트의 좌장으로 일했다. 정권이 동아일보와 동아방송을 옥

죄면서 권력의 도구로 만들려는 의도가 노출되고 주변의 동료 희생자들이 생기자 그는 주저하지 않고 젊은 직원들의 옳은 주장 쪽에 섰다. 뒤에서 부추겨 주는 게 아니라 앞에서 이끌었다. 그도 식솔을 거느린 직장인이기에 망설이거나 후회하는 세월이 있을 법하지만 그렇지 않았다. 오히려 그의 활동 무대인 드라마 파트의 저명 전문인들, 작가, 출연 배우들까지 그의 뒤를 따르는 사태가 발생했다.

무엇이 그를 그토록 명쾌하고 구김살 없는 투사가 되도록 했는가. 그의 선친은 일제 강점기에 일본 순사 주재소에 폭탄을 던진 독립운동가였다. 그 영향만은 아닐 것이다. 이해타산과 대의명분을 비교할 줄 모르는, 비교하기조차 싫어하는 옳은 길에 대한 고집 때문이었을 것이다. 회고하건대 아무리 고생이 겹쳐도 그의 얼굴엔 그림자를 드리운 일이 없다.

　감옥에서 후배들은 그에게 떳떳이 살아남는 법을 배웠고, 수배를 피해서 오래 숨어 있던 강원도 산골 호숫가에선 낚시를 배웠고, 연기 자욱한 선술집에선 기약 없이 암울하기만 한 세태를 헤쳐 가는 밝은 마음과 인간관계를 배웠다. 그와 같은 마음 비운 투사의 역정 때문인가. 그는 90을 넘긴 연세에 작고하였다. 여기 그가 동아투위 50년 역정에 30년쯤 지나서 심중을 적어놓은 글이 있다. 중복되는 부분만 정리해서 다시 싣는다.

― 김학천 동아투위 위원

고 윤활식 동아투위 위원. 1964년 동아방송(DBS) 피디로 입사한 고인은
자유언론수호 운동을 하다 1975년 동아방송에서 해직됐고,
1979년 긴급조치 9호 위반으로 옥고를 치르기도 했다.
1929년 1월 8일 평북 의주에서 태어난 고인은 2021년 1월 2일 별세했다.

해직과 생계, 파이프 가게

나는 동아방송DBS가 전파를 쏘아 올린 1년 후 동아방송에 입사했다. 박정희 정권은 개국 초부터 DBS를 감시하면서 조금만 비위에 거슬리는 일이 있어도 탄압하려 들었다. 이른바 앵무새 사건이 첫 번째이자 대표적인 탄압 사례로 꼽힌다. 이 시사만평 프로그램 때문에 편성 간부 6명이 1969년 고등법원에서 무죄 판결이 나기까지 무려 5년 6개월을 시달렸다. 10월 유신 이후엔 프로그램에 대한 중앙정보부와 문공부 등의 간섭과 통제가 한층 노골화했다. 정보부원들이 방송국을 제집 드나들듯 하며 뉴스나 논평은 말할 것도 없고 오락 프로그램까지 일일이 간섭했다. 프로듀서, 아나운서 등 제작자들의 울분이 폭발 직전에 이르고 있었다.

그럴 즈음 편집국 기자들의 자유언론실천 운동이 전개됐다. 방송국의 프로듀서 아나운서들도 적극적으로 동참했다. 그 결과 방송국의 프로그램 제작 태도가 크게 바뀌었다. 그때까지 금기시 되던 취재원을 과감히 찾아 나서는가 하면 문제 현장을 직접 발로 뛰면서 진실을 전하려고 노력했다.

동아일보에 대한 대량 광고 사태에 이어 마침내 동아방송에서도 1975년 1월 7일부터 무더기 광고 해약 사태가 벌어졌다. 그러자 프로듀서와 아나운서는 물론 엔지니어와 업무 사원들까지 함께 모여 동아방송 자유언론 실행 총회를 결성하고 어떠한 탄압에도 굴하지 않고 투쟁하기로 결의했다.

　내가 해임 통보를 받은 날은 공교롭게도 결혼 20주년이 되는 날이었다. 40대 중반 나이에 실직이라니! 앞으로 살아갈 일을 생각하면 눈앞이 캄캄해졌지만 그렇다고 후배들이나 가족에게 풀 죽은 모습을 보일 수도 없는 일이었다. 아니 그럴 땐 오히려 호기를 부리는 게 더 낫다는 생각도 들었다. 후배들이 집으로 몰려왔다. 술상이 차려지고 무슨 잔치라도 벌어진 듯 왁자지껄 떠드는 소리가 요란했다. 쫓겨난 지 6개월 만에 우리는 출근투쟁을 중단하고 각자 일자리를 찾아 나서기로 했다. 공황증이 올 법도 한데 모두가 함께 해서인지 마음은 덤덤했다.

　나는 동아방송에 입사하기 직전 춘천교육대학에서 학생들을 가르쳤다. 그러니까 내가 할 수 있는 일이라곤 학교 선생 아니면 방송 프로듀서밖에 없는데 그 두 직종에 취업은 불가능한 상태였다. 박 정권의 취업 방해 공작이 워낙 지독한 데다 내 경우는 나이도 들어서 같은 분야의 취업은 엄두도 낼 수 없는 형편이었다. 무엇보다 큰 고민은 초중고에 다니는 아이들의 교육문제였다. 당장 무슨 일이라도 하지 않으면 아이들 교육을 중단시킬 수밖에 없는 처지가 되었다. 고민하고 있는 나에게 제강회사에 다니던 동생이 파이프, 배관 가게를 내라고 권유했다.

　가게를 내고 1년이 지나자 영업은 어느 정도 궤도에 들어섰지만 역시 서투른 경영이었다. 내 장사는 2년이 지나면서 자금 사정도 조금 나아지고 자신감도 생겼다. 그 자신감이 문제였다. 하루는 정장을 입은 한 낯선 사람이 점포로 들어섰다. 병원을 새로 짓는데 배관 공사 견적이 필요하다는 것이었다. 순조롭게 낙찰 절차를 밟았다. 희망을 걸고 공사에 착수했으나 마무리 단계에서 사고가 터졌다. 현장 감독이 노임을 가로채고 지불을 미루는 바람에 큰 손해를 보게 됐다. 어쨌든 사업은 계속되었고 시련도 이어졌다.

감옥에서 맞은 딸의 혼사

나는 그 와중에 옥살이를 하게 된다. 1978년 10월 24일 동아투위는 자유언론실천선언 4주년을 맞아 명동 한일관에서 기념식을 가졌고, 그날 배포된 〈동아투위 소식〉엔 지난 1년 동안 제도 언론이 외면한 민주 인권 관련 사건 125건이 특집 형태로 실렸다.

이 건으로 안종필 위원장, 안성열 장윤환 박종만 김종철 정연주 위원 등이 긴급조치 9호 위반으로 구속되면서 나를 위원장 대리로 선출했다. 그해 연말 송년 모임에서 구속된 7명 동지의 석방을 촉구하는 성명서를 채택했다. 이를 문제 삼아 윤활식 이기중 성유보 3명을 다시 구속했다.

1979년 1월은 유난히 추웠다. 특히 조사를 받으며 갇혀 있던 중부경찰서의 일주일은 잊을 수가 없다. 하늘은 내게 무슨 큰일을 맡기시려고 이런 시련을 주시는 걸까. 벌여놓은 사업이나 가족을 생각하면 심란하고 답답했다.

그런 내 마음을 다잡아 준 것은 돌아가신 선친의 삶이 보여준 교훈이었다. 내 선친은 나라의 독립을 위해 일제와 싸우다 두 번이나 옥고를 치르셨다. 해방 후에는 민족의 분단을 막아보려 공산정권이 들어선 북한 땅에서 싸우시다가 체포되어 희생되셨다. 그분은 내가 어려운 일을 당할 때, 나의 결단이 요구될 때 늘 나를 인도하는 별이 되어 주셨다.

1월 15일 서대문구치소로 이감되어 독방에 갇히고 나니 오히려 편안해졌다. 감옥에선 일거수일투족이 모두 제약을 받으니 나처럼 굼뜨고 요령 없는 50대는 곤혹스럽기 짝이 없었다. 그래도 사람은 환경에 적응하기 마련일까. 민주화운동을 하다 구속된 젊은 학생들과 통방을 하게 되었다. 감옥에서 홍종민 씨도 만났다. 걱정이 많았지만 그런대로 견딜 만했다.

구속된 지 두 달쯤 되던 2월 24일 그날은 큰딸이 시집가던 날이었다. 기상하자마자 홍종민 씨가 찾아와 감옥에서 만들었다는 사과술 한 잔을 권하며 축하해 주었다. 그리고 그날 저녁엔 여러모로 우리를 보살펴주던 J 교도관이 찾아와 "윤 선생님 오늘 하객이 800여 명입니다. 제가 직접 다녀왔습니다. 민주인사들이 많이 참석한 성대한 결혼식이었으니 아무 걱정 마십시오" 하고 소식을 전해주며 은밀하게 담배까지 한 대 붙여 주었다. 삼일절 날은 감옥에서 통

1979년 3월17일에 발행된 〈동아투위 소식〉.
당시 윤활식 동아투위 위원장 직무대리가 민주인권일지 사건으로 구속되자
부인 김영애씨는 〈동아투위 소식〉에 '맏사위를 맞으며'라는 편지를
남편에게 보냈다.

방을 통해서 기념식도 가졌다. 동아투위 성유보 동지가 기념사를 하고 만세 삼창도 하였다.

박정희가 김재규의 총탄에 맞아 목숨을 잃은 지 13일 만인 1979년 11월 8일 나는 동아투위 동료들 가운데 제일 먼저 집행유예로

석방되었다. 감옥에서 풀려난 뒤 파이프 가게 사정을 살펴보니 그동안 자본금이 많이 축나 있었다. 가게 규모를 확장한 것이 화근이었다. 새로 시작하는 자세로 돌아가야 했지만 그렇게 한다 해도 동생과 나 두 사람이 할 수는 없게 되었다. 결국 얼마 뒤 빚까지 안고 손을 떼야만 했다.

유신 독재가 끝나고 부풀어 올랐던 민주화의 꿈은 신군부의 등장으로 물거품이 되고 말았다. 1980년 짧았던 서울의 봄 동안 긴급조치 위반 혐의로 제적되었던 학생들이 복학되고 해직교수들이 복직되었지만, 해직 언론인들의 복직 문제는 해결될 기미를 전혀 보이지 않았다.

1980년 동아투위는 신군부의 속셈이 군사정권 재창출에 있다는 것을 간파하고 있으면서도 머지않은 장래에 새날이 올 것이라는 기대의 끈을 놓지 않고 있었다. 그래서 동아투위는 5월 17일 수유리 명상의 집에서 '새시대 새언론'이라는 주제로 세미나를 하고 있었다. 그런데 그날 오후 늦게 비상계엄이 전국으로 확대되고 김대중 씨를 비롯한 많은 민주인사들이 연행되었다는 소식이 전해졌다. 우리는 거의 뜬눈으로 밤을 새우고 일찍 해산하기로 했다. 그리고 감옥을 다녀온 사람들은 당분간 피신하는 게 좋겠다고 의논했다.

나는 김학천 위원 동서네 집으로 숨어들었다. 저녁 무렵 집에서 전갈이 왔다. 수사관 둘이 찾아와 내가 어디 있는지 대라고 을러대면서 권총을 풀어놓고 앉아 있다는 것이었다. 그리고 다음 날 그들은 집사람을 앞세우고 친척 집까지 샅샅이 뒤지고 돌아다녔다. 치가 떨렸다. 어릴 때 일제 치하에서 겪었던 일들이 생생하게 떠올랐다. 나는 한 달 넘게 이리저리 피신해 다니다 체포 선풍이 수그러드는 7월쯤이 되어서야 집에 들어갔다.

알로에 가게와 꽃집

파이프 장사에서 아무 성과를 거두지 못하고 1년이 지났다. 하루하루가 막막했다. 가장의 체통도 서지 않았다. 빚만 쌓였다. 그럴 즈음 후배 송관율 위원이 꽤 그럴듯한 제안을 했다. 알로에라는 신비의 약초를 재배하는 화훼농이 있는데 동업으로 알로에 사업을 하자는 것이었다. 게다가 따로 투자도 필요 없고 다만 방송 홍보만 책임져 주면 지분을 나누어주는 조건이라는 것이었다.

알로에 동업을 제의해 온 사람은 다름 아닌 김정문 씨였다. 미국 일본 등의 알로에 연구 현황과 알로에의 효능에 대한 확신에 찬 설명을 듣고 나니 믿음이 갔다. 광화문 덕수초등학교 근처에 점포를 냈다. 나는 점포에서 판매를 하고 송관율은 방송가를 부지런히 뛰어가며 홍보 활동을 벌였다. 2주쯤 지나고 나니 방송 홍보 효과가 나타났다. 우리 점포에 사람들이 몰려들어 줄을 섰다. 김정문 알로에 농장의 재고가 바닥나고 김정문 씨가 일본으로 날아가 알로에를 수입하여 판매하기 시작했다. 기적 같은 일이 벌어진 것이다. 나는 여섯 달 만에 빚 800만 원을 모두 갚아버렸다.

그런데 다시 청천벽력 같은 일이 벌어졌다. 미국에서 알로에 주스가 수입되면서 잘 나가던 알로에 사업이 치명타를 맞게 된 것이다. 그런데도 김정문 씨는 초지일관 밭에서 기른 생초만을 고집했다. 알로에 가게는 그 후 6개월을 넘기지 못하고 만신창이가 되었다.

두 번이나 사업에 실패하고 나니 맥이 풀렸다. 그렇다고 그대로 주저앉을 수도 없었다. 점포 간판을 바꾸어 달았다. 암스텔담이라는 꽃가게였다. 꽃가게로 간판을 바꾸어 달게 된 데는 동아투위 후배 성유보 위원의 권유가 작용했다. 동아투위 동료들 중 기업체에 취업한 사람들이 있으니 가게는 어느 정도 될 것이라는 것이었다.

그러나 그 일 역시 생각과는 달랐다. 가게는 계속 조용했고 빚은 점점 늘어났다. 하는 수없이 살던 집을 팔아 청산했다. 집을 팔고 빚에서 벗어나니 날아갈 것 같았다. 이 무렵 다행스럽게 집사람에게도 직장이 생겼다. 미국 여선교회가 베트남 난민을 도우려고 설립한 '현희공예원'이라는 곳이었다. 대단한 벌이는 아니지만 집사람 얼굴에 생기가 도는 것 같았다.

다시 언론운동으로

그 무렵 동아투위를 비롯한 해직 언론인들을 중심으로 민주언론운동협의회가 결성되었는데 나는 여기에 실행위원으로 참여했다. 민언협은 월간지 〈말〉을 발행, 유신정권보다도 더 악랄한 군사정권의 언론탄압에 맞서 언론기본법 폐지 등을 주장하며 진실 보도를 위해 분투했다.

그러니 탄압의 표적이 될 수밖에 없었다. 걸핏하면 잡혀가고 압수당하고 처음부터 곡예의 연속이었다. 나는 시대를 앞서가는 선각자는 되지 못하지만 어떤 일이 옳은지 그른지는 판단할 수 있고 옳은 일을 하는 사람들에게 미력이나마 힘을 보탤 수 있다고 생각했다. 옳다는 판단이 서면 행동으로 옮기려고 노력했다.

국민운동 본부가 주도한 6·26 국민평화대행진이 있던 날이었다. 김인환 최장학 최학래 세 동지가 내 가게 암스텔담으로 찾아왔다. 가게 문을 닫고 우리 네 사람은 시청 앞으로 나갔다. 교통이 차단되고 경적이 울리고, 최루탄이 터지고 그런 아수라장 속에 한 여인이 이마에 피를 흘리고 있었다. 그때 군중 속에 발이 묶인 동아일보사 차 한 대가 보였다. 차 안에는 전 편집국장 권 아무개 씨가 타고 있었다. 최학래 씨가 달려가 급박한 상황을 말하고 병원으로 실어다 달라고 부탁했으나 그는 외면했다. 하는 수없이 우리가 그 여인을 가까운 한일병원으로 부축해 옮겨 주었다.

2019년 1월 동아투위 후배들이 윤활식 위원의 구순을 축하하며 기념사진을 찍고 있다.

6월 항쟁의 승리는 우리가 그토록 희망하던 새 신문 창간의 길을 열어주었다. 1987년 9월 1일 한겨레 창간 사무국이 문을 열고 작업에 시동을 걸었다. 나는 13년 동안 파이프 장사, 알로에 가게, 꽃 가게 등으로 거듭 좌절을 맛본 터에 후배 동지들이 자유언론의 기치를 들고 새 언론을 시작한다는데 미력이나마 힘을 보태는 건 당연한 일이라고 생각했다.

결국 나는 한겨레 행을 선택했다. 내가 한겨레에서 맡은 일은 주식 공모, 주권을 파는 일이었다. 주식 공모는 아주 순조롭게 진행되었다. 새 언론을 고대하는 민주시민이 그렇게 많다는데 놀랐고 동아투위를 비롯한 해직 언론인들을 믿어주는 사람들이 그토록 많다는데 감격했다. 1988년 2월 목표액 50억 원이 거뜬히 달성되었으나 그것만으로는 불안하여 100억 원을 더 공모하기로 했다. 1988년 5월 15일 마침내 한겨레신문 창간호가 나왔다. 너무 감격스러워 눈물을 흘리는 이도 있었다.

1994년 3월 나는 한겨레를 떠났다. 어쩌면 내 인생의 마지막이 될지도 모를 일자리이며 내 모든 정열을 바쳤던 신문사를 떠난다 생각하니 가슴이 뭉클해졌다. 그나마 내가 열심히 지원했던 〈한겨레 21〉의 창간 기념 리셉션까지 보고 떠나게 되어 위안이 되었다.

이제 여든이 넘은 내 나이, 지나온 세월을 돌이켜 보면 그 험난한 길을 어떻게 헤쳐 왔는지 아무리 생각해도 신기하기만 하다. 그동안 온갖 고생을 한 아내와 아이들에게 죄를 지은 듯해 면목이 없을 때도 있다. 그러나 또다시 내 앞에 1975년과 같은 상황이 전개된다 하더라도 나는 똑같은 선택을 할 수밖에 없으리라 생각한다. 그만큼 나는 나 자신에게, 내 선친에게, 역사 앞에 떳떳한 삶을 살아왔다고 자부한다. 나는 언제 이 세상을 떠나도 큰 여한이 없는 사람이다. 다만 국가가 저지른 과거의 모든 잘못은 반드시 바로 잡아야 한다는 생각이다.

자유언론의 길
'우리대장 천관우'

이부영 동아투위 위원장

천관우 선생을 떠올리면 먼저 송구스럽고 제대로 모시지 못한 회한이 앞선다. 우리가 동아일보에 입사한 첫 날부터 떠나온 날까지 우리의 '대장'이셨다. 그 대장을 제대로 모시지 못한 죄송함이 사무친다.

박정희 정권의 '아킬레스건'에 메스를 대다

언제 한번 바람 잘 날 없이 평온한 적이 있었겠지만, 천 선생

---

* 이 글은 2011년 (주)일조각에서 펴낸 『거인 천관우 – 우리 시대의 언관 사관』 3부 '민주투사 천관우'에 실린 같은 제호의 이부영 동아투위 위원장의 회고 글입니다. 동아투위 위원들에게 천관우 선생의 존재와 역할은 자유언론투쟁에 있어 빼놓을 수 없는 부분이라 다시 옮겨 싣습니다. ─편집자 주

께서 주필로 재직하시던 1968년 말에 우리가 입사한 동아일보사는 폭풍 전야의 벌판 같았다. '3선 개헌'을 통한 장기집권 음모를 착착 진행시키고 있던 박정희 정권은 정권의 아킬레스건인 '차관'에 관한 특집을 꾸몄다는 것을 빌미로 천 선생을 동아일보로부터 축출했다.

재벌들에 대한 외자 도입 특혜를 지렛대로 장기 집권을 위한 천문학적 정치자금을 비축하고 있던 박 정권에게 비수를 들이댄 특집이었다. 천 선생을 그대로 두고서는 자신들의 집권 연장 계획이 순조롭게 진척될 수 없다는 것을 안 박 정권이 내린 결단이었다. 필자를 비롯한 동아 수습 11기와 천 선생의 만남은 만나자 이별이었다. 우리들이 입사하자마자 터진 이른바 '신동아 필화 사건'이 그것이었다.

그래도 수습기자 오리엔테이션 이후 주필과 수습기자 피디 아나운서 25명 사이에 벌어진 술자리는 이별 주연으로선 손색이 없었다. 점심 식사 후부터 시작된 술자리는 오후 내내 계속되었다. 한창 나이의 25명 젊은이들과 주필 한 분과의 대작이었다. 25명의 수습 모두와 주거니 받거니 하더니, 젊은이들이 하나둘 나가떨어졌고 주필 한 분만 멀쩡하게 앉아 계셨다. 나중에 편집국장을 지낸 김용정 군이 마지막까지 대작 상대였지만 이미 25 대 0으로 승패가 가려진 뒤였다. 천 선생은 젊은 기자들과 합동 술자리를 가질 때 중국집의 백주 됫병(한 되)을 시켜서 돌렸다. 이렇게 젊은 기자들의 기

1970년대 말 민주회복운동에 앞장선 천관우 선생의 '유신헌법철폐' 강연

를 돋우고 요즘 말로 '스킨십'을 통해 짙은 정을 쌓았다. '우리 대장 천관우'가 됐다.

1968년 말 동아일보사에서 강제퇴직 당하셨던 천 선생은 1970년 2월 동아일보에 복귀, 상근이사로 사사(社史) 편찬을 담당하셨다. 허울뿐인 이사로 대접했지만 논설 등 글을 쓰지 못하도록 만들어 놨다. 근무처도 3층 편집국과 별관 출판국으로 가는 중간에 있는 조그만 독방이었다.

동아일보 상근이사 신분으로 재야 활동

1971년 4월 27일 대통령 선거를 앞두고 천 선생은 민주수호국민협의회를 결성하여 공동대표의 한 명으로 활동하기 시작하셨다. 당시 편집부에 근무하던 필자는 자주 천 선생 방으로 호출당했다. 눈치로 보건대 안성열 심재택 두 기자가 따로따로 가끔 불려오는 듯했다. 자유언론 투쟁으로 해직당해 동아투위에 함께 몸담았던 두 선배는 천 선생이나 마찬가지로 세상을 떴다.

천 선생은 양면 괘지에 특유의 필체로 유려하게 써내려간 시국 관련 성명서 초안을 함석헌 김재준 장준하 이병린 유진오 등 재야 인사들에게 회람토록 해서 서명을 받아오라는 부탁을 하시곤 했다. 유진오 선생이 신병 요양차 묶고 계시던 유성별장에 감시하는

1965년 동아일보 편집국장 시절에 펴낸 신문 단평집 『썰물 밀물』 출판 기념 회식

정보과 형사의 눈을 피해 새벽에 찾아가서 서명을 받아 온 적도 있었다.

 당시 더 이상 대통령 선거는 없고 박정희 일인 지배의 총통제가 실시될 것이라는 관측이 떠돌았다. 부정선거 시비가 그치지 않고 재야와 대학 사회의 저항이 계속되자 박 정권은 12월 국가비상사태를 선포했고 천 선생은 다시 동아일보사를 퇴사하셨다. 천 선생께서는 1972년 10월유신을 통해 실낱같던 민주주의가 숨을 거뒀다고 판단하시고 1974년 12월에 '민주수호국민협의회'를 '민주회복국민회의'로 이름을 바꿔 함께 결성하고 투쟁하셨다.

그런 와중에 필자는 1973년 4월 장준하 선생의 비서로 있던 손수향 양과 결혼하게 되었다. 아버지가 없던 우리 두 사람은 장준하 선생을 대부로 그리고 천관우 선생을 주례로 모시고 태평로 신문회관에서 결혼식을 올렸다. 천관우 장준하 두 분 선생을 모시고 올린 결혼식은 그 뒤 필자의 생애를 결정짓는 계기가 되지 않았을까 생각된다.

결혼 후 첫 신접 살림은 천 선생 댁 바로 옆의 전셋집에서 시작되었다. 천 선생 댁은 50년대 말에 지은 국민주택이었고 필자의 셋집은 허름한 단독 가옥 단칸방이었는데 필자의 집 바로 앞에 파출소가 자리 잡고 있었다. 천 선생 댁으로 들어가는 골목 입구였다. 그 골목 안에는 작가 이호철 선생 댁과 야당 김현수 국회의원의 댁이 함께 자리 잡고 있었다. 필자의 집까지 포함해서 네 집을 감시하는 중앙정보부원을 비롯한 정보기관원들이 파출소에 언제나 북적인 것은 당연했다.

지금도 잊을 수 없는 '동아일보 사주' 측의 만행이 눈앞에 아른거린다. 우리 동아 기자 프로듀서 아나운서 등 자유언론의 기수들이 내쫓기던 1975년 3월 16일 자정 무렵부터 다음 날인 17일 통금 후 새벽 4시부터 6시경까지의 경과는 다음과 같았다.

16일 오후 9시경부터 동아 사주 측은 보급소 직원들을 비롯한 깡패들을 동원(외신들은 사복 경찰관들도 동원되었다고 보도했다), 폭력으로 농성자들을 사옥 밖으로 내쫓으려는 움직임을 보이고 있었다. 수많은 재야인사들과 야당 정치인들이 동아일보 사옥 앞 광화문 부근으로 모여들었다. 검은 베레모를 쓴 거구의 천 선생이 다른 재야인사들 및 외신 기자들과 함께 서 계셨다. 윤보선 전 대통령의 영부인 공덕귀 여사와 정일형 이태영 선생 부부도 함께 계셨다. 그분들의 응원을 지켜보던 우리들은 큰 위로와 격려를 얻었다.

그리고 우리 농성자들은 통행금지 해제 직전 쇠 파이프와 몽둥이 그리고 산소 용접기를 든 깡패 폭도들에게 폭행당하면서 동아일보 사옥 밖으로 내쫓겼다. 밖에서 통금이 해제되기를 기다렸다가 나와 준 천 선생을 비롯한 많은 인사들이 우리들을 맞아 주었다. 그리고 우리는 함께 외쳤다. "자유언론 만세!", "폭력 축출 사과하라!", "자유언론 사수하자!"

그런데 며칠 뒤 사주 측이 장악한 동아일보 격려광고 지면에는 해괴한 광고 한 개가 실렸다. '천관우 씨, 여자 아나운서와 여관 동숙(同宿)' 대강 이런 낯 뜨겁고 야비한 내용이었다. 농성자들 걱정에 귀가하지 못하던 천 선생을 비롯한 재야인사들이 16일 자정 가까워서 통금을 피해 세종로 부근 여관에 함께 투숙해서 꼬박 밤을 지새우고 다시 새벽 4시 통금이 해제되자마자 쫓겨나오는 농성자들을 맞이한 것이 전말이었다.

농성장에 함께 있다가 농성자들의 먹을거리를 사려고 외출했던 여자 아나운서 한현수 씨가 봉쇄에 막혀 농성장에 합류하지 못하

1975년 3월 동아일보 사옥에서 농성 중인 기자들이 축출될 것이라는 소문이 돌자 민주인사들이 심야에 동아일보사 앞으로 몰려들었다.
이태영 박사(왼쪽), 천관우 선생(왼쪽 두 번째) 등의 모습이 보인다.

고 재야인사들과 함께 여관에서 지낸 것을 두고 동아일보 사주 측은 그 같은 저질 광고를 '자유언론을 격려하는 광고'에 섞어 내보냈다. 뒤에 동아자유언론수호투쟁위원회가 결성되고 나서 권영자 문화부 차장이 위원장으로 선임되자 동아일보 사주 측은 다시 격려광고 지면으로 동아일보에 연재됐던 조선작 작가의 소설 〈영자의 전성시대〉를 빗대 비방 광고를 내기도 했다.

구속과 폐쇄, 천관우 선생 댁에서 농성투쟁

1975년 6월 동아노조와 동아투위의 대변인이었던 필자는 성유보 친구와 함께 국가보안법, 반공법, 긴급조치9호, 국가모독죄(형법 104조 2항) 등의 혐의로 구속되어 2년 6개월의 형기를 살았다. 1977년 12월 말 출감해 보니 아내는 두 어린 아이들을 데리고 불광동 전셋집에서 나와 여섯 차례의 이사 끝에 종로구 청운아파트로 옮겨 있었다. 틈나는 대로 천 선생 댁에 들러서 밖의 사정을 전하고 당부 말씀도 들었다.

1978년 한여름, 찌는 듯한 날씨에 내방객도 없는 가운데 천 선생께서는 베잠방이 차림으로 고대사 연구에 몰두하고 계셨다. 면도도 머리 손질도 하지 않으셨다. 개다리소반에 소주 두어 병과 맥주잔 그리고 된장, 풋고추와 썰어 놓은 오이 몇 개가 전부였다. 소주 한 병을 따르면 맥주잔으로 두 잔을 못 채웠다. 선생께서는 거의 말없이 드셨고 내가 주로 저간의 사정을 말씀드렸다. 1975년 동아 강제 해직 사태 이후에 천 선생은 거의 외부 활동을 하지 않고 계셨다. 1976년 3·1 명동 민주구국선언 사건에도 참여하지 않으셨다. 그러니 자연스레 재야인사들과의 관계도 소원해졌다.

그러던 가운데 동아투위는 1978년 3월 17일 기독교회관에서 발족 3주년 기념행사를 마친 뒤 10여 명이 불광동에 있는 천 선생댁으로 찾아가 언론의 각성을 촉구하고 생존권 사수를 위해 투쟁 중이던 동일방직 여성 노동자들을 지지하는 동조 단식 농성을 벌였다. 넓지도 않은 선생 댁에 10여 명이 그것도 닷새 동안 농성투쟁을 벌였다. 아무 수입도 없이 칩거하고 계신 천 선생 댁에 천지 분간 못 하던(?) 젊은이들이 장기 농성투쟁을 벌이고 있었으니 천 선생 특히 사모님의 난감함이라니, 오죽하셨을까. 세월이 지나 눈 감고 생각해보니 송구스러워 얼굴을 들 수 없다.

1978년 10월에 동아투위에서 지난 1년 동안 제도언론에 보도되지 않은 사건 사고를 '민주·인권일지'(민권일지)로 묶어 재야인사들과 종교계 그리고 외신 등에 배포했다. 천 선생과 송건호 전 편집국장은 민권일지가 배포된 3주년 기념식장인 명동 한일관에 참석하셨다. 비록 펜과 마이크를 빼앗겼어도 자유언론의 깃발을 들고 있던 해직언론인 단체 동아투위를 응원하셨다. 안종필 위원장 등 10명의 위원들이 그 파동으로 구속되는 아픔을 겪었다.

그런 어려움 속에서도 천 선생은 1970년대에 한국 고대사 연구에 정진, 동아일보 휴직 상태에는 〈신동아〉에, 그리고 동아일보를 떠나신 뒤에는 제도언론의 모든 창구가 봉쇄되자 학계 학회지 등에 다수의 논문을 집필하셨다. 필자의 서울대 문리대 동기로 사학과 출신인 김종심은 〈신동아〉에 재직할 당시 학술담당 기자였고 이름난 잡지 편집자였다. 그는 천 선생의 한국사 관계 논문과 학술대담과 좌담 등을 도맡아 처리했다. 그는 천 선생의 난해한 초서체 원고를 해독하는 드문 편집자로 천 선생께서도 인정하는 준

천관우 선생이 펴낸 저서

재였다.

그도 천 선생의 심기를 건드려 혼뜨검을 난 일이 있었다. 천 선생은 태어나실 때부터 양 손가락이 불구이셨다. 당신의 양손이 사진 찍히는 것을 피하셨다. 김종심이 편집한 어느 좌담회 기사에 천 선생 상반신과 함께 천 선생의 손이 그대로 노출된 사진이 실렸다. 김종심이 혼났던 이야기는 두고두고 전해진다.

1979년 박정희 시대 말기에 이르러서 천 선생께서는 동아투위와도 거리를 두고 두문불출하셨다. 박 정권의 폭압이 거칠어질수록 더불어 급진화 하는 듯한 민주화운동 진영에 대해서도 우려하셨던 것이 아닐까 짐작했다. 10·26 박정희 피살과 12·12 신군부 쿠데타 그리고 5·18 광주민주항쟁을 거치면서 고조되었을 천 선생의 위기감이 그 뒤 전두환 정권의 의도적 접근으로 더욱 심화하지 않았을까 짐작될 따름이다.

말년 몇 해의 삶으로 생애를 재단하지 말아야

대한민국 건국 이후 민주주의 건설과 언론자유 창달을 위해 헌신하셨던 천 선생 입장에서는 우리 사회가 직면한 위기 앞에서 당신의 '입지'보다 조금 더 우경화하지 않았을까 생각된다. 당시의 대다수 민주화운동 진영의 인사들과는 생각을 함께하지 않으셨던 것이다.

우리들 모두 알고 있듯이, 천관우 선생은 해방 직후 서울대 국대안 찬성 진영에 속했던 보수적인 분이었다. 이승만 박정희 등 집권자들이 독재 강화의 길을 걷는 것에는 반대하셨다. 말년에 5월 광주민주항쟁에 대해서는 해방 직후의 위기감에 빠지셨던 것이 아닐까 짐작해 볼 따름이다.

1979년 10.26 사건 이후 1981년 초엽까지는 내 자신의 수감생활 탓에 천 선생을 찾아뵐 수 없었다. 그 기간 동안에 바깥 세상과 담을 쌓고 사셨던 천 선생께 문안을 드렸었다면 하는 아쉬움을 갖게 된다. 그러나 말년의 천 선생의 몇 해 삶이 전체 삶의 무게를 지워버릴 만큼 큰 것은 아니라고 생각한다. 필자는 지금도 우리 언론인들을 기개 높은 선비의 길로 인도해 주신 것에 천 선생께 감사하는 마음을 지니고 살고 있다.

먼저 떠난 성유보 형,
동투 50주년이네

이부영 동아투위 위원장

    2024년 10월 6일 오전 11시 마석 모란공원 묘역 성유보 형 10주기 추도식이 민주언론시민연합 주최로 열렸다. 연세대 장례식장에서 장례를 모신 것이 어제 같은데 벌써 10주기라니. 추도식에는 성형이 인연을 맺은 인사들이 골고루 참석했다. 민언련 신태섭 이사장과 신미희 사무처장을 비롯한 여러 실무 일꾼들, 비상시국회의 조성우 상임공동대표, 희망레일 이동섭 이사장과 동료들, 특히 한겨레신문의 여러 후배들이 나와주었다. 함께 일해 본 사람들은 성 형의 느릿느릿한 말투와 꾸밈새 없는 자세가 친밀감과 화해 분위기를 만든다고 말했다. 나는 추도사에서 "대학 입학에서 동아일보 입사 그리고 언론운동 내내 함께 했지만 그의 인간미는 세월이 지

묘비 앞에서 추도사를 올리는
이부영 위원장

날수록 더 깊어지는 걸 느끼게 되었다"고 돌아봤다. 입원 중인 장연희 여사는 참석하지 못했지만 아들 형제 덕무와 영무도 함께했다. 단촐하지만 10주기를 추모해야겠다고 작정한 인사들은 모두 모인 추모식이었다.

우리의 평생을 좌우한 사건은 1961년에 일어난 5·16 군사쿠데타였다. 4·19혁명의 열기로 뜨거웠던 1961년 봄 동숭동 서울대 문리대 캠퍼스는 아직 고교 시절의 까까머리가 채 자라기도 전인 성형과 나 같은 고교졸업 즉시 입학한 신입생에게는 감당하기 어려

추도식을 끝내고 모인 민언련 희망래일 한겨레신문 출판계 등 함께 일한 후배들

울 정도로 뜨거웠다. 3월 입학식 직후부터 "가자 북으로! 오라 남으로! 만나자 판문점에서!" 같은 펼침막을 앞세운 선배들의 대열을 따라 시위에 참여했는가 하면, 정치학과 2, 3학년 선배들이 안내하여 오후 늦게 빈 강의실에서 이해하지도 못할 사회과학 이론 공부에 참석했다. 아직 수학공식과 영어단어의 입시공부에 절어 있던 우리들 머리가 익숙해지기에 생경한 내용들이었다. 그런데 우리 신입생 42명 가운데 반 이상이 재수 삼수생들이었다. 이미 다른 대학에서 4월혁명 시위를 주도했다가 입학한 김중태 같은 삼수

생도 있었다. 문리대에서도 4월혁명에 참여했다가 정치학과에 다시 입학한 재수생들도 있었다.

5·16 군사 쿠데타 일어난 1961년 대학 입학

5·16 군사 쿠데타가 일어난 다음 날 궁금증을 견디다 못해 나는 등교했다. 교문 앞 두개 기둥 앞에는 기관총좌가 배치되어 있었고 군인들은 착검한 소총들을 들고 서 있었다. 교문을 들어가려는 학생들에게 신분증을 보여주도록 요구했고 따로 이름, 소속과 등을 기재했다. 5월 중순의 문리대 교정은 마로니에 숲과 더불어 라일락 향기가 넘쳐 흐르고 있었다. 봄의 향기와 학생들의 젊음으로 가득해야 할 교정에는 기관총과 착검한 군인들과 번득이는 감시의 눈초리가 깔려 있었다. 학교에는 교수들도 선배 학생들도 모두 사라졌고 물정 모르는 신입생들 몇 명이 마로니에 숲 그늘 벤치에 앉아 걱정스럽게 소식을 나누고 있었다. 그래도 지방 출신들로 학교 부근에서 하숙 생활을 하는 친구들이 선배들로부터 전해들은 소식들이 솔깃했다. 앞으로 6월이나 되어야 강의도 제대로 있을 것이라고 했다. 도서관에 들어가 공부하면서 사태를 살펴야 했다. 이때 겪은 군사 쿠데타의 충격과 그에 대한 반감은 깊이 새겨졌다. 지난해 12·3 비상계엄을 다시 겪으면서 우리가 이제는 군사 쿠데타 같

은 후진국 형 정변을 졸업했다고 단정한 것이 섣부른 판단이라고 하지 않을 수 없었다. 팔십이 넘어서도 이런 꼴이 한심했다. 그동안 4월혁명과 5·16 군사 쿠데타까지 60여 년을 거치면서 독재에서 민주로, 가난은 면하는 수준으로, 다른 많은 개발 도상국들이 부러워하는 변화와 도약을 일궈왔다고 생각해왔는데 겨우 이런 정도였는지, 스스로 반성해야 했다.

4월혁명이 5·16 쿠데타로 반격당하면서 학내 분위기는 마치 뜨거운 쇠를 찬 물 속에 담궜을 때 생기는 불협화와 부조화의 모습들을 드러냈다. 4월혁명 이후의 학생운동에 대한 수사로 많은 선배들이 구속되었거나 도피하고 있었고 학내에는 경찰과 새로 생긴 중앙정보부의 감시망이 촘촘하게 깔려 있었다. 학생들은 낮이고 저녁이고 폭음하고 심지어 학내에까지 술통을 들여와 술판을 벌이곤 했다. 그런가 하면 소규모의 공부 모임을 만들거나 새로 부각되고 있던 한일 문제와 씨름하는 그룹도 생겼다. 나는 문리대 학생회의 기획부장을 맡아 축제인 학림제를 준비하게 되었다. 1963년 초 나와 성유보 그리고 1년 선배 그룹들과 근로학생회 일에 합류했다. 1963년 7월 군에 자원 입대해 66년 1월까지 2년 6개월 동안 복무하는 동안 64년부터 밀어닥치기 시작한 6·3 한일협정 반대 학생운동의 폭풍을 군복무하면서 바라보는 신세였다. 마치 제 소임을 저버리고 구경꾼으로 바라보고 있다는 죄의식마저 느끼지 않을 수 없었다. 성 형도 6·3학생운동에 적극 참여했지만 주동자로 분류되지 않은 탓에 졸업 후 군복무를 마칠 수 있었다.

동아일보 수습 11기로 같이 입사

성유보와 나는 1968년 11월 동아일보 수습 11기생으로 다시 만났다. 한해 앞서 권근술(한겨레 사장 역임)이 10기생으로 입사해 있었다. 1969년의 삼선개헌을 앞둔 이 시기에는 박정희 정권과 동아일보 사이에 숨막히는 접전이 진행되고 있었다. 권력을 견제해야 한다고 천관우 주필과 홍승면 주간 등 일부 간부들과 젊은 기자들이 다짐하고 있었다. 1968년 12월호 월간 〈신동아〉에 박정권의 '차관' 특집판이 실렸다. 1965년 한일협정 체결 이후 들어온 대일 민간차관들이 세밀하게 분석되어 있었다. 차관 일부가 정치자금으로 흘러 들어간 정황을 파헤쳤다. 중앙정보부는 1968년 11월 30일 홍승면 주간, 손세일 기획부장, 유혁인 정치부차장, 김진배 정치부기자, 박창래 경제부기자를 연행해갔다. 이날은 11기 수습기자 피디 아나운서들이 첫 출근하는 날이었다. 신문사 방송국 등 전사가 뒤숭숭했다. 이 사건으로 동아일보사는 박정희 정권에게 굴복하고 말았다. 발행인이 김상만에서 고재욱으로 바뀌었고 천관우 주필이 자진사퇴라는 이름으로 해직되었다. 김성열 편집국장 대리도 런던 특파원으로 밀려났고 김진배 기자는 출판부로 옮겼다. 뒤늦게 홍승면 주간과 손세일 부장은 다른 이유로 반공법 위반 혐의가 씌워져 구속됐다. 단기간 안에 박 정권은 동아일보를 항복시켰다. 이 사태에 실망한 11기 수습기자 4명이 수습기간 끝물에 사표를 제출하고 떠났다. 이 신동아 '차관' 보도와 동아의 항복 사태는 우리 11기 수습기자들을 비롯한 동아 구성원들에게 깊은 상처를 주었을 뿐 아니라 동아 사주의 허약함을 드러냈다.

동아 자유언론운동뿐 아니라 언론노조의 태동에 의외의 계기가 기여했다는 사실을 밝혀야겠다. 나는 동아에 입사하기 전 1968년 6월에 중앙일보사에 수습기자 5기로 입사했었다. 기자와 피디 등 20명가량이 입사하여 수습 과정을 이수하고 있었다. 수습 과정 마지막 강의를 중앙일보 당시 이규현 편집국장이 담당했다. 뒤에 문화공보부 장관을 역임한 이규현 국장은 결론으로 "자네들은 언론인이기 이전에 '삼성맨'이라는 사실을 마음 속 깊이 새기길 바란다"고 강조했다. 아무리 삼성이 소유한 신문 방송의 기자 피디들에게 수습 과정을 교육시키더라도 편집국장의 언론교육 내용은 아니었다. 교육기간 동안에 서로 알게 된 김두식 정영일(서울대 법대 2인)과 이성주 이부영(서울대 문리대 정치학과 2인)이 강의가 끝난 뒤 차 마시면서 정리했다. 다음 날 오전 바로 사표를 제출하기로 했다. 이들은 같은 해 10월 동아일보 수습기자 11기로 함께 입사했다. 김두식 정영일 이부영이 성유보와 함께 1975년 3월 6일 한국언론사 최초의 언론노조 동아노조 결성에 앞장섰다. 수습 10기의 조학래가 지부장

성유보 형이 청우회 사건으로 1년 복역한 뒤
권영자 위원장 등 동아투위 위원들의 환영을 받으며 감옥을 나왔다.

에, 11기(4명)의 김두식이 부지부장, 정영일이 사무장, 성유보가 조직부장, 이부영이 섭외부장을 맡았다. 무엇보다 김두식 정영일은 노동조합 결성에 필요한 모든 법률적 수요를 감당해주었다. 더욱이 김두식은 약수동 소재 신혼 살림집을 노조 발기위원회와 창립총회 장소로 제공했다. 위의 5인 이외에 부지부장에 문영희 이영록, 회계감사에 이기중 임부섭, 총무부장 양한수, 쟁의부장 강정문 등 11명의 노조 집행부가 호선되었다. 이들은 수습 9~12기 출신들이었다. 3월 7일 창립총회에는 노조 집행부를 포함하여 모두 33명이 참석했다. 이들은 4월혁명과 6·3 한일협정 반대운동 시기에 대학에 다녀 세대적 동질성이 강한 동년배들이었다. 뒷날 중앙일보 쪽에서는 5기 수습 퇴직자 4인 가운데 3인이 동아노조와 자유언론실천 운동의 주동자로 나섰다는 소식을 듣고 안도했다고 한다. 동아노조로부터 자유언론실천 운동, 해직 이후의 동아투위를 넘어서 그리고 민주화 운동과 한겨레신문에 이르기까지 성유보의 유유자족하는 조직 운동가의 역량이 고루 발휘되었다. 바둑도 열심히 두면서 말이다.

청우회 사건으로 함께 구속

이부영은 동아노조 섭외부장으로 일한 탓으로 자유언론실천 운동 대변인으로 더 나아가 동아투위 대변인으로 나서게 되었다. 동아사태를 취재하려고 동아일보로 밀려오는 미국 일본 유럽의 신문 방송 외신기자들을 만나야 했다. 그 중에서도 워싱턴포스트의 돈 오버도퍼 대기자의 한 페이지 보도는 미국과 세계에 큰 파장을 일으켰다. 미 하원 국제관계소위 위원장 도날드 프레이저 의원을 권영자 동아투위 위원장과 함께 만나 광고탄압과 언론인 대량 해직 사태의 전말을 자세히 설명한 것은 박정희 정권에게 미운털이 박히게 만들었다.

나는 1975년 6월 9일 동투 동료들이 지켜보는 가운데 신문회관 앞에서 중앙정보부원들에게 체포되었다. 이어서 성유보도 20일경 역시 신문회관에서 연행되었다. 나에게는 외신기자들에게 왜곡된 사실을 보도하게 하여 긴급조치 9호와 국가모독죄를 위반했다는 혐의를 조사한 뒤 20일부터 '청우회'라는 반국가단체를 결성했다고 추궁하기 시작했다. 성유보가 체포되고 한 해 선배 정정봉까지 연행되었다. 또 다른 한해 선배 이창홍이 우리들이 한창 동아노조 운동과 동아 자유언론 운동을 벌이고 있을 즈음, 중앙정보부에 제 발로 걸어 들어가 이부영 성유보 정정봉과 반 정부활동을 했다고 자수했다는 것이었다. 재학 중에 근로학생회 활동을 함께 하기도 했고 성유보와 이부영보다는 먼저 동아방송에 입사하여 피디로 활동하다가 민주화운동에 전념하겠다고 퇴사했던 선배였다. 동아일보에 백지광고 탄압을 가했고 134명의 기자 피디 아나운서 등 언론인들을 대량 해직시켜 국민들의 분노를 자아내는가 하면 국제적 비난까지 받아오던 박정희 유신 독재 정권으로서는 좌익세력이 동아 언론운동을 일으켰다고 조작할 수 있는 빌미를 잡은 셈이었다. 대학 재학 시절부터 직장으로 이어져온 선후배 인연뿐이었지만 수사관들은 단순하기 짝이 없는 혐의 내용을 과대 포장하는 과정에 협박과 가혹 행위를 가했다. 성유보 이부영 두 사람은 회사 밖으로 내쫓겨 자유언론 투쟁을 벌이고 있는 동아투위 선후배 동료들이 어떤 피해를 당할까 마음 졸이지 않을 수 없었다. 그 수사와 관련해서 동아투위 위원들 50여명이 중앙정보부에 불려가 추궁 당했다는 사실을 석방된 뒤 들었다. 1심 형량은 이부영 18년 구형에 9년 징역을, 정정봉 성유보 4년 구형에 2년 6월 징역을 선고했다. 항소심이 시작되기 전 1976년 4월 권영자 위원장 등 72명의 동아투위 위원들이 서명한 탄원서를 제출했다는 소식을 홍성우 변호사를 통해 전해 들었다. 항소심 선고는 이부영 징역 2년 6월, 정정봉 1년 6월, 성유보 1년 징역형으로 대폭 감형을 선고했다. 이부영 성유보 정정봉 3인은 사건 대법선고 39년만인 2015년 6월 8일 재심에서 무죄판결을 받았다. 그러나 성유보는 한 해 전 2014년 10월 6일 이미 별세했다. 수많은 용공조작 가운데 하나가 다시 제자리로 돌아온 것인가, 아니면 독재정권과 동아일보가 쌓아온 업보의 한(恨)이 한 뼘 더 높아진 것인가.

성유보, 민주 인권 사건 일지로 재차 구속

10·24자유언론실천선언 4주년에 동투는 제도언론이 외면한 125건의 민주인권사건들을 일지로 묶어 동아투위 〈소식〉에 실었다. 1978년 10월에 시작된 이 사건으로 안종필 위원장을 비롯해서 장윤환 안성열 윤활식 박종만 성유보 이기중 김종철 홍종민 정연주 위원 등 10명이 긴급조치 9호로 구속되었다. 암흑천지 유신독재 말기에 몇 백부에 지나지 않는 회원 소식지에 보도되지 않은 '사건'들을 알린 일이었다. 비록 해직 언론인들이었지만 10명이 한 사건으로 구속된 '언론인 대량 구속 사건'이었다. 동아투위는 이돈명 홍성우 황인철 변호사 등 22명의 변호인단을 구성했다. 해직되어 생활고에 시달리고 있던 해직 언론인들의 단체 동아투위의 뿌리를 뽑아버리겠다는 독재정권의 독기가 묻어난 사건이었다. 이 사건에 대응하는 중앙정보부는 치밀했다. 피고인 2~3명씩을 분리하여 각각 다른 재판부에 배당했다. 같은 사건의 피고인들을 함께 재판하여 가족과 해직 언론인들이 대규모로 방청하지 못하도록 했고 아직도 동아 해직 사건에 관심을 가지고 취재하던 외신기자들을 분산시키려 했다. 감옥에서 나온 지 얼마 되지 않았다는 이유로 제외된 나는 법률구조 활동과 외신보도 그리고 옥바라지 역할을 맡게 되었다. 첫 옥살이를 끝내고 나온 지 얼마 되지 않아 다시 투옥된 성유보가 건강에 이상 징후를 보이기 시작했다. 식사를 제대로 하

지 못하는 등 위장 장애를 부인을 통해 호소했다. 잘 아는 교도관을 통해서도 소식을 듣게 되었다. 1978년 6월 경 가족이 요청한 내과의가 서울구치소 병동에서 성유보를 진찰하고 약 처방을 하여 복용하기 시작함으로써 차도를 보이기 시작했다. 곧 10.26 박정희 피살 사건이 일어나면서 동투 위원들은 순차적으로 풀려났다. 성유보는 밖에서 치료를 받아 건강을 되찾았다. 그러나 나와 성유보는 다시 엇갈렸다. 나는 11월 13일 계엄과 긴급조치 9호 해제, 정치범 석방, 해직 언론인과 교수의 복직, 제적 학생의 복교를 요구하는 '나라의 민주화를 위하여' 성명서 발표 사건으로 구속되었다. 유신독재가 물러갔지만 또 다른 더 독한 군사독재가 뒤따르고 있었다.

민주언론운동협의회, 〈말〉지 나올 때마다 구류

1980년 5·18 광주학살의 테러가 저질러진 지 3년여가 지난 뒤 다시 민주화를 위한 움직임이 시작되었다. 동아투위의 성유보와 이부영, 조선투위의 신홍범과 성한표, 80년해직언론인협의회의 김태홍 노향기 등이 언론운동 단체의 결성을 논의했다. 당시 연대기구로서 민중민주운동협의회(민민협) 구성에 종교 노동 농민 빈민 문화예술 청년 단체들이 참여했는데 그에 앞서 구성된 민주화운동청년연합(민청련)이 구심체였다. 그들은 언론단체의 참여도 요청했다.

민주언론운동협의회(민언협)를 송건호 선생을 회장으로, 성유보를 사무국장으로 하여 구성했다. 민언협은 제도언론에 대항하는 매체 〈말〉 창간을 준비했다. 이부영은 민민협 공동대표이자 민언협 실행위원으로서 성유보의 〈말〉지 창간자금 마련을 함께 논의했다. 당시 기독교교회협의회(KNCC) 총무였던 김관석 목사에게 사정을 말씀드렸다. 며칠 뒤 김 목사께서는 7백만 원을 마련해주었다. 현재의 화폐가치로 얼마나 되는지 모르겠다. 10배는 넘을 것으로 짐작한다. 또한 조선투위의 백기범이 현대에서 근무한 탓으로 3백만 원을 구해왔다고 들었다. 성유보는 1천만 원의 〈말〉지 창간자금을 마련하고 본격적으로 발간 준비에 나섰다. 그 뒤 김관석 박형규 목사님들이 선교자금 횡령죄를 뒤집어쓰고 구속되었을 때는 몹시 괴로웠다. 언론운동뿐 아니라 여러 민주화운동에 이렇게 도움의 손길을 뻗어주셨을 것이다. 성유보는 사무국장으로서 편집인을 맡았기 때문에 〈말〉이 나올 때마다 구류를 살아야 했다. 뒤에 송건호 회장 제의로 〈말〉이 나올 때마다 편집인 등록을 돌아가면서 맡아 구류 처분을 공평하게 분배했다.

민언협은 1986년 9월 한국언론사상 극적인 순간을 맞이했다. 전두환 정권의 문공부가 신문과 방송에 매일 전화로 지령한 10개월간의 보도지침(1985년 10월~1986년 8월), 즉 보도 통신문을 정리해 폭로했다. 원 자료는 한국일보의 김주언 기자(편집부)가 제공한 것이었다. 보도지침에는 전두환 정권의 적나라한 진면목이 그대로 드러나 있었다. 당시 민통련 사무처장이었던 성유보는 보도지침을 넘겨받았지만 5·3 인천항쟁 이래 가혹하게 탄압당하고 있던 민통련을 다시 6월항쟁의 구심점으로 정비하고 있었으므로 보도지침 폭로 작전에 대해서는 전혀 모른 척했고 민언협은 송건호 회장, 김태홍 사무국장, 박우정 편집국장, 신홍범 실행위원, 그리고 홍수원을 편집책임자로 정해 특집호 제작에 들어갔다. 또한 월간 〈말〉을 별도 제작하기로 했다. 자료 제공자 김주언을 체포 고문해 허위 날조한 것이라고 뒤집어씌울 것에 대비, 김주언 김태홍 신홍범을 김승훈 신부에게 양심선언을 하도록 했고 1986년 9월 6일 명동성당에서 발표했다. 정권은 보도지침 폭로 사실을 보도하지 말라는 보도지침을 시달하고 김태홍 신홍범 김주언을 체포하는 한편 특집호와 월간 〈말〉을 전국의 서점에서 강제로 수거했다. 전국의 시민들은 특집호와 월간 〈말〉을 복사본으로 만들어 돌려봤다. 담당 한승헌 변호사는 "보도지침 사건은 불낸 자들이 신고한 사람을 처벌하겠다고 나서는 꼴"이라고 법정에서 변론했다.

1986년 5·3 인천 민주화운동에 이르러 주도 단체였던 민주통일민중운동연합(민통련)이 전두환 정권의 집중적 탄압을 받아 문익환 의장을 비롯하여 사무처장 이부영과 부의장 이창복, 정책위원장 장기표 등 다수가 체포되고 더 많은 사람들이 수배 당하자 이를 승계한 성유보 사무처장은 민통련 조직을 추스르는 데 그치지 않고 국민운동본부(국본)로 전환시키는데 구심점 역할을 했다. 6월항쟁을 위한 이 작업에는 성유보를 비롯하여 김도현(야당) 이명준(천주교) 황인성(개신교) 4인이 감당했다. 그 과정에 부천서 성고문 사건이 일어나 전두환 독재정권의 야만성에 국민 일반이 분노하게 만들었고 이어서 서울대생 박종철 군이 남영동 대공수사단에서 물고문으로 사망하자 대학생들 뿐 아니라 일반 시민들까지 나서는 분위기로 돌아서고 있었다. 성유보의 준비회의는 고 박종철 군 국민추도회를 조직하고 "고문없는 세상에서 살고 싶다"는 구호를 내세웠다. 국민추도회 발기인에 7만여 명이 참여했고 전국의 대도시로 번져나기기 시작했다.

87년 6월항쟁 주도

민통련은 1987년 4월초 4차 정기총회를 거쳐 전열을 정비하고 5월 27일 민주헌법쟁취 국민운동본부(국본)의 발기인대회 겸 창립총회를 서울 향린교회에서 개최했다. 정작 민통련이 다시 기지개를 켜자 전두환 정권은 성유보를 수배자 명단에 올렸다.

"5월 중순 이런 일이 있었다. 이해찬과 함께 정현백 교수(성균관대) 집에 들었다가 헤어져 사당의 지하차도를 혼자 걸어가고 있는데 누군가 '성 처장'하고 불렀다. 돌아보니 국가정보원(당시 안전기획부) 정보국의 민통련 담당 정 아무개였다. 그가 '차나 한잔 합시다'라고 말하여 다방으로 들어가 앉았다. 그는 '위에서 당신을 잡으라고 난리다. 열흘 전에는 수사국 요원과 같이 당신 집 앞에서 일주일간 잠복했다. 나는 그때 당신이 내 손에 잡히지 않기를 하늘에 빌었다. 다행히 당신은 나타나지 않더라'며 하는 일이 잘 되기를 바란다고 말하고는 가버렸다. 나는 그때 '전두환 정권은 이제 끝났구나!' 확신을 가지게 됐다."

─성유보 회고록, 『미완의 꿈』

국본은 1987년 6월 10일을 '국민대회의 날'로 정했다. 민정당이 같은 날 오전 10시 노태우를 '체육관 대통령후보'로 지명하는 전당대회를 열기 때문이었다. 김대중-김영삼은 민정당 전당대회와 야당-재야의 반 군부 독재 시위가 같은 날 같은 시간에 벌어져야 국내외의 화제가 된다는 이유였다. 그러나 성유보는 달리 생각했다. 아침부터 시내 곳곳에서 청년들의 시위가 벌어지면 교통 장애를 일으키고 시민불편을 일으켜서 민주화운동 진영만 시민들의 불만을 사게 될 것으로 봤다. 그래서 서울 한복판 시청 앞 성공회 교회당에서 박형규 목사, 계훈제 선생 등 재야 종교계 정계 원로들이 정오에 모여 성명을 발표하고 종소리를 울려 퍼지게 했다. 시내 곳곳에서 성명서를 배포하고 택시들이 경적을 울렸다. 전국 22개 도시에서 30만 명 이상이 참여하여 국민대회를 성공시켰다.

성유보는 이 단계에서 일반 시민들이 대규모로 참여하는 전국적 시민항쟁에 나서게 하려면 반독재 시민항쟁의 선두에 서는 대학생들의 획일화된 투쟁 방식이 바뀌어야 한다는 생각을 하지 않을 수 없었다. 대학생들이 각목도 들지 않고 돌도 던지지 않는다는 원칙을 지키겠다고 나섰다. 평화적 비폭력 시위를 벌이면 경찰도 최루탄을 쏠 명분도 없어질 것이고 일반 시민들도 편하게 참여하도록 할 수 있었다. 이 같은 방침이 정해지자 시민들의 참여가 빠른 속도로 늘어나기 시작했다. 대학생 주도로부터 일반 시민들이 대규모로 참여하는 민주화운동으로 탈바꿈하는 전환점이 되었다. 명동성당 농성투쟁에서 국민의 지지를 확인한 국본은 '6·26 평화대행진'을 결행하려 했지만 정치권 민추협측이 전두환의 비상조치 발동설을 내세우면서 제지하려 했다. 국본은 군사독재의 위협에 밀리는 것은 국민에게 실망을 주게 될 것이라고 하면서 강행했다. 평화대행진에는 전국적으로 150여만 명이 거리시위에 나섰다. 6월 29일 전두환 정권은 국민에게 무릎을 꿇었다. 노태우는 '직선제 개헌' 요구를 받아들이겠다고 발표했다. 직선제 개헌으로 방향이 정해지자 김대중 김영삼 양 진영은 바로 세 규합을 시작, 민주화운동 진영 인사들에 대한 영입에 나섰다.

1988년 5월 14일 밤 서울 양평동 한계레신문 윤전실에서 막 찍혀 나온 〈한겨레〉 창간호를 들고 기뻐하는 창간 주역들로 왼쪽 뒤부터 심채진 편집부장, 이효재 교수, 홍성우 변호사, 성유보 편집위원장, 리영희 논설고문의 모습이다.

한겨레신문 초대 편집위원장으로

1987년 7월 조선투위의 정태기는 송건호 리영희 이병주 김태홍 임재경 권근술과 상의하면서 인쇄기술혁명으로 편집 제작 인쇄비용이 낮아져서 50억 원만 있으면 새 신문 창간이 가능하다고 주장했다. 8월 31일 정태기와 권근술은 대전 부근 카톨릭농민회관에서 열린 민통련 임시 대의원 총회를 찾아와서 민통련과 가맹단체 간부들에게 새 언론 창설의 필요성을 설명했다. 그날 성유보는 언론인으로 돌아가기로 결심했다. 재야 민주화운동 진영에도 87년 대선의 정치 바람이 강하게 밀려들던 시점이었다. 한가운데 있었던 성유보가 한겨레 창간으로 방향을 정한 것은 당연한 선택이었다. 또한 행운이기도 했다. 송건호 선생이 초대사장을 성유보가 초대 편집위원장을 맡게 되었다.

6월 항쟁이 6·29 선언으로 부분적 승리를 거둔 뒤, 대부분의 정치범들이 석방되었지만 이부영 김근태 장기표 등은 석방자에서 제외되었다. 이부영이 7월에 석방되었으면 한겨레 창간 참여를 고민했을 것이다. 이듬해 4월에 출옥해보니 창간자금도 마련되었고 팀워크도 단단히 형성되어 있었다. 5월 14일 창간호가 나오는 날 초청받아 축하회에 참석했다. 수습기자 수련 강의에도 참여했다.

성유보는 그때그때 자신에게 주어진 과제에 최선을 다했다. 그 시대의 과제가 그를 기다리고 있었다는 듯이 주어지곤 했다. 그 자신이 그 과제를 피하지 않고 잡았다고 하는 것이 옳겠다. 말년에 그의 회고록 『미완의 꿈』을 집필하느라고 무리한 것이 안타깝다. 좀 더 살아서 나와 일을 나눠 했으면 좋았을 걸 하는 아쉬움이 있다. 편히 쉬시길 빈다.